한자능력검정시험
기출 · 예상문제집

한자능력검정시험
기출·예상문제집 2급

발 행 일 | 2023년 4월 20일
발 행 인 | 한국어문한자연구회
발 행 처 | 한국어문교육연구회
주   소 | 경기도 남양주시 다산순환로 20 B동
          3층 34호(다산현대 프리미엄캠퍼스몰
전   화 | 02)332-1275,
          031)556-1276
팩   스 | 02)332-1274
등록번호 | 제313-2009-192호
I S B N | 979-11-91238-52-5 13700

정가 16,000원

공급처   T. 02-332-1275 | F. 02-332-1274
        푸른하늘   www.skymiru.co.kr

한자능력 검정시험

기출·예상문제집
한국어문회가 직접 발간한 문제집

2급

머리말

우리의 글은 70% 이상이 한자로 이루어져 있다. 비록 우리말이 소리로 표시되다고 하더라도, 결국 그 표시의 근본이 한자였기 때문에 한글이 만들어지기 전까지는 우리의 모든 역사와 생활이 한자로 기록되었고, 한글 창제이후에도 대부분의 기록은 한자로 이루어졌다.

따라서 우리의 학문, 역사, 민속 등 모든 문화유산은 한자를 모르고는 정확히 이해할 수 없으며, 무엇보다 지금 당장의 생활과 공부를 위해서도 한자가 필요한 것이다.

그 동안 어문교육에 대한 이견으로 한자 교육의 방향성이 중심을 잡지 못하고 표류하였으나 아무리 한글전용이 기본이고 어려운 한자어를 우리말로 바꾸는 작업을 꾸준히 한다 하더라도 눈앞에 문장을 이해하지 못하고 어쩔 수 없이 사교육의 영역에서 한자를 공부하는 현실을 부인할 수 없는 것이다. 공교육의 영역에서 충실한 한자교육이 이루어지지 못하는 지금의 상황에서는 한자학습의 주요한 동기부여수단의 하나인 동시에 학습결과도 확인해볼 수 있는 한자능력검정시험의 역할이 더욱 중요하기 때문에, 우선적으로 시험을 위한 문제집으로서 이 책을 출간하게 되었다. 한자공부가 어렵게만 느껴지는 분들에게 이 책이 충분히 도움이 될 것으로 믿으며, 한자학습을 지도하는 부모님들이나 선생님들의 부담도 덜어줄 것이라고 감히 추천하는 바이다.

이 책의 구성

- **출제유형 및 합격기준**
- **출제유형분석** – 학습이나 지도의 가이드라인을 제시
- **배정한자 및 사자성어 수록**
- **반대자, 반대어**
- **유의자, 유의어**
- **약자**
- **예상문제** – 기출문제분석에 의한 배정한자의 문제화
- **실제시험답안지** – 회별로 구성
- **최근 기출문제 8회분 수록**

이 책이 여러분들의 한자실력향상에 도움이 되기를 바란다.

편저자 씀

한자능력시험 급수별 출제유형

구 분	특급	특급II	1급	2급	3급	3급II	4급	4급II	5급	5급II	6급	6급II	7급	7급II	8급
읽기 배정 한자	5,978	4,918	3,500	2,355	1,817	1,500	1,000	750	500	400	300	225	150	100	50
쓰기 배정 한자	3,500	2,355	2,005	1,817	1,000	750	500	400	300	225	150	50	0	0	0
독 음	45	45	50	45	45	45	32	35	35	35	33	32	32	22	24
한자 쓰기	40	40	40	30	30	30	20	20	20	20	20	10	0	0	0
훈 음	27	27	32	27	27	27	22	22	23	23	22	29	30	30	24
완성형[성어]	10	10	15	10	10	10	5	5	4	4	3	2	2	2	0
반의어	10	10	10	10	10	10	3	3	3	3	3	2	2	2	0
뜻풀이	5	5	10	5	5	5	3	3	3	3	2	2	2	2	0
동음이의어	10	10	10	5	5	5	3	3	3	3	2	0	0	0	0
부 수	10	10	10	5	5	5	3	3	0	0	0	0	0	0	0
동의어	10	10	10	5	5	5	3	3	3	3	2	0	0	0	0
장단음	10	10	10	5	5	5	3	0	0	0	0	0	0	0	0
약 자	3	3	3	3	3	3	3	3	3	3	0	0	0	0	0
필 순	0	0	0	0	0	0	0	0	3	3	3	3	2	2	2
한 문	20	20	0	0	0	0	0	0	0	0	0	0	0	0	0

▶ 상위급수 한자는 모두 하위급수 한자를 포함하고 있습니다.
▶ 쓰기 배정 한자는 한두 급수 아래의 읽기 배정한자이거나 그 범위 내에 있습니다.
▶ 출제유형표는 기본지침자료로서, 출제자의 의도에 따라 차이가 있을 수 있습니다.
▶ 공인급수는 교육과학기술부로부터 국가공인자격 승인을 받은 특급·특급II·1급·2급·3급·3급II이며, 교육급수
  는 한국한자능력검정회에서 시행하는 민간자격인 4급·4급II·5급·5급II·6급·6급II·7급·7급II·8급입니다.
▶ 5급II·7급II는 신설 급수로 2010년 11월 13일 시험부터 적용됩니다.
▶ 6급II 읽기 배정한자는 2010년 11월 13일 시험부터 300자에서 225자로 조정됩니다.

한자능력검정시험 합격기준

구 분	특급	특급II	1급	2급	3급	3급II	4급	4급II	5급	5급II	6급	6급II	7급	7급II	8급
출제문항수	200	200	200	150	150	150	100	100	100	100	90	80	70	60	50
합격문항수	160	160	160	105	105	105	70	70	70	70	63	56	49	42	35
시험시간	100분	100분	90분	60분	60분	60분	50분	50분	50분	50분	50분	50분	50분	50분	50분

▶ 특급, 특급II, 1급은 출제 문항수의 80% 이상, 2급 ~ 8급은 70% 이상 득점하면 합격입니다.

차 례

2급 예상문제

2급 기출문제

유형분석(類型分析)

→ 기출문제의 유형들을 분석하여 실제문제에 완벽히 대비할 수 있도록 하였습니다.

2級에서는 3級과 마찬가지로 한자어의 讀音, 한자의 訓音, 한자어 등의 빈칸을 메워 완성하는 문제, 反對語[相對語] 문제, 同意語[類義語] 문제, 한자어의 뜻풀이 문제, 한자나 한자어를 직접 쓰는 문제, 同音異義語 문제, 略字 문제, 部首 문제, 長短音(한자말 첫소리의 길고 짧은 소리) 문제가 나오며 특별히 출제기준에 추가된 것은 없다. 총 150문제가 출제된다.

우선 정해진 배정한자 2,355자 낱글자의 훈음을 모두 익힌 뒤에 그 글자들이 어울려 만들어내는 한자어의 독음과 뜻을 학습하여야 한다. 그리고 反對語[相對語], 同意語[類義語], 同音異義語의 개념도 학습하여야 한다. 또 전체 배정한자의 部首와 해당 범위 내의 略字도 익혀 두어야 한다. 한자 쓰기 문제를 대비하기 위해서는 3급 배정한자 1,817자 범위 내의 한자어 중 많이 쓰이는 중요한 것은 모두 읽고 쓸 줄 알아야 한다.

長短音은 특별한 규칙이 있는 것이 아니므로 기본 지침서의 장단음표를 참조하여 한자어 전체를 소리내어 발음하면서 입에 배도록 익혀야 한다. 기출 문제를 풀어 보고 시험에 자주 등장하는 장음 한자어들만 따로 모아 문장을 만들어 익히는 등의 여러 노력이 필요하다.

시험에서 중요한 사항은 우선 출제자가 요구하는 답이 무엇인지 질문을 통해 확인하여야 한다. 기출문제를 풀어 보면 알 수 있지만 대개 질문은 회차에 무관하게 각 급수별로 일정한 유형으로 정해져 있다. 따라서 기출문제를 통하여 질문에 익숙해져야 한다.

❶ 한자어의 讀音 문제는 대개 한자어 목록이 제시된다.

> ### 다음 漢字語의 讀音을 쓰시오. (1~5)
>
> 1 繩紏   2 揆度
>
> 3 謬習   4 戒律
>
> 5 籠絡

유 형 해 설

기본적으로 한자 낱글자의 소리를 알고 있으면 답할 수 있다. 다만 두음법칙, 속음, 여러 가지 소리가 나는 글자 등에 주의하면 된다. 위의 문장의 '謬習'의 경우 답안지에는 '유습'으로 적어야 한다. '류습'으로 적으면 틀린 답이 된다. '謬'는 본래 소리가 '류'이지만 국어에는 두음법칙이 있어 첫소리에 'ㄹ'이 오는 것을 꺼리므로 '유'로 하여야 한다. 물론 한자어가 '誤謬'로 '謬'가 뒤에 온다면 '오류'로 정상적으로 '류'로 답하면 된다.

한편 '論難, 許諾' 등의 경우 답안지에는 '논란, 허락' 등으로 적어야 하며, '논난, 허낙'으로 적으면 틀린 답이 된다. 속음이라 하여 국어에는 한국인이 소리내기 쉽게 한자음이 바뀌는 경우 등이 발생하며 이때는 바뀐 한자 소리를 우선하여야 한다. 이런 한자어들은 사례가 많지 않으므로 기본 지침서를 활용하여 익혀두면 된다.

또 한자의 소리가 '렬, 률'인 것이 모음이나 'ㄴ' 뒤에 오는 경우 국어에서는 '열, 율'로 소리나고 표기하게 되어 있는 것에 주의하여야 한다. 위의 경우 戒律은 한자음대로 하면 '계률'이지만 모음 뒤에 '률(律)'이 오는 데서 실제 소리와 표기는 '계율'이 되는 점에 주의하여야 한다.

그리고 위의 揆度의 '度'처럼 두 가지 이상의 소리가 있는 한자는 어울리는 한자와 뜻에 의하여 소리가 달라지므로 평소에 자주 쓰이는 두 가지 이상의 훈음을 가진 한자는 주의 깊게 익혀 두어야 한다. 예로 揆度은 소리가 '규탁'이 되고, '頻度'는 그 소리가 '빈도'가 되는 것이다.

② 한자의 訓音 문제는 대개 다음과 같다.

> **다음 漢字의 訓과 음을 쓰시오. (42~46)**
>
> 42 熙　　　　　　　　　43 喉
>
> 44 峽　　　　　　　　　45 弦
>
> 46 慙

유 형 해 설

위의 訓音 문제는 한자 낱글자의 뜻과 소리를 알고 있으면 풀 수 있는 문제들이다.

③ 한자어의 뜻풀이 문제는 대개 다음과 같다.

> **다음 單語의 뜻을 쓰시오. (128~131)**
>
> 128 幽閉　　　　　　　　129 星彩
>
> 130 城塞　　　　　　　　131 朔望

유 형 해 설

뜻풀이 문제는 배정한자 범위 내에 있는 한자어들을 많이 익혀 두어야 한다. 한자의 訓音으로 한자어의 뜻을 짐작하는 훈련을 하고, 뜻을 가지고 해당 한자어를 머릿속에 떠올리고 쓸 수 있도록 연습하여야 한다.

그리고 한자어는 순우리말과 풀이 순서가 다를 수 있으므로 한자어의 구조에 대하여도 기본적인 것은 학습하여 두어야 한다. 예로 植木은 보통 '심을 식, 나무 목'으로 익혀 植木을 '심은 나무' 등으로 풀이하기 쉬운데, 뜻이 달라지거나 말이 통하지 않으므로 뒤부터 풀이하여 '나무를 심음'이라는 뜻이 드러나도록 표현하여야 한다. 또 대표훈음만으로는 이해되지 않는 자주 쓰이는 한자어도 출제되므로 한자어가 잘 이해가 안 될 때는 자전 등을 참고하여 다른 중요한 뜻도 공부하여 두어야 한다. 예로 選手의 경우 '가릴 선, 손 수'가 대표훈음이지만 이를 토대로 '가린 손'이라 해 보아야 뜻이 통하지 않는 것이다. 이런 경우의 '手'는 '사람'의 뜻이라는 것도 알아 두어야 '(여럿 중에서)가려 뽑은 사람'이라는 뜻을 이해하고 설명할 수 있는 것이다.

④ 相對語[反對語], 同義語[類義語] 문제는 대개 相對[反對] 또는 같거나 비슷한 뜻을 지닌 한자를 찾아내어 한자어를 완성하는 형태가 많고 한자어를 상대로 같거나 다른 뜻의 한자어를 완성하는 형태의 문제도 출제된다.

> **다음 각 글자와 意味上 對立되는 漢字를 적어 單語를 完成하시오. (78~81)**
>
> 78 眞 [　　]　　　　　　79 寒 [　　]
>
> 80 [　　] 悲　　　　　　81 [　　] 重

> **다음 각 단어와 意味上 對立(반대)되는 單語를 쓰시오. (118~121)**
>
> 118 稱讚 ↔ [　][　]　　　119 飢餓 ↔ [　][　]
>
> 120 敏速 ↔ [　][　]　　　121 喪失 ↔ [　][　]

> **다음 각 글자에 뜻이 비슷한 漢字를 연결하여 單語를 完成하시오. (87~90)**
>
> 87 洗 [　　]　　　　　　88 [　　] 眠
>
> 89 勉 [　　]　　　　　　90 [　　] 愼

유 형 해 설

평소에 相對(反對)의 개념과 相對(反對)자를 학습해 두어야만 풀 수 있다. 반대어 문제는 대개 결합되어 한자어를 만드는 것들이 주로 출제된다. 위의 眞僞, 寒暖, 喜悲, 輕重은 그대로 반대되는 뜻을 지닌 채 결합한 한자어들인 것이다. 따라서 한자어를 학습할 때 이런 점에 관심을 두고 이런 한자어들을 따로 추려 공부해 두면 문제를 쉽게 풀 수 있다. 주의해야 할 점은 한자어를 완성할 때에 기왕에 존재하는 한자어를 만들어야 하고 새로운 한자어를 만들어 내서는 안 된다는 점이다. 사전적으로 개념 정의가 되어 있는 약속된 한자어가 아니면 본인의 의도와는 달리 전연 다른 뜻으로 이해될 수 있고, 풀이에 따라서는 상대나 동의 관계가 유지되지 않을 수도 있기 때문이다.

相對(反對)는 완전히 다른 것은 아니다. 비교의 기준으로서 같은 점이 있어야 하고 하나 이상은 달라야 반대가 되는 것이다. 朝夕을 예로 들면 둘 다 하루 중의 어떤 시점을 나타낸다는 점에서는 같으나 하나는 해가 뜨는 아침을 하나는 해가 지는 저녁을 나타낸다는 점에서 반대가 되는 것이다. 春夏를 예로 든다면 반대가 되지 않는다. 계절을 나타내는 점에서는 같으나 반대가 되는 것이 없기 때문이다. 봄이 아니라고 하여 반드시 여름인 것은 아니고 가을, 겨울도 있으므로 여름만이 봄의 반대가 될 수는 없다. 春秋는 다르다. 계절을 나타내는 점에서는 같으나 하나는 씨를 뿌리는 계절을 하나는 열매를 거두는 계절이 대비되는 점에서 반대가 될 수 있는 것이다.

同義[類義]란 뜻이 같거나 비슷하다는 뜻이다. 이와 같은 한자를 찾아내어 한자어를 완성하면 된다. 同義[類義] 문제는 역시 대개 결합되어 한자어를 만드는 것들이 주로 출제된다. 위의 洗濯, 睡眠, 勉勵, 謹愼은 뜻이 같거나 비슷한 글자끼리 결합된 한자어인 것이다.

기타 稱讚과 險談, 喪失과 獲得, 感情과 理性 등의 개념 대비 反對[相對] 관계에 있는 한자어, 客地와 他鄕 등 개념 대비 同義[類義] 관계에 있는 한자어를 묻는 문제도 출제되므로 한자어의 뜻과 개념을 확실히 이해하고 있어야만 한다.

⑤ 同音異義語 문제는 소리는 같고 뜻은 다른 한자어 문제다.

다음 同音異義語를 쓰되, 제시된 뜻에 맞는 單語를 쓰시오. (長短音 무시함) (133~135)
133 進呈 – [ ][ ] : 가라앉힘
134 幼稚 – [ ][ ] : 행사나 사업 따위를 끌어들임
135 殖財 – [ ][ ] : 초목을 심어 재배함

유 형 해 설

제시된 한자어를 통해 소리는 알 수 있으므로, 제시된 뜻을 통해 특정 소리와 뜻을 가진 한자를 찾아내어 한자어를 완성하는 문제로 볼 수 있다. 위의 進呈의 독음이 '진정'임을 안다면 완성해야할 문제의 괄호 속의 한자의 소리는 '진정'일 것이고, '진정' 소리를 가진 한자어 중에 제시된 '가라앉힘.'이라는 단서를 통하여 '鎭靜'을 찾아내어 쓰면 되는 것이다. 다른 문제와 달리 읽을 수 있다면 괄호 속에 어울릴 한자를 찾아낼 단서는 뜻 이외에 소리 하나가 더 생기는 셈이다. 만일 읽을 수 없다면 문제를 풀기 어렵다.

⑥ 완성형 문제는 대개 사자성어나 고사성어 등의 한 글자 정도를 비워 놓고 채워 넣을 수 있는 지를 검정하는 문제가 출제된다.

다음 ( ) 속에 알맞은 漢字를 正字로 써 넣어 四字成語를 完成하시오. (108~111)	
108 隻手[ ][ ]	109 [ ]角[ ]牛
110 不[ ]戴[ ]	111 [ ]寒[ ]柏

유 형 해 설

배정한자 범위내의 자주 쓰이는 사자성어나 고사성어는 별도로 익혀두는 것이 좋다. '척수공권, 세한송백' 등 소리만이라도 연상할 수 있다면 문제에 쉽게 접근할 수 있을 것이다.

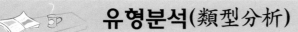

유형분석(類型分析)

7 한자어를 쓰는 문제는 대개 맞는 한자어를 바로 머리에 떠올릴 수 있도록 지문이 주어진다.

> **다음 글을 읽고 밑줄 친 漢字語를 漢字 正字로 쓰시오. (74~81)**
>
> 율곡[74]선생이 활동하던 시기는 조선 왕조가 흥성[75]시기로부터 점차[76] 쇠잔[77]의 길을 밟기 시작한 시기이며, 신 유학자들은 전후 몇 차례의 사화[78]의 피비린 교훈으로 출사를 단념[79]하고 산림에 隱遁[은둔]하여 오로지 修己的인 학문에만 몰두[80]하는 경향[81]이 감돌았었다.

> **다음의 뜻을 가진 故事成語를 漢字로 쓰시오. (85~86)**
>
> 85 [　][　][　][　] : 잘못된 점을 고치려다 도리어 망침
>
> 86 [　][　][　][　] : 하늘을 놀라게 하고 땅을 뒤흔듦
> 　　　　　　　　　　세상을 아주 크게 놀라게 함

유형해설

한자어를 쓰는 문제는 한자 능력을 종합적으로 검정하는 문제라고 할 수 있다. 평소에 익힌 한자와 한자어를 여러 번 써 보고 뜻을 익히는 일을 게을리 하지 말아야 한다. 또 문장 속에서 익힌 한자어를 활용하는 습관을 들여야 한다.

8 略字 문제는 대개 정자를 제시하고 해당 약자를 쓰라는 형태로 출제되지만, 간혹 약자를 제시하고 정자로 바꾸어 쓰라는 문제도 출제되므로 범위 내의 정자와 약자를 다 익혀 두어야 한다.

> **다음 漢字의 略字는 正字로, 正字는 略字로 쓰시오. (148~150)**
>
> 148 屬　　　　　　　　　　　149 称
>
> 150 圍

9 部首 문제는 주로 한자를 제시하고 그 한자의 부수를 찾아내어 쓰라는 형태로 출제된다.

> **다음 漢字의 部首를 쓰시오. (133~137)**
>
> 133 照　　　　　　　　　　　134 坐
>
> 135 當　　　　　　　　　　　136 臺
>
> 137 鴻

유형해설

부수 문제는 해당 한자의 부수를 찾아내어 한자의 뜻을 짐작하고 자전에서 찾아낼 수 있는 능력 여부를 검정하는 데 주안점이 있으므로 다소 주변적인 획수를 묻는 문제는 출제된 적이 없다. 평소에 배정한자의 부수를 중심으로 학습하여 두면 된다.

❿ 長短音

108 ① 宇宙　② 沈默　③ 輪番　④ 僞善

109 ① 銅錢　② 付書　③ 傳說　④ 園藝

110 ① 樓閣　② 芳年　③ 打線　④ 慣性

111 ① 遵行　② 娘子　③ 墳墓　④ 狂奔

112 ① 昏絶　② 曾孫　③ 加算　④ 使臣

유형해설

長短音(한자말 첫소리의 길고 짧은 소리) 문제는 쉽지 않다. 長短音은 특별한 규칙이 있는 것이 아니므로 기본 지침서의 장단 음표를 참조하여 한자어 전체를 소리내어 발음하면서 입에 배도록 익혀야 한다. 기출 문제를 풀어 보고 시험에 자주 등장하는 장음 한자어들만 따로 모아 문장을 만들어 익히는 등의 여러 노력이 필요하다.

배정한자(配定漢字)

8급~2급(2,355자)

한자음 뒤에 나오는 ":"는 장음 표시입니다. "(:)"는 장단음 모두 사용되는 한자이며, ":"나 "(:)"이 없는 한자는 단음으로만 쓰입니다.

8급 배정한자(50자)

教	가르칠	교:	母	어미	모:	小	작을	소:	中	가운데	중
校	학교	교:	木	나무	목	水	물	수	青	푸를	청
九	아홉	구	門	문	문	室	집	실	寸	마디	촌:
國	나라	국	民	백성	민	十	열	십	七	일곱	칠
軍	군사	군	白	흰	백	五	다섯	오:	土	흙	토
金	쇠	금	父	아비	부	王	임금	왕	八	여덟	팔
	성(姓)	김	北	북녘	북	外	바깥	외:	學	배울	학
南	남녘	남		달아날	배:	月	달	월	韓	한국	한(:)
女	계집	녀	四	넉	사:	二	두	이:		나라	한(:)
年	해	년	山	메	산	人	사람	인	兄	형	형
大	큰	대(:)	三	석	삼	一	한	일	火	불	화(:)
東	동녘	동	生	날	생	日	날	일			
六	여섯	륙	西	서녘	서	長	긴	장(:)			
萬	일만	만:	先	먼저	선	弟	아우	제:			

☑ 8급 배정한자는 모두 50자로, 읽기 50자이며, 쓰기 배정한자는 없습니다. 가장 기초적인 한자들로 꼭 익혀 둡시다.

7급 II 배정한자(50자)

家	집	가	工	장인	공	內	안	내:	力	힘	력
間	사이	간(:)	空	빌	공	農	농사	농	立	설	립
江	강	강	氣	기운	기	答	대답	답	每	매양	매(:)
車	수레	거	記	기록할	기	道	길	도:	名	이름	명
	수레	차	男	사내	남	動	움직일	동:	物	물건	물

　　　　　　배정한자

方	모(稜)	방		食	밥	식		全	온전	전		漢	한수	한:
不	아닐	불			먹을	식		前	앞	전			한나라	한:
事	일	사:		安	편안	안		電	번개	전:		海	바다	해:
上	윗	상:		午	낮	오:		正	바를	정(:)		話	말씀	화
姓	성	성:		右	오를	우:		足	발	족		活	살	활
世	인간	세:			오른(쪽)	우:		左	왼	좌:		孝	효도	효:
手	손	수:		子	아들	자		直	곧을	직		後	뒤	후:
市	저자	시:		自	스스로	자		平	평평할	평				
時	때	시		場	마당	장		下	아래	하:				

☑ 7급Ⅱ 배정한자는 모두 100자로, 8급 배정한자(50자)를 제외한 50자만을 담았습니다. 8급과 마찬가지로 쓰기 배정한자는 없습니다.

7급 배정한자(50자)

歌	노래	가		面	낯	면:		植	심을	식		住	살	주:
口	입	구(:)		命	목숨	명:		心	마음	심		重	무거울	중:
旗	기	기		問	물을	문:		語	말씀	어:		地	따	지
冬	겨울	동(:)		文	글월	문		然	그럴	연		紙	종이	지
同	한가지	동		百	일백	백		有	있을	유:		千	일천	천
洞	골	동:		夫	지아비	부		育	기를	육		天	하늘	천
	밝을	통:		算	셈	산:		邑	고을	읍		川	내	천
登	오를	등		色	빛	색		入	들	입		草	풀	초
來	올	래(:)		夕	저녁	석		字	글자	자		村	마을	촌:
老	늙을	로:		少	적을	소:		祖	할아비	조		秋	가을	추
里	마을	리:		所	바	소:		主	임금	주		春	봄	춘
林	수풀	림		數	셈	수:			주인	주		出	날(生)	출

便	편할	편(:)	夏	여름	하:	休	쉴	휴
	똥오줌	변	花	꽃	화			

☑ 7급 배정한자는 모두 150자로, 7급Ⅱ 배정한자(100자)를 제외한 50자만을 담았습니다. 8급, 7급Ⅱ와 마찬가지로 쓰기 배정한자는 없습니다.

6급 Ⅱ 배정한자(75자)

各	각각	각		구절	두	線	줄	선	意	뜻	의:
角	뿔	각	童	아이	동(:)	雪	눈	설	作	지을	작
界	지경	계:	等	무리	등:	成	이룰	성	昨	어제	작
計	셀	계:	樂	즐길	락	省	살필	성	才	재주	재
高	높을	고		노래	악		덜	생	戰	싸움	전:
公	공평할	공		좋아할	요	消	사라질	소	庭	뜰	정
共	한가지	공:	利	이할	리:	術	재주	술	第	차례	제:
功	공(勳)	공	理	다스릴	리:	始	비로소	시:	題	제목	제
果	실과	과:	明	밝을	명	信	믿을	신:	注	부을	주:
科	과목	과	聞	들을	문(:)	新	새	신	集	모을	집
光	빛	광	半	반(半)	반:	神	귀신	신	窓	창	창
球	공	구	反	돌이킬	반:	身	몸	신	淸	맑을	청
今	이제	금		돌아올	반:	弱	약할	약	體	몸	체
急	급할	급	班	나눌	반	藥	약	약	表	겉	표
短	짧을	단(:)	發	필	발	業	업	업	風	바람	풍
堂	집	당	放	놓을	방(:)	勇	날랠	용:	幸	다행	행:
代	대신할	대:	部	떼	부	用	쓸	용:	現	나타날	현:
對	대할	대:	分	나눌	분(:)	運	옮길	운:	形	모양	형
圖	그림	도	社	모일	사	音	소리	음	和	화할	화
讀	읽을	독	書	글	서	飮	마실	음(:)	會	모일	회:

☑ 6급Ⅱ 배정한자는 모두 225자로, 7급 배정한자(150자)를 제외한 75자만을 담았습니다. 쓰기 배정한자 8급 50자입니다.

6급 배정한자(75자)

感	느낄	감:	綠	푸를	록	習	익힐	습	章	글	장
強	강할	강(:)	李	오얏	리:	勝	이길	승	在	있을	재:
開	열	개		성(姓)	리:	式	법	식	定	정할	정:
京	서울	경	目	눈	목	失	잃을	실	朝	아침	조
古	예	고:	米	쌀	미	愛	사랑	애(:)	族	겨레	족
苦	쓸[味覺]	고	美	아름다울	미(:)	夜	밤	야:	晝	낮	주
交	사귈	교	朴	성(姓)	박	野	들(坪)	야:	親	친할	친
區	구분할	구	番	차례	번	洋	큰바다	양	太	클	태
	지경	구	別	다를	별	陽	볕	양	通	통할	통
郡	고을	군:		나눌	별	言	말씀	언	特	특별할	특
根	뿌리	근	病	병	병:	永	길	영:	合	합할	합
近	가까울	근:	服	옷	복	英	꽃부리	영	行	다닐	행(:)
級	등급	급	本	근본	본	溫	따뜻할	온		항렬	항
多	많을	다	使	하여금	사:	園	동산	원	向	향할	향:
待	기다릴	대:		부릴	사:	遠	멀	원:	號	이름	호(:)
度	법도	도(:)	死	죽을	사:	油	기름	유	畫	그림	화:
	헤아릴	탁	席	자리	석	由	말미암을	유		그을	획(劃)
頭	머리	두	石	돌	석	銀	은	은	黃	누를	황
例	법식	례:	速	빠를	속	衣	옷	의	訓	가르칠	훈:
禮	예도	례:	孫	손자	손(:)	醫	의원	의			
路	길	로:	樹	나무	수	者	놈	자			

☑ 6급 배정한자는 모두 300자로, 6급Ⅱ 배정한자(225자)를 제외한 75자만을 담았습니다. 쓰기 배정한자 7급 150자입니다.

5급 Ⅱ 배정한자(100자)

價	값	가	德	큰	덕	仙	신선	선	元	으뜸	원
客	손	객	到	이를	도:	鮮	고울	선	偉	클	위
格	격식	격	獨	홀로	독	說	말씀	설	以	써	이:
見	볼	견:	朗	밝을	랑:		달랠	세:	任	맡길	임(:)
	뵈올	현:	良	어질	량	性	성품	성:	材	재목	재
決	결단할	결	旅	나그네	려	歲	해	세:	財	재물	재
結	맺을	결	歷	지날	력	洗	씻을	세:	的	과녁	적
敬	공경	경:	練	익힐	련:	束	묶을	속	傳	전할	전
告	고할	고	勞	일할	로	首	머리	수	典	법	전:
課	공부할	과(:)	流	흐를	류	宿	잘	숙	展	펼	전:
	과정	과(:)	類	무리	류(:)		별자리	수:	切	끊을	절
過	지날	과:	陸	뭍	륙	順	순할	순:		온통	체
觀	볼	관	望	바랄	망:	識	알	식	節	마디	절
關	관계할	관	法	법	법	臣	신하	신	店	가게	점:
廣	넓을	광:	變	변할	변:	實	열매	실	情	뜻	정
具	갖출	구(:)	兵	병사	병	兒	아이	아	調	고를	조
舊	예	구:	福	복	복	惡	악할	악	卒	마칠	졸
局	판[形局]	국:	奉	받들	봉:		미워할	오	種	씨	종(:)
基	터	기	仕	섬길	사:	約	맺을	약	州	고을	주
己	몸	기	史	사기(史記)	사:	養	기를	양:	週	주일	주
念	생각	념:	士	선비	사:	要	요긴할	요(:)	知	알	지
能	능할	능	産	낳을	산:	友	벗	우:	質	바탕	질
團	둥글	단	商	장사	상	雨	비	우:	着	붙을	착
當	마땅	당	相	서로	상	雲	구름	운	參	참여할	참

責	꾸짖을	책	品	물건	품:	害	해할	해:	凶	흉할	흉
充	채울	충	必	반드시	필	化	될	화(:)			
宅	집	택	筆	붓	필	效	본받을	효:			

☑ 5급Ⅱ 배정한자는 모두 400자로, 6급 배정한자(300자)를 제외한 100자만 담았습니다. 쓰기 배정한자는 6급Ⅱ 225자입니다.

5급 배정한자(100자)

加	더할	가	技	재주	기	無	없을	무	億	억[數字]	억
可	옳을	가:	期	기약할	기	倍	곱	배(:)	熱	더울	열
改	고칠	개(:)	汽	물끓는김	기	比	견줄	비:	葉	잎	엽
去	갈	거:	吉	길할	길	費	쓸	비:	屋	집	옥
擧	들	거:	壇	단	단	鼻	코	비:	完	완전할	완
件	물건	건	談	말씀	담	氷	얼음	빙	曜	빛날	요:
健	굳셀	건:	島	섬	도	寫	베낄	사	浴	목욕할	욕
建	세울	건:	都	도읍	도	思	생각	사(:)	牛	소	우
景	볕	경(:)	落	떨어질	락	査	조사할	사	雄	수컷	웅
競	다툴	경:	冷	찰	랭:	賞	상줄	상	原	언덕	원
輕	가벼울	경	量	헤아릴	량	序	차례	서:	院	집	원
固	굳을	고(:)	令	하여금	령(:)	善	착할	선:	願	원할	원:
考	생각할	고(:)	領	거느릴	령	船	배	선	位	자리	위
曲	굽을	곡	料	헤아릴	료(:)	選	가릴	선:	耳	귀	이:
橋	다리	교	馬	말	마:	示	보일	시:	因	인할	인
救	구원할	구:	末	끝	말	案	책상	안:	再	두	재:
貴	귀할	귀:	亡	망할	망	漁	고기잡을	어	災	재앙	재
規	법	규	買	살	매:	魚	고기	어	爭	다툴	쟁
給	줄	급	賣	팔	매(:)		물고기	어	貯	쌓을	저:

赤	붉을	적	鐵	쇠	철	打	칠	타:	許	허락할	허
停	머무를	정	初	처음	초	卓	높을	탁	湖	호수	호
操	잡을	조(:)	最	가장	최:	炭	숯	탄:	患	근심	환:
終	마칠	종	祝	빌	축	板	널	판	黑	검을	흑
罪	허물	죄:	致	이를	치:	敗	패할	패:			
止	그칠	지	則	법칙	칙	河	물	하			
唱	부를	창:	他	다를	타	寒	찰	한			

☑ 5급 배정한자는 모두 500자로, 5급Ⅱ 배정한자(400자)를 제외한 100자만 담았습니다. 쓰기 배정한자는 6급 300자입니다.

4급Ⅱ 배정한자(250자)

假	거짓	가:	係	맬	계:	努	힘쓸	노	斗	말	두
街	거리	가(:)	故	연고	고(:)	怒	성낼	노:	豆	콩	두
減	덜	감:	官	벼슬	관	單	홑	단	得	얻을	득
監	볼	감	句	글귀	구	斷	끊을	단:	燈	등	등
康	편안	강	求	구할(索)	구	檀	박달나무	단	羅	벌릴	라
講	욀	강:	究	연구할	구	端	끝	단	兩	두	량:
個	낱	개(:)	宮	집	궁	達	통달할	달	麗	고울	려
檢	검사할	검:	權	권세	권	擔	멜	담	連	이을	련
潔	깨끗할	결	極	다할	극	黨	무리	당	列	벌릴	렬
缺	이지러질	결		극진할	극	帶	띠	대(:)	錄	기록할	록
境	지경	경	禁	금할	금:	隊	무리	대	論	논할	론
慶	경사	경:	器	그릇	기	導	인도할	도:	留	머무를	류
經	지날	경	起	일어날	기	毒	독	독	律	법칙	률
	글	경	暖	따뜻할	난:	督	감독할	독	滿	찰	만(:)
警	깨우칠	경:	難	어려울	난(:)	銅	구리	동	脈	줄기	맥

毛	터럭	모	步	걸음	보:	狀	형상	상	收	거둘	수
牧	칠(養)	목	復	회복할	복		문서	장:	純	순수할	순
務	힘쓸	무:		다시	부:	設	베풀	설	承	이을	승
武	호반	무:	副	버금	부:	城	재	성	施	베풀	시:
味	맛	미:	婦	며느리	부	星	별	성	是	이(斯)	시:
未	아닐	미(:)	富	부자	부:	盛	성할	성:		옳을	시:
密	빽빽할	밀	府	마을[宮廳]	부(:)	聖	성인	성:	視	볼	시:
博	넓을	박	佛	부처	불	聲	소리	성	試	시험	시(:)
房	방	방	備	갖출	비:	誠	정성	성	詩	시	시
訪	찾을	방:	悲	슬플	비:	勢	형세	세:	息	쉴	식
防	막을	방	非	아닐	비(:)	稅	세금	세:	申	납(猿)	신
拜	절	배:	飛	날	비	細	가늘	세:	深	깊을	심
背	등	배:	貧	가난할	빈	掃	쓸(掃除)	소(:)	眼	눈	안:
配	나눌	배:	寺	절	사	笑	웃음	소:	暗	어두울	암:
	짝	배:	師	스승	사	素	본디	소(:)	壓	누를	압:
伐	칠(討)	벌	舍	집	사		흴(白)	소(:)	液	진	액
罰	벌할	벌	謝	사례할	사:	俗	풍속	속	羊	양	양
壁	벽	벽	殺	죽일	살	續	이을	속	如	같을	여
邊	가(側)	변		감할	쇄:	送	보낼	송:	餘	남을	여
保	지킬	보(:)		빠를	쇄:	修	닦을	수	逆	거스릴	역
報	갚을	보:	常	떳떳할	상	受	받을	수(:)	演	펼	연:
	알릴	보:	床	상	상	守	지킬	수	煙	연기	연
寶	보배	보:	想	생각	상:	授	줄	수	研	갈	연:

榮	영화	영	將	장수	장(:)	尊	높을	존	忠	충성	충
藝	재주	예:	障	막을	장	宗	마루	종	蟲	벌레	충
誤	그르칠	오:	低	낮을	저:	走	달릴	주	取	가질	취:
玉	구슬	옥	敵	대적할	적	竹	대	죽	測	헤아릴	측
往	갈	왕:	田	밭	전	準	준할	준:	治	다스릴	치
謠	노래	요	絶	끊을	절	衆	무리	중:	置	둘(措)	치:
容	얼굴	용	接	이을	접	增	더할	증	齒	이	치
員	인원	원	政	정사(政事)	정	志	뜻	지	侵	침노할	침
圓	둥글	원	程	한도	정	指	가리킬	지	快	쾌할	쾌
爲	하	위(:)		길(道)	정	支	지탱할	지	態	모습	태:
	할	위(:)	精	정할	정	至	이를	지	統	거느릴	통:
衛	지킬	위	制	절제할	제:	職	직분	직	退	물러날	퇴:
肉	고기	육	提	끌	제	眞	참	진	波	물결	파
恩	은혜	은	濟	건널	제:	進	나아갈	진:	破	깨뜨릴	파:
陰	그늘	음	祭	제사	제:	次	버금	차	包	쌀(裹)	포(:)
應	응할	응:	製	지을	제:	察	살필	찰	布	베	포(:)
義	옳을	의:	除	덜	제	創	비롯할	창:		펼	포(:)
議	의논할	의(:)	際	즈음	제:	處	곳	처:		보시	보
移	옮길	이		가(邊)	제:	請	청할	청	砲	대포	포:
益	더할	익	助	도울	조:	總	다(皆)	총:	暴	사나울	폭
印	도장	인	早	이를	조:	銃	총	총		모질	포:
引	끌	인	造	지을	조:	築	쌓을	축	票	표	표
認	알(知)	인	鳥	새	조	蓄	모을	축	豊	풍년	풍

限	한할	한:	虛	빌	허	呼	부를	호	回	돌아올	회
港	항구	항:	驗	시험	험:	好	좋을	호:	吸	마실	흡
航	배	항:	賢	어질	현	戶	집	호:	興	일(盛)	흥(:)
解	풀	해:	血	피	혈	護	도울	호:	希	바랄	희
鄉	시골	향	協	화할	협	貨	재물	화:			
香	향기	향	惠	은혜	혜:	確	굳을	확			

☑ 4급Ⅱ 배정한자는 모두 750자로, 5급 배정한자(500자)를 제외한 250자만을 담았습니다. 쓰기 배정한자는 5급Ⅱ 400자입니다.

4급 배정한자(250자)

暇	틈	가:	居	살	거	驚	놀랄	경	管	대롱	관
	겨를	가:	巨	클	거:	季	계절	계:		주관할	관
刻	새길	각	拒	막을	거:	戒	경계할	계:	鑛	쇳돌	광:
覺	깨달을	각	據	근거	거:	系	이어맬	계:	構	얽을	구
干	방패	간	傑	뛰어날	걸	繼	이을	계:	君	임금	군
看	볼	간	儉	검소할	검:	階	섬돌	계	群	무리	군
簡	대쪽	간(:)	擊	칠(打)	격	鷄	닭	계	屈	굽힐	굴
	간략할	간(:)	激	격할	격	孤	외로울	고	窮	다할	궁
			堅	굳을	견	庫	곳집	고		궁할	궁
敢	감히	감:	犬	개	견	穀	곡식	곡			
	구태여	감:	傾	기울	경	困	곤할	곤:	券	문서	권
甘	달	감	更	고칠	경	骨	뼈	골	勸	권할	권:
甲	갑옷	갑		다시	갱:	孔	구멍	공:	卷	책	권(:)
降	내릴	강:	鏡	거울	경:	攻	칠(擊)	공:	歸	돌아갈	귀:
	항복할	항							均	고를	균

劇	심할	극	離	떠날	리:	祕	숨길	비:	嚴	엄할	엄
勤	부지런할	근(:)	妹	누이	매	射	쏠	사(:)	與	더불	여:
筋	힘줄	근	勉	힘쓸	면:	私	사사(私事)	사		줄	여:
奇	기특할	기	鳴	울	명	絲	실	사	域	지경	역
寄	부칠	기	模	본뜰	모	辭	말씀	사	易	바꿀	역
機	틀	기	墓	무덤	묘:	散	흩을	산:		쉬울	이:
紀	벼리	기	妙	묘할	묘:	傷	다칠	상	延	늘일	연
納	들일	납	舞	춤출	무:	象	코끼리	상	燃	탈	연
段	층계	단	拍	칠	박	宣	베풀	선	緣	인연	연
徒	무리	도	髮	터럭	발	舌	혀	설	鉛	납	연
盜	도둑	도(:)	妨	방해할	방	屬	붙일	속	映	비칠	영(:)
逃	도망할	도	犯	범할	범:	損	덜	손:	營	경영할	영
亂	어지러울	란:	範	법	범:	松	소나무	송	迎	맞을	영
卵	알	란:	辯	말씀	변:	頌	기릴	송:	豫	미리	예:
覽	볼	람	普	넓을	보:		칭송할	송:	優	넉넉할	우
略	간략할	략	伏	엎드릴	복	秀	빼어날	수	遇	만날	우:
	약할	략	複	겹칠	복	叔	아재비	숙	郵	우편	우
糧	양식	량	否	아닐	부:	肅	엄숙할	숙	怨	원망할	원(:)
慮	생각할	려:	負	질(荷)	부:	崇	높을	숭	援	도울	원:
烈	매울	렬	憤	분할	분:	氏	각시	씨	源	근원	원
龍	용	룡	粉	가루	분(:)		성씨(姓氏)	씨	危	위태할	위
柳	버들	류(:)	批	비평할	비:	額	이마	액	圍	에워쌀	위
輪	바퀴	륜	碑	비석	비	樣	모양	양	委	맡길	위

威	위엄	위	底	밑	저:	從	좇을	종(:)	推	밀	추
慰	위로할	위	積	쌓을	적	鍾	쇠북	종	縮	줄일	축
乳	젖	유	籍	문서	적	座	자리	좌:	就	나아갈	취:
儒	선비	유	績	길쌈	적	周	두루	주	趣	뜻	취:
遊	놀	유	賊	도둑	적	朱	붉을	주	層	층(層階)	층
遺	남길	유	適	맞을	적	酒	술	주(:)	寢	잘	침:
隱	숨을	은	專	오로지	전	證	증거	증	針	바늘	침(:)
依	의지할	의	轉	구를	전:	持	가질	지	稱	일컬을	칭
儀	거동	의	錢	돈	전:	智	슬기	지	彈	탄알	탄:
疑	의심할	의	折	꺾을	절		지혜	지	歎	탄식할	탄:
異	다를	이:	占	점령할	점:	誌	기록할	지	脫	벗을	탈
仁	어질	인		점칠	점	織	짤	직	探	찾을	탐
姉	손윗누이	자	點	점	점(:)	珍	보배	진	擇	가릴	택
姿	모양	자:	丁	고무래	정	盡	다할	진:	討	칠	토(:)
資	재물	자		장정	정	陣	진칠	진	痛	아플	통:
殘	남을	잔	整	가지런할	정:	差	다를	차	投	던질	투
雜	섞일	잡	靜	고요할	정	讚	기릴	찬:	鬪	싸움	투
壯	장할	장:	帝	임금	제:	採	캘	채:	派	갈래	파
帳	장막	장	條	가지	조	冊	책	책	判	판단할	판
張	베풀	장	潮	밀물	조	泉	샘	천	篇	책	편
腸	창자	장		조수	조	廳	관청	청	評	평할	평
裝	꾸밀	장	組	짤	조	聽	들을	청	閉	닫을	폐:
獎	장려할	장(:)	存	있을	존	招	부를	초	胞	세포	포(:)

爆	불터질	폭	核	씨	핵	婚	혼인할	혼	灰	재	회
標	표할	표	憲	법	헌	混	섞을	혼:	候	기후	후:
疲	피곤할	피	險	험할	험:	紅	붉을	홍	厚	두터울	후:
避	피할	피:	革	가죽	혁	華	빛날	화	揮	휘두를	휘
恨	한(怨)	한:	顯	나타날	현:	歡	기쁠	환	喜	기쁠	희
閑	한가할	한	刑	형벌	형	環	고리	환(:)			
抗	겨룰	항:	或	혹	혹	況	상황	황:			

☑ 4급 배정한자는 모두 1,000자로 4급Ⅱ 배정한자(750자)를 제외한 250자만을 담았습니다. 쓰기 배정한자는 5급 500자입니다.

3급Ⅱ 배정한자(500자)

佳	아름다울	가:	蓋	덮을	개(:)		잠깐	경	恭	공손할	공
架	시렁	가:	距	상거(相距)할	거:	啓	열	계:	貢	바칠	공:
脚	다리	각	乾	하늘	건	契	맺을	계:	寡	적을	과:
閣	집	각		마를	건	桂	계수나무	계:	誇	자랑할	과:
刊	새길	간	劍	칼	검:	械	기계	계:	冠	갓	관
幹	줄기	간	隔	사이 뜰	격	溪	시내	계	寬	너그러울	관
懇	간절할	간:	訣	이별할	결	姑	시어미	고	慣	익숙할	관
肝	간	간(:)	兼	겸할	겸	稿	원고	고	貫	꿸	관(:)
鑑	거울	감	謙	겸손할	겸		볏짚	고	館	집	관
剛	굳셀	강	徑	지름길	경	鼓	북	고	狂	미칠	광
綱	벼리	강		길	경	哭	울	곡	壞	무너질	괴:
鋼	강철	강	硬	굳을	경	谷	골	곡	怪	괴이할	괴(:)
介	낄	개:	耕	밭 갈(犁田)	경	供	이바지할	공:	巧	공교할	교
概	대개	개:	頃	이랑	경	恐	두려울	공(:)	較	견줄	교

	비교할	교	寧	편안	녕	陶	질그릇	도	嶺	고개	령
丘	언덕	구	奴	종	노	突	갑자기	돌	靈	신령	령
久	오랠	구:	腦	골	뇌	凍	얼	동:	爐	화로	로
拘	잡을	구		뇌수	뇌	絡	이을	락	露	이슬	로(:)
菊	국화	국	泥	진흙	니		얽을	락	祿	녹	록
弓	활	궁	茶	차	다	欄	난간	란	弄	희롱할	롱:
拳	주먹	권:		차	차	蘭	난초	란	賴	의뢰할	뢰:
鬼	귀신	귀:	丹	붉을	단	廊	사랑채	랑	雷	우레	뢰
菌	버섯	균	但	다만	단:		행랑	랑	樓	다락	루
克	이길	극	旦	아침	단	浪	물결	랑(:)	漏	샐	루:
琴	거문고	금	淡	맑을	담	郎	사내	랑	累	여러	루:
禽	새	금	踏	밟을	답	梁	들보	량		자주	루:
錦	비단	금:	唐	당나라	당		돌다리	량	倫	인륜	륜
及	미칠	급		당황할	당(:)	涼	서늘할	량	栗	밤	률
企	꾀할	기	糖	엿	당	勵	힘쓸	려:	率	비율	률
其	그	기	臺	대	대	曆	책력	력		거느릴	솔
畿	경기(京畿)	기	貸	빌릴	대:	戀	그리워할	련:	隆	높을	륭
祈	빌	기		뀔	대:		그릴	련:	陵	언덕	릉
騎	말탈	기	倒	넘어질	도	聯	연이을	련	吏	벼슬아치	리:
緊	긴할	긴	刀	칼	도	蓮	연꽃	련		관리	리:
諾	허락할	낙	桃	복숭아	도	鍊	쇠불릴	련:	履	밟을	리:
娘	계집	낭	渡	건널	도		단련할	련:	裏	속	리:
耐	견딜	내:	途	길(行中)	도:	裂	찢어질	렬	臨	임할	림

磨	갈	마	貌	모양	모	輩	무리	배:	奔	달릴	분
麻	삼	마(:)	睦	화목할	목	伯	맏	백	奮	떨칠	분:
幕	장막	막	沒	빠질	몰	繁	번성할	번	紛	어지러울	분
漠	넓을	막	夢	꿈	몽	凡	무릇	범(:)	拂	떨칠	불
莫	없을	막	蒙	어두울	몽	碧	푸를	벽	卑	낮을	비:
晚	늦을	만:	茂	무성할	무:	丙	남녘	병:	妃	왕비	비
妄	망령될	망:	貿	무역할	무:	補	기울	보:	婢	계집종	비:
媒	중매	매	墨	먹	묵	譜	족보	보:	肥	살찔	비:
梅	매화	매	黙	잠잠할	묵	腹	배	복	司	맡을	사
麥	보리	맥	紋	무늬	문	覆	덮을	부	斜	비낄	사
孟	맏	맹(:)	勿	말(禁)	물		다시	복	沙	모래	사
猛	사나울	맹:	尾	꼬리	미:	封	봉할	봉	祀	제사	사
盲	소경	맹	微	작을	미	峯	봉우리	봉	蛇	긴뱀	사
	눈 멀	맹	薄	엷을	박	逢	만날	봉	詞	말	사
盟	맹세	맹	迫	핍박할	박	鳳	봉새	봉:		글	사
免	면할	면:	盤	소반	반	付	부칠	부:	邪	간사할	사
眠	잘	면	般	가지	반	扶	도울	부	削	깎을	삭
綿	솜	면		일반	반	浮	뜰	부	森	수풀	삼
滅	꺼질	멸	飯	밥	반	符	부호	부(:)	像	모양	상
	멸할	멸	拔	뽑을	발	簿	문서	부:	償	갚을	상
銘	새길	명	芳	꽃다울	방	腐	썩을	부:	喪	잃을	상(:)
慕	그릴	모:	培	북돋을	배:	賦	부세	부:	尚	오히려	상(:)
謀	꾀	모	排	밀칠	배	附	붙을	부(:)	桑	뽕나무	상

裳	치마	상	垂	드리울	수	昇	오를	승	揚	날릴	양
詳	자세할	상	壽	목숨	수	侍	모실	시:	讓	사양할	양:
霜	서리	상	帥	장수	수	飾	꾸밀	식	御	거느릴	어:
塞	막힐	색	愁	근심	수	愼	삼갈	신:	憶	생각할	억
	변방	새	殊	다를	수	審	살필	심(:)	抑	누를	억
索	찾을	색	獸	짐승	수	甚	심할	심:	亦	또	역
	노(새끼줄)	삭	輸	보낼	수	雙	두	쌍	役	부릴	역
徐	천천할	서(:)	隨	따를	수		쌍	쌍	疫	전염병	역
恕	용서할	서:	需	쓰일	수	亞	버금	아(:)	譯	번역할	역
緖	실마리	서:		쓸	수	我	나	아:	驛	역	역
署	마을[官廳]	서:	淑	맑을	숙	阿	언덕	아	宴	잔치	연:
惜	아낄	석	熟	익을	숙	牙	어금니	아	沿	물따라갈	연(:)
釋	풀	석	巡	돌(廻)	순	芽	싹	아		따를	연(:)
旋	돌(廻)	선		순행할	순	雅	맑을	아(:)	燕	제비	연(:)
禪	선	선	旬	열흘	순	岸	언덕	안:	軟	연할	연:
燒	사를	소(:)	瞬	눈깜짝일	순	顔	낯	안:	悅	기쁠	열
疏	소통할	소	述	펼	술	巖	바위	암	染	물들	염
蘇	되살아날	소	濕	젖을	습	仰	우러를	앙:	炎	불꽃	염
訴	호소할	소	拾	주울	습	央	가운데	앙	鹽	소금	염
訟	송사할	송:		열	십	哀	슬플	애	影	그림자	영:
刷	인쇄할	쇄:	襲	엄습할	습	若	같을	약	譽	기릴	예:
鎖	쇠사슬	쇄:	乘	탈	승		반야	야		명예	예:
衰	쇠할	쇠	僧	중	승	壤	흙덩이	양:	悟	깨달을	오:

烏	까마귀	오	裕	넉넉할	유:	葬	장사지낼	장:	兆	억조	조
獄	옥[囚舍]	옥	誘	꾈	유	藏	감출	장:	照	비칠	조:
瓦	기와	와:	潤	부를	윤:	栽	심을	재:	租	조세	조
緩	느릴	완:	乙	새	을	裁	옷마를	재	縱	세로	종
慾	욕심	욕	淫	음란할	음	載	실을	재:	坐	앉을	좌:
欲	하고자할	욕	已	이미	이:	抵	막을[抗]	저:	奏	아뢸	주(:)
辱	욕될	욕	翼	날개	익	著	나타날	저:	宙	집	주:
偶	짝	우:	忍	참을	인	寂	고요할	적	柱	기둥	주
宇	집	우:	逸	편안할	일	摘	딸[手收]	적	株	그루	주
愚	어리석을	우	壬	북방	임	笛	피리	적	洲	물가	주
憂	근심	우	賃	품삯	임:	跡	발자취	적	珠	구슬	주
羽	깃	우:	刺	찌를	자:	蹟	자취	적	鑄	쇠불릴	주
韻	운	운:		찌를	척	殿	전각	전:	仲	버금	중(:)
越	넘을	월		수라	라	漸	점점	점:	卽	곧	즉
僞	거짓	위	慈	사랑	자	井	우물	정(:)	憎	미울	증
胃	밥통	위	紫	자주빛	자	亭	정자	정	曾	일찍	증
謂	이를	위	暫	잠깐	잠:	廷	조정	정	症	증세	증(:)
幼	어릴	유	潛	잠길	잠	征	칠	정	蒸	찔	증
幽	그윽할	유	丈	어른	장:	淨	깨끗할	정	之	갈	지
悠	멀	유	掌	손바닥	장:	貞	곧을	정	枝	가지	지
柔	부드러울	유	粧	단장할	장	頂	정수리	정	池	못	지
猶	오히려	유	臟	오장	장:	諸	모두	제	振	떨칠	진:
維	벼리	유	莊	씩씩할	장	齊	가지런할	제	辰	별	진

		때	신	戚	친척	척	値	값	치		해질	폐:
鎭		진압할	진(:)	拓	넓힐	척	恥	부끄러울	치	肺	허파	폐:
陳		베풀	진:	淺	얕을	천:	稚	어릴	치	浦	개(水邊)	포
		묵을	진	賤	천할	천:	漆	옻	칠	捕	잡을	포
震		우레	진:	踐	밟을	천:	沈	잠길	침(:)	楓	단풍	풍
疾		병	질	遷	옮길	천:		성(姓)	심:	彼	저	피
秩		차례	질	哲	밝을	철	浸	잠길	침:	皮	가죽	피
執		잡을	집	徹	통할	철	奪	빼앗을	탈	被	입을	피:
徵		부를	징	滯	막힐	체	塔	탑	탑	畢	마칠	필
借		빌	차:	礎	주춧돌	초	湯	끓을	탕:	何	어찌	하
		빌릴	차:	肖	닮을	초	殆	거의	태	荷	멜	하(:)
此		이	차		같을	초	泰	클	태	賀	하례할	하:
錯		어긋날	착	超	뛰어넘을	초	澤	못	택	鶴	학	학
贊		도울	찬:	促	재촉할	촉	줬	토끼	토	汗	땀	한(:)
倉		곳집	창:	觸	닿을	촉	吐	토할	토(:)	割	벨	할
昌		창성할	창(:)	催	재촉할	최:	透	사무칠	투	含	머금을	함
蒼		푸를	창	追	쫓을	추	版	판목	판	陷	빠질	함:
債		빚	채:		따를	추	偏	치우칠	편	恒	항상	항
彩		채색	채:	畜	짐승	축	片	조각	편(:)	項	항목	항:
菜		나물	채:	衝	찌를	충	編	엮을	편	響	울릴	향:
策		꾀	책	吹	불	취:	廢	폐할	폐:	獻	드릴	헌:
妻		아내	처	醉	취할	취:		버릴	폐:	懸	달(繫)	현:
尺		자	척	側	곁	측	弊	폐단	폐:	玄	검을	현

穴	굴	혈	豪	호걸	호	還	돌아올	환	橫	가로	횡
脅	위협할	협	惑	미혹할	혹	皇	임금	황	胸	가슴	흉
衡	저울대	형	魂	넋	혼	荒	거칠	황	稀	드물	희
慧	슬기로울	혜:	忽	갑자기	홀	悔	뉘우칠	회:	戲	놀이	희
浩	넓을	호:	洪	넓을	홍	懷	품을	회			
胡	되(狄)	호	禍	재앙	화:	劃	그을	획			
虎	범	호(:)	換	바꿀	환	獲	얻을	획			

☑ 3급Ⅱ 배정한자는 모두 1,500자로 4급 배정한자(1,000자)를 제외한 500자만을 담았습니다. 쓰기 배정한자는 4급Ⅱ 750자입니다.

3급 배정한자(317자)

却	물리칠	각	癸	북방	계	懼	두려워할	구		날(刃)	근
姦	간음할	간:		천간	계:	狗	개	구	謹	삼갈	근:
渴	목마를	갈	繫	맬	계:	苟	진실로	구	肯	즐길	긍:
慨	슬퍼할	개:	枯	마를	고		구차할	구	幾	몇	기
皆	다(總)	개	顧	돌아볼	고	驅	몰	구	忌	꺼릴	기
乞	빌	걸	坤	따	곤	龜	거북	구	旣	이미	기
牽	이끌	견	郭	둘레	곽		거북	귀	棄	버릴	기
	끌	견		외성	곽		터질	균	欺	속일	기
絹	비단	견	掛	걸(懸)	괘	厥	그(其)	궐	豈	어찌	기
肩	어깨	견	塊	흙덩이	괴	軌	바퀴자국	궤:	飢	주릴	기
遣	보낼	견:	愧	부끄러울	괴:	叫	부르짖을	규	那	어찌	나:
卿	벼슬	경	矯	바로잡을	교:	糾	얽힐	규	乃	이에	내:
庚	별	경	郊	들(野)	교	僅	겨우	근:	奈	어찌	내
竟	마침내	경:	俱	함께	구	斤	근(무게단위)	근	惱	번뇌할	뇌

畓	논	답	了	마칠	료:	戊	천간	무:	赴	다다를(趨而至)	부:
塗	칠할	도	僚	동료	료:	霧	안개	무:		갈(趨)	부
挑	돋울	도	屢	여러	루:	眉	눈썹	미	墳	무덤	분
稻	벼	도	淚	눈물	루:	迷	미혹할	미(:)	崩	무너질	붕
跳	뛸	도	梨	배	리	憫	민망할	민	朋	벗	붕
篤	도타울	독	隣	이웃	린	敏	민첩할	민	賓	손	빈
敦	도타울	돈	慢	거만할	만:	蜜	꿀	밀	頻	자주	빈
豚	돼지	돈	漫	흩어질	만:	泊	머무를	박	聘	부를	빙
屯	진칠	둔	忘	잊을	망		배댈	박	似	닮을	사:
鈍	둔할	둔:	忙	바쁠	망	伴	짝	반:	巳	뱀	사:
騰	오를	등	罔	없을	망	叛	배반할	반:	捨	버릴	사:
濫	넘칠	람:	茫	아득할	망	返	돌이킬	반:	斯	이	사
掠	노략질할	략	埋	묻을	매	倣	본뜰	방	詐	속일	사
諒	살펴알	량	冥	어두울	명	傍	곁	방:	賜	줄	사:
	믿을	량	侮	업신여길	모(:)	邦	나라	방	朔	초하루	삭
憐	불쌍히여길	련	冒	무릅쓸	모	杯	잔	배	嘗	맛볼	상
劣	못할	렬	募	모을	모	煩	번거로울	번	祥	상서	상
廉	청렴할	렴		뽑을	모	飜	번역할	번	庶	여러	서:
獵	사냥	렵	暮	저물	모:	辨	분별할	변:	敍	펼	서:
零	떨어질	령	某	아무	모:	屏	병풍	병(:)	暑	더울	서:
	영(數字)	령	卯	토끼	묘:	竝	나란히	병:	誓	맹세할	서:
隸	종	례:	廟	사당	묘:	卜	점	복	逝	갈(往)	서:
鹿	사슴	록	苗	모	묘:	蜂	벌	봉	昔	예(古)	석

析	쪼갤	석	伸	펼	신	輿	수레	여:	緯	씨	위
攝	다스릴	섭	晨	새벽	신	閱	볼(覽)	열	違	어긋날	위
	잡을	섭	辛	매울	신	泳	헤엄칠	영:	唯	오직	유
涉	건널	섭	尋	찾을	심	詠	읊을	영:	惟	생각할	유
召	부를	소	餓	주릴	아:	銳	날카로울	예:	愈	나을	유
昭	밝을	소	岳	큰 산	악	傲	거만할	오	酉	닭	유
蔬	나물	소	雁	기러기	안:	吾	나	오	閏	윤달	윤:
騷	떠들	소	謁	뵐	알	嗚	슬플	오	吟	읊을	음
粟	조	속	押	누를	압	娛	즐길	오:	泣	울	읍
誦	욀	송:	殃	재앙	앙	汚	더러울	오	凝	엉길	응:
囚	가둘	수	涯	물가	애	擁	낄	옹:	宜	마땅	의
搜	찾을	수	厄	액	액	翁	늙은이	옹	矣	어조사	의
睡	졸음	수	也	이끼	야:	臥	누울	와:	夷	오랑캐	이
誰	누구	수		어조사	야:	曰	가로	왈	而	말이을	이
遂	드디어	수	耶	어조사	야	畏	두려워할	외:	姻	혼인	인
雖	비록	수	躍	뛸	약	搖	흔들	요	寅	범[虎]	인
須	모름지기	수	楊	버들	양	腰	허리	요		동방	인
孰	누구	숙	於	어조사	어	遙	멀	요	恣	마음대로	자:
循	돌(環)	순		탄식할	오	庸	떳떳할	용		방자할	자:
殉	따라죽을	순	焉	어찌	언	于	어조사	우	兹	이	자
脣	입술	순	予	나	여	又	또	우:	爵	벼슬	작
戌	개	술	余	나	여	尤	더욱	우	酌	술 부을	작
矢	화살	시:	汝	너	여:	云	이를	운		잔질할	작

墙	담	장	慘	참혹할	참	妥	온당할	타:	咸	다	함
哉	어조사	재	慙	부끄러울	참	托	맡길	탁 `	巷	거리	항:
宰	재상	재:	暢	화창할	창:	濁	흐릴	탁	亥	돼지	해
滴	물방울	적	斥	물리칠	척	濯	씻을	탁	奚	어찌	해
竊	훔칠	절	薦	천거할	천:	誕	낳을	탄:	該	갖출(備)	해
蝶	나비	접	尖	뾰족할	첨		거짓	탄:		마땅(當)	해
訂	바로잡을	정	添	더할	첨	貪	탐낼	탐	亨	누릴	향:
堤	둑	제	妾	첩	첩	怠	게으를	태	軒	집	헌
弔	조상할	조:	晴	갤	청	把	잡을	파:	絃	줄	현
燥	마를	조	替	바꿀	체	播	뿌릴	파(:)	縣	고을	현:
拙	졸할	졸	逮	잡을	체	罷	마칠	파	嫌	싫어할	혐
佐	도울	좌:	遞	갈릴	체	頗	자못	파	亨	형통할	형
舟	배	주	抄	뽑을	초	販	팔(賣)	판	螢	반딧불	형
俊	준걸	준:	秒	분초	초	貝	조개	패:	兮	어조사	혜
遵	좇을	준:	燭	촛불	촉	遍	두루	편	乎	어조사	호
贈	줄(送)	증	聰	귀밝을	총	幣	화폐	폐:	互	서로	호:
只	다만	지	抽	뽑을	추	蔽	덮을	폐:	毫	터럭	호
遲	더딜	지	醜	추할	추	抱	안을	포	昏	어두울	혼
	늦을	지	丑	소	축	飽	배부를	포:	弘	클	홍
姪	조카	질	逐	쫓을	축	幅	폭	폭	鴻	기러기	홍
懲	징계할	징	臭	냄새	취:	漂	떠다닐	표	禾	벼	화
且	또	차:	枕	베개	침:	匹	짝	필	擴	넓힐	확
捉	잡을	착	墮	떨어질	타:	旱	가물	한:	穫	거둘	확

丸	둥글	환	侯	제후	후	輝	빛날	휘			
曉	새벽	효:	毁	헐	훼:	携	이끌	휴			

☑ 3급 배정한자는 모두 1,817자로 3급Ⅱ 배정한자(1,500자)를 제외한 317자만을 담았습니다. 쓰기 배정한자는 4급 1,000자입니다.

2급 배정한자(538자)

伽	절	가	价	클	개:		실과	과:	闕	대궐	궐
柯	가지	가	塏	높은 땅	개:	串	꿸	관	圭	서옥(瑞玉)	규
賈	성(姓)	가	坑	구덩이	갱		땅이름	곶		쌍토	규
	장사	고	鍵	자물쇠	건:	款	항목	관:	奎	별	규
軻	수레	가		열쇠	건:	琯	옥피리	관	揆	헤아릴	규
	사람 이름	가	杰	뛰어날	걸	傀	허수아비	괴	珪	홀	규
迦	부처이름	가	桀	하(夏)왕 이름	걸	槐	회화나무	괴	閨	안방	규
珏	쌍옥	각	憩	쉴	게:		느티나무	괴	槿	무궁화	근
杆	몽둥이	간	揭	높이 들[擧]	게:	僑	더부살이	교	瑾	아름다운 옥	근:
艮	괘 이름	간		걸[掛]	게:	絞	목맬	교	兢	떨릴	긍:
葛	칡	갈	甄	질그릇	견	膠	아교	교	冀	바랄	기
鞨	오랑캐 이름	갈	儆	경계할	경	歐	구라파/칠	구	岐	갈림길	기
憾	섭섭할	감:	炅	빛날	경	玖	옥돌	구	棋	바둑	기
岬	곶(串)	갑	璟	옥빛	경:	購	살	구	沂	물 이름	기
鉀	갑옷	갑	瓊	구슬	경	邱	언덕	구	淇	물 이름	기
姜	성(姓)	강	皐	언덕	고	鷗	갈매기	구	琦	옥 이름	기
岡	산등성이	강	雇	품팔	고	鞠	성(姓)	국	琪	아름다운 옥	기
崗	언덕	강	戈	창	과	掘	팔	굴	璣	별 이름	기
彊	굳셀	강	瓜	외	과	窟	굴	굴	箕	키	기
疆	지경	강	菓	과자	과	圈	우리(牢)	권	耆	늙을	기

騏	준마	기	董	바를[正]	동:	醴	단술[甘酒]	례:	灣	물굽이	만
驥	천리마	기	杜	막을	두	盧	성(姓)	로	蠻	오랑캐	만
麒	기린	기	藤	등나무	등	蘆	갈대	로	靺	말갈(靺鞨)	말
濃	짙을	농:	謄	베낄	등	魯	노나라	로	網	그물	망
尿	오줌	뇨	鄧	나라 이름	등:		노둔할	로	枚	낱	매
尼	여승	니	裸	벗을	라:	鷺	해오라기	로	魅	매혹할	매
溺	빠질	닉	洛	물 이름	락		백로	로	貊	맥국(貊國)	맥
湍	여울	단	爛	빛날	란:	籠	대바구니	롱(:)	覓	찾을	멱
鍛	쇠불릴	단	藍	쪽	람	療	병고칠	료	冕	면류관	면:
潭	못[池]	담	拉	끌	랍	遼	멀	료	沔	물 이름	면:
膽	쓸개	담:	萊	명아주	래	劉	죽일	류		빠질	면:
塘	못[池]	당	亮	밝을	량		묘금도(卯金刀)	류	俛	힘쓸	면:
垈	집터	대	樑	들보	량	硫	유황	류		구푸릴	면:
戴	일[首荷]	대:	輛	수레	량:	謬	그르칠	류	蔑	업신여길	멸
悳	큰	덕	呂	성(姓)	려:	崙	산이름	륜	帽	모자	모
悼	슬퍼할	도		법칙	려:	楞	네모질[四角]	릉	牟	성(姓)	모
燾	비칠	도	廬	농막(農幕)집	려	麟	기린	린		보리[大麥]	모
惇	도타울	돈	礪	숫돌	려:	摩	문지를	마	矛	창	모
燉	불빛	돈	驪	검은말	려	痲	저릴	마	茅	띠[草名]	모
頓	조아릴	돈:	漣	잔물결	련	魔	마귀	마	謨	꾀	모
乭	이름	돌	煉	달굴	련	膜	꺼풀	막	沐	머리감을	목
桐	오동나무	동	濂	물 이름	렴		막	막	穆	화목할	목
棟	마룻대	동	玲	옥소리	령	娩	낳을	만:	昴	별 이름	묘:

汶	물 이름	문	柏	측백	백	膚	살갗	부	插	꽂을	삽
紊	어지러울	문	筏	뗏목	벌	釜	가마[鬴]	부	庠	학교	상
	문란할	문	閥	문벌	벌	阜	언덕	부:	箱	상자	상
彌	미륵	미	汎	넓을	범:	芬	향기	분	瑞	상서	서:
	오랠	미	范	성(姓)	범:	弗	아닐	불	舒	펼	서:
旻	하늘	민	僻	궁벽할	벽		말[勿]	불	奭	클	석
旼	화할	민	卞	성(姓)	변:	鵬	새	붕		쌍백	석
玟	아름다운돌	민	弁	고깔	변:	丕	클	비	晳	밝을	석
珉	옥돌	민	倂	아우를	병:	匪	비적	비:	碩	클	석
閔	성(姓)	민	昞	밝을	병:	毖	삼갈	비	錫	주석	석
舶	배	박	昺	밝을	병:	毘	도울	비	瑄	도리옥	선
搬	운반할	반	柄	자루	병:	泌	분비할	비:	璇	옥	선
磻	반계(磻溪)	반	炳	불꽃	병:		스며 흐를	필	璿	구슬	선
	반계	번	秉	잡을	병:	彬	빛날	빈	繕	기울	선:
潘	성(姓)	반	潽	물 이름	보:	馮	탈[乘]	빙	卨	사람 이름	설
渤	바다 이름	발	甫	클	보:		성(姓)	풍	薛	성(姓)	설
鉢	바리때	발	輔	도울	보:	唆	부추길	사	暹	햇살 치밀	섬
旁	곁	방:	馥	향기	복	泗	물 이름	사:		나라 이름	섬
紡	길쌈	방	俸	녹(祿)	봉:	赦	용서할	사;	纖	가늘	섬
龐	높은 집	방	縫	꿰맬	봉	飼	기를	사	蟾	두꺼비	섬
俳	배우	배	蓬	쑥	봉	傘	우산	산	陝	땅 이름	섬
裵	성(姓)	배	傅	스승	부:	酸	실[味覺]	산	燮	불꽃	섭
賠	물어줄	배:	敷	펼	부(:)	蔘	삼	삼	晟	밝을	성

貰	세놓을	세:	軾	수레 가로나무	식	燁	빛날	엽	歪	기울	왜
巢	새집	소	紳	띠[帶]	신:	暎	비칠	영		기울	외
沼	못	소	腎	콩팥	신:	瑛	옥빛	영	堯	요임금	요
紹	이을	소	瀋	즙낼	심:	盈	찰	영	妖	요사할	요
邵	땅 이름	소		물 이름	심:	濊	종족 이름	예:	姚	예쁠	요
	성(姓)	소	握	쥘	악	睿	슬기	예:	耀	빛날	요
宋	성(姓)	송:	閼	막을	알	芮	성(姓)	예:	傭	품팔	용
洙	물가	수	癌	암	암:	預	맡길	예:	溶	녹을	용
銖	저울눈	수	鴨	오리	압		미리	예:	熔	녹을	용
隋	수나라	수	埃	티끌	애	吳	성(姓)	오	瑢	패옥 소리	용
洵	참으로	순	艾	쑥	애	墺	물가	오:	鎔	쇠 녹일	용
淳	순박할	순	礙	거리낄	애:	梧	오동나무	오(:)	鏞	쇠북	용
珣	옥 이름	순	倻	가야	야	沃	기름질	옥	佑	도울	우:
盾	방패	순	惹	이끌	야:	鈺	보배	옥	祐	복(福)	우:
舜	순임금	순	孃	아가씨	양	穩	편안할	온	禹	성(姓)	우(:)
荀	풀 이름	순	襄	도울	양:	甕	독	옹:	旭	아침해	욱
瑟	큰거문고	슬	彦	선비	언:	邕	막힐	옹	昱	햇빛 밝을	욱
升	되	승	妍	고울	연:	雍	화(和)할	옹	煜	빛날	욱
繩	노끈	승	淵	못	연	莞	빙그레할	완	郁	성할	욱
屍	주검	시:	硯	벼루	연:		왕골	관	頊	삼갈	욱
柴	섶[薪]	시:	衍	넓을	연:	旺	왕성할	왕:	芸	향풀	운
殖	불릴	식	厭	싫어할	염:	汪	넓을	왕(:)	蔚	고을 이름	울
湜	물 맑을	식	閻	마을	염	倭	왜나라	왜	鬱	답답할	울

熊	곰	웅	鷹	매	응(:)	甸	경기	전	駐	머무를	주:
媛	계집	원	伊	저[彼]	이	偵	염탐할	정	准	비준	준:
瑗	구슬	원	怡	기쁠	이	呈	드릴	정	埈	높을	준:
苑	나라 동산	원:	珥	귀고리	이:	旌	기	정	峻	높을	준:
袁	성(姓)	원	貳	두	이:	晶	맑을	정		준엄할	준:
尉	벼슬	위		갖은 두	이:	楨	광나무	정	晙	밝을	준:
渭	물 이름	위	翊	도울	익	汀	물가	정	浚	깊게 할	준:
韋	가죽	위	刃	칼날	인:	珽	옥 이름	정	濬	깊을	준:
魏	성(姓)	위	佾	줄 춤	일	禎	상서로울	정	駿	준마	준:
兪	대답할	유	壹	한	일	艇	큰 배	정	址	터	지
	인월도(人月刂)	유		갖은 한	일	鄭	나라	정:	旨	뜻	지
庾	곳집	유	鎰	무게 이름	일	鼎	솥	정	脂	기름	지
	노적가리	유	妊	아이 밸	임:	劑	약제	제	芝	지초	지
楡	느릅나무	유	滋	불을[益]	자	彫	새길	조	稙	올벼	직
踰	넘을	유	磁	자석	자	措	둘[置]	조	稷	피[穀名]	직
允	맏[伯]	윤:	諮	물을	자:	曹	성(姓)	조	塵	티끌	진
尹	성(姓)	윤:	雌	암컷	자	祚	복(福)	조	晋	진나라	진:
胤	자손	윤	蠶	누에	잠	趙	나라	조:	津	나루	진(:)
鈗	창	윤	庄	전장(田莊)	장	釣	낚을	조:	秦	성(姓)	진
融	녹을	융	璋	홀	장		낚시	조:	診	진찰할	진
垠	지경	은	蔣	성(姓)	장	琮	옥홀	종	窒	막힐	질
殷	은나라	은	獐	노루	장	綜	모을	종	輯	모을	집
誾	향기	은	沮	막을[遮]	저:	疇	이랑	주	遮	가릴	차(:)

燦	빛날	찬:	瞻	볼	첨	灘	여울	탄		사람 이름	감
璨	옥빛	찬	諜	염탐할	첩	耽	즐길	탐	翰	편지	한:
瓚	옥잔	찬	締	맺을	체	兌	바꿀	태	艦	큰 배	함:
鑽	뚫을	찬	哨	망볼	초		기쁠	태	亢	높을	항
餐	밥	찬	楚	초나라	초	台	별	태	沆	넓을	항:
刹	절	찰	焦	탈(燥)	초	胎	아이 밸	태	杏	살구	행:
札	편지	찰	蜀	나라 이름	촉	颱	태풍	태	爀	불빛	혁
斬	벨	참(:)	崔	성(姓)	최	坡	언덕	파	赫	빛날	혁
彰	드러날	창		높을	최	阪	언덕	판	峴	고개	현:
敞	시원할	창	楸	가래	추	霸	으뜸	패:	弦	시위	현
昶	해길	창	趨	달아날	추	彭	성(姓)	팽	炫	밝을	현:
滄	큰 바다	창	鄒	추나라	추	扁	작을	편	鉉	솥귀	현
埰	사패지(賜牌地)	채:	蹴	찰	축	坪	들[野]	평	陜	좁을	협
蔡	성(姓)	채:	軸	굴대	축	怖	두려워할	포		땅이름	합
采	풍채	채:	椿	참죽나무	춘	抛	던질	포:	峽	골짜기	협
悽	슬퍼할	처:	沖	화(和)할	충	葡	포도	포	型	모형	형
陟	오를	척	衷	속마음	충	鋪	펼	포	瀅	물맑을	형
隻	외짝	척	炊	불땔	취:		가게	포	炯	빛날	형
釧	팔찌	천	聚	모을	취:	鮑	절인 물고기	포:	瑩	밝을	형
喆	밝을	철	峙	언덕	치	杓	북두 자루	표		옥돌	영
	쌍길[吉]	철	雉	꿩	치	弼	도울	필	邢	성(姓)	형
撤	거둘	철	琢	다듬을	탁	虐	모질	학	馨	꽃다울	형
澈	맑을	철	託	부탁할	탁	邯	조(趙)나라 서울	한	壕	해자	호

扈	따를	호:	樺	벗나무	화	檜	전나무	회:	匈	오랑캐	흉
昊	하늘	호:		자작나무	화	淮	물 이름	회	欽	공경할	흠
晧	밝을	호:	靴	신[履, 鞋]	화	后	임금	후:	噫	한숨쉴	희
澔	넓을	호:	幻	헛보일	환:		왕후	후:	姬	계집	희
濠	호주	호	桓	굳셀	환	喉	목구멍	후	嬉	아름다울	희
皓	흴[白]	호	煥	빛날	환:	勳	공(功)	훈	憙	기뻐할	희
祜	복(福)	호	滑	미끄러울	활	壎	질나팔	훈	熙	빛날	희
鎬	호경	호:		익살스러울	골	熏	불길	훈	嘻	빛날	희
酷	심할	혹	晃	밝을	황	薰	향풀	훈	禧	복(福)	희
泓	물깊을	홍	滉	깊을	황	徽	아름다울	휘	羲	복희(伏羲)	희
嬅	탐스러울	화	廻	돌[旋]	회	烋	아름다울	휴			

☑ 2급 배정한자는 모두 2,355자로 3급 배정한자(1,817자)를 제외한 538자만을 담았습니다. 쓰기 배정한자는 3급 1,817자입니다.

사자성어(四字成語)

8급 사자성어

國 民 年 金	일정 기간 또는 죽을 때까지 해마다 지급되는 일정액의 돈 (국민연금)
나라 국 백성 민 해 년 쇠 금	

父 母 兄 弟	아버지·어머니·형·아우 라는 뜻으로, 가족을 이르는 말
아비 부 어미 모 형 형 아우 제	

生 年 月 日	태어난 해와 달과 날
날 생 해 년 달 월 날 일	

大 韓 民 國	우리나라의 국호(나라이름)
큰 대 한나라 한 백성 민 나라 국	

三 三 五 五	서너 사람 또는 대여섯 사람 이 떼를 지어 다니거나 무슨 일을 함
석 삼 석 삼 다섯 오 다섯 오	

十 中 八 九	열 가운데 여덟이나 아홉 정도 로 거의 대부분이거나 거의 틀림 없음
열 십 가운데 중 여덟 팔 아홉 구	

東 西 南 北	동쪽·서쪽·남쪽·북쪽이 라는 뜻으로, 모든 방향을 이르는 말
동녘 동 서녘 서 남녘 남 북녘 북	

7급 II 사자성어

南 男 北 女	우리나라에서, 남자는 남쪽 지방 사람이 잘나고 여자는 북쪽 지방 사람이 고움을 이르는 말
남녘 남 사내 남 북녘 북 계집 녀	

上 下 左 右	위·아래·왼쪽·오른쪽을 이르는 말로, 모든 방향을 이름
윗 상 아래 하 왼 좌 오른 우	

土 木 工 事	땅과 하천 따위를 고쳐 만드는 공사
흙 토 나무 목 장인 공 일 사	

四 方 八 方	여기저기 모든 방향이나 방면
넉 사 모 방 여덟 팔 모 방	

世 上 萬 事	세상에서 일어나는 온갖 일
인간 세 윗 상 일만 만 일 사	

八 道 江 山	팔도의 강산이라는 뜻으로, 우리나라 전체의 강산을 이르 는 말
여덟 팔 길 도 강 강 메 산	

四 海 兄 弟	온 세상 사람이 모두 형제와 같다는 뜻으로, 친밀함을 이르는 말
넉 사 바다 해 형 형 아우 제	

人 山 人 海	사람이 수없이 많이 모인 상태 를 이르는 말
사람 인 메 산 사람 인 바다 해	

7급 사자성어

男 女 老 少	남자와 여자, 나이 든 사람과 젊은 사람이란 뜻으로 모든 사람을 이르는 말 (남녀노소)
사내 남 계집 녀 늙을 로 적을 소	

百 萬 大 軍	아주 많은 병사로 조직된 군대를 이르는 말
일백 백 일만 만 큰 대 군사 군	

月 下 老 人	부부의 인연을 맺어 준다는 전설상의 노인 (월하노인)
달 월 아래 하 늙을 로 사람 인	

男 中 一 色	남자의 얼굴이 썩 뛰어나게 잘 생김
사내 남 가운데 중 한 일 빛 색	

不 老 長 生	늙지 아니하고 오래 삶
아닐 불 늙을 로 긴 장 날 생	

二 八 靑 春	16세 무렵의 꽃다운 청춘
두 이 여덟 팔 푸를 청 봄 춘	

東 問 西 答	물음과는 전혀 상관없는 엉뚱 한 대답
동녘 동 물을 문 서녘 서 대답 답	

不 立 文 字	불도의 깨달음은 마음에서 마 음으로 전하는 것이므로 말이 나 글에 의지하지 않는다는 말
아닐 불 설 립 글월 문 글자 자	

一 問 一 答	한 번 물음에 한 번 대답함
한 일 물을 문 한 일 대답 답	

萬 里 長 天	아득히 높고 먼 하늘
일만 만 마을 리 긴 장 하늘 천	

山 川 草 木	산과 내와 풀과 나무, 곧 자연 을 이르는 말
메 산 내 천 풀 초 나무 목	

一 日 三 秋	하루가 삼 년 같다는 뜻으로, 몹시 애태우며 기다림을 이르 는 말
한 일 날 일 석 삼 가을 추	

名 山 大 川	이름난 산과 큰 내
이름 명 메 산 큰 대 내 천	

安 心 立 命	하찮은 일에 흔들리지 않는 경지 (안심입명)
편안 안 마음 심 설 립 목숨 명	

自 問 自 答	스스로 묻고 스스로 대답함
스스로 자 물을 문 스스로 자 대답 답	

自 生 植 物	산이나 들, 강이나 바다에서 저절로 나는 식물
스스로 자 날 생 심을 식 물건 물	

地 上 天 國	이 세상에서 이룩되는 다시 없이 자유롭고 풍족하며 행복한 사회
따 지 윗 상 하늘 천 나라 국	

草 食 動 物	풀을 주로 먹고 사는 동물
풀 초 먹을 식 움직일 동 물건 물	

全 心 全 力	온 마음과 온 힘
온전 전 마음 심 온전 전 힘 력	

靑 天 白 日	하늘이 맑게 갠 대낮
푸를 청 하늘 천 흰 백 날 일	

春 夏 秋 冬	봄·여름·가을·겨울의 사계절
봄 춘 여름 하 가을 추 겨울 동	

6급 Ⅱ 사자성어

家 內 工 業	집안에서 단순한 기술과 도구로써 작은 규모로 생산하는 수공업
집 가 안 내 장인 공 업 업	

百 發 百 中	백 번 쏘아 백 번 맞힌다는 뜻으로, 총이나 활 따위를 쏠 때마다 겨눈 곳에 다 맞음을 이르는 말
일백 백 필 발 일백 백 가운데 중	

一 心 同 體	한마음 한 몸이라는 뜻으로, 서로 굳게 결합함을 이르는 말
한 일 마음 심 한가지 동 몸 체	

家 庭 敎 育	가정의 일상생활 가운데 집안 어른들이 자녀들에게 주는 영향이나 가르침
집 가 뜰 정 가르칠 교 기를 육	

四 面 春 風	누구에게나 좋게 대하는 일
넉 사 낮 면 봄 춘 바람 풍	

一 日 三 省	하루에 세 가지 일로 자신을 되돌아보고 살핌
한 일 날 일 석 삼 살필 성	

各 人 各 色	사람마다 각기 다름
각각 각 사람 인 각각 각 빛 색	

山 戰 水 戰	세상의 온갖 고생과 어려움을 다 겪었음을 이르는 말
메 산 싸움 전 물 수 싸움 전	

一 長 一 短	일면의 장점과 다른 일면의 단점을 통틀어 이르는 말
한 일 긴 장 한 일 짧을 단	

各 自 圖 生	제각기 살아 나갈 방법을 꾀함
각각 각 스스로 자 그림 도 날 생	

三 十 六 計	서른여섯 가지의 꾀, 많은 모계(謀計)의 이름 (삼십육계)
석 삼 열 십 여섯 륙 셀 계	

自 手 成 家	물려받은 재산이 없이 자기 혼자의 힘으로 집안을 일으키고 재산을 모음
스스로 자 손 수 이룰 성 집 가	

高 等 動 物	복잡한 체제를 갖춘 동물
높을 고 무리 등 움직일 동 물건 물	

世 界 平 和	전 세계가 평온하고 화목함
인간 세 지경 계 평평할 평 화할 화	

天 下 第 一	세상에 견줄 만한 것이 없이 최고임
하늘 천 아래 하 차례 제 한 일	

公 明 正 大	하는 일이나 행동이 사사로움이 없이 떳떳하고 바름
공평할 공 밝을 명 바를 정 큰 대	

時 間 問 題	이미 결과가 뻔하여 조만간 저절로 해결될 문제
때 시 사이 간 물을 문 제목 제	

淸 風 明 月	맑은 바람과 밝은 달
맑을 청 바람 풍 밝을 명 달 월	

大 明 天 地	아주 환하게 밝은 세상
큰 대 밝을 명 하늘 천 따 지	

市 民 社 會	신분적 구속에 지배되지 않으며, 자유롭고 평등한 개인의 이성적 결합으로 이루어진 사회
저자 시 백성 민 모일 사 모일 회	

下 等 動 物	진화 정도가 낮아 몸의 구조가 단순한 원시적인 동물
아래 하 무리 등 움직일 동 물건 물	

門 前 成 市	찾아오는 사람이 많아 집 문 앞이 시장을 이루다시피 함을 이르는 말
문 문 앞 전 이룰 성 저자 시	

樂 山 樂 水	산과 물을 좋아한다는 것으로 즉 자연을 좋아함
좋아할 요 메 산 좋아할 요 물 수	

形 形 色 色	상과 빛깔 따위가 서로 다른 여러 가지
모양 형 모양 형 빛 색 빛 색	

百 年 大 計	먼 앞날까지 미리 내다보고 세우는 크고 중요한 계획
일백 백 해 년 큰 대 셀 계	

人 事 不 省	제 몸에 벌어지는 일을 모를 만큼 정신을 잃은 상태
사람 인 일 사 아닐 불 살필 성	

白 面 書 生	한갓 글만 읽고 세상일에는 전혀 경험이 없는 사람
흰 백 낮 면 글 서 날 생	

人 海 戰 術	우수한 화기보다 다수의 병력을 투입하여 적을 압도하는 전술
사람 인 바다 해 싸움 전 재주 술	

6급 사자성어

사자성어	뜻
高 速 道 路 높을 고 빠를 속 길 도 길 로	차의 빠른 통행을 위하여 만든 차전용의 도로
百 戰 百 勝 일백 백 싸움 전 일백 백 이길 승	싸울 때마다 다 이김
一 朝 一 夕 한 일 아침 조 한 일 저녁 석	하루 아침과 하루 저녁이라는 뜻으로, 짧은 시일을 이르는 말
交 通 信 號 사귈 교 통할 통 믿을 신 이름 호	교차로나 횡단보도, 건널목 따위에서 사람이나 차량이 질서 있게 길을 가도록 하는 기호나 등화(燈火)
別 有 天 地 다를 별 있을 유 하늘 천 따 지	별세계, 딴 세상
子 孫 萬 代 아들 자 손자 손 일만 만 대신 대	오래도록 내려오는 여러 대
九 死 一 生 아홉 구 죽을 사 한 일 날 생	아홉 번 죽을 뻔하다 한 번 살아난다는 뜻으로, 죽을 고비를 여러 차례 넘기고 겨우 살아남을 이르는 말
不 遠 千 里 아닐 불 멀 원 일천 천 마을 리	천리를 멀다 여기지 아니함
自 由 自 在 스스로 자 말미암을 유 스스로 자 있을 재	거침없이 자기 마음대로 할 수 있음
男 女 有 別 사내 남 계집 녀 있을 유 다를 별	남자와 여자 사이에 분별이 있어야 함을 이르는 말
父 子 有 親 아비 부 아들 자 있을 유 친할 친	아버지와 아들 사이의 도리는 친애에 있음을 이름
作 心 三 日 지을 작 마음 심 석 삼 날 일	단단히 먹은 마음이 사흘이 가지 못한다는 뜻으로, 결심이 굳지 못함을 이르는 말
代 代 孫 孫 대신 대 대신 대 손자 손 손자 손	오래도록 내려오는 여러 대
生 老 病 死 날 생 늙을 로 병 병 죽을 사	사람이 나고 늙고 병들고 죽는 네 가지 고통
電 光 石 火 번개 전 빛 광 돌 석 불 화	번갯불이나 부싯돌의 불이 번쩍거리는 것과 같이 매우 짧은 시간이나 매우 재빠른 움직임 따위를 비유적으로 이르는 말
同 苦 同 樂 한가지 동 쓸 고 한가지 공 즐거울 락	괴로움과 즐거움을 함께 함
生 死 苦 樂 날 생 죽을 사 쓸 고 즐거울 락	삶과 죽음, 괴로움과 즐거움을 통틀어 이르는 말
晝 夜 長 川 낮 주 밤 야 긴 장 내 천	밤낮으로 쉬지 아니하고 연달아
同 生 共 死 한가지 동 날 생 한가지 공 죽을 사	서로 같이 살고 같이 죽음
新 聞 記 者 새 신 들을 문 기록할 기 놈 자	신문에 실을 자료를 수집, 취재, 집필, 편집하는 사람
千 萬 多 幸 일천 천 일만 만 많을 다 다행 행	아주 다행함
東 西 古 今 동녘 동 서녘 서 예 고 이제 금	동양과 서양, 옛날과 지금을 통틀어 이르는 말
愛 國 愛 族 사랑 애 나라 국 사랑 애 겨레 족	나라와 민족을 아낌
草 綠 同 色 풀 초 푸를 록 한가지 동 빛 색	이름이 다르나 따지고 보면 한 가지 것이라는 말
同 姓 同 本 한가지 동 성 성 한가지 동 근본 본	성(姓)과 본관이 모두 같음
野 生 動 物 들 야 날 생 움직일 동 물건 물	산이나 들에서 저절로 나서 자라는 동물
特 別 活 動 특별할 특 다를 별 살 활 움직일 동	학교 교육 과정에서 교과 학습 이외의 교육활동
同 時 多 發 한가지 동 때 시 많을 다 필 발	연이어 일이 발생함
年 中 行 事 해 년 가운데 중 다닐 행 일 사	해마다 일정한 시기를 정하여 놓고 하는 행사 (연중행사)
八 方 美 人 여덟 팔 모 방 아름다울 미 사람 인	어느 모로 보나 아름다운 사람이라는 뜻으로, 여러 방면에 능통한 사람
萬 國 信 號 일만 만 나라 국 믿을 신 이름 호	배와 배 사이 또는 배와 육지 사이의 연락을 위하여 국제적으로 쓰는 신호
英 才 敎 育 꽃부리 영 재주 재 가르침 교 기를 육	천재아의 재능을 훌륭하게 발전시키기 위한 특수교육
行 方 不 明 다닐 행 모 방 아닐 불 밝을 명	간 곳이나 방향을 모름
百 萬 長 者 일백 백 일만 만 긴 장 놈 자	재산이 매우 많은 사람 또는 아주 큰 부자
人 命 在 天 사람 인 목숨 명 있을 재 하늘 천	사람의 목숨은 하늘에 달려 있다는 말
花 朝 月 夕 꽃 화 아침 조 달 월 저녁 석	꽃 피는 아침과 달 밝은 밤이라는 뜻으로, 경치가 좋은 시절을 이르는 말
白 衣 民 族 흰 백 옷 의 백성 민 겨레 족	흰옷을 입은 민족이라는 뜻으로, '한민족'을 이르는 말
一 口 二 言 한 일 입 구 두 이 말씀 언	한 입으로 두 말을 한다는 뜻으로, 한 가지 일에 대하여 말을 이랬다 저랬다 함을 이르는 말
訓 民 正 音 가르칠 훈 백성 민 바를 정 소리 음	백성을 가르치는 바른 소리라는 뜻으로, 1443년에 세종대왕이 창제한 우리나라 글자를 이르는 말

5급 II 사자성어

見 物 生 心 불 견 물건 물 날 생 마음 심	물건을 보면 그 물건을 가지고 싶은 생각이 둠
聞 一 知 十 들을 문 한 일 알 지 열 십	하나를 들으면 열을 앎
雨 順 風 調 비 우 순할 순 바람 풍 고를 조	비가 오고 바람이 부는 것이 때와 분량이 알맞음
決 死 反 對 결단할 결 죽을 사 돌이킬 반 대할 대	죽기를 각오하고 있는 힘을 다하여 반대함
奉 仕 活 動 받들 봉 벼슬할 사 살 활 움직일 동	국가나 사회 또는 남을 위하여 자신을 돌보지 아니하고 힘을 바쳐 애씀
以 實 直 告 써 이 열매 실 곧을 직 알릴 고	사실 그대로 고함
敬 老 孝 親 공경 경 늙을 로 효도 효 친할 친	어른을 공경하고 부모에게 효도함
父 傳 子 傳 아비 부 전할 전 아들 자 전할 전	아버지가 아들에게 대대로 전함
以 心 傳 心 써 이 마음 심 전할 전 마음 심	마음에서 마음으로 뜻을 전함
敬 天 愛 人 공경 경 하늘 천 사랑 애 사람 인	하늘을 공경하고 사람을 사랑함
北 窓 三 友 북녘 북 창 창 석 삼 벗 우	거문고, 술, 시를 아울러 이르는 말
人 相 着 衣 사람 인 서로 상 붙을 착 옷 의	사람의 생김새와 옷차림
敎 學 相 長 가르칠 교 배울 학 서로 상 긴 장	남을 가르치는 일과 스승에게서 배우는 일이 서로 도와서 자기의 학문을 길러 줌
士 農 工 商 선비 사 농사 농 장인 공 헤아릴 상	예전에 백성을 나누던 네 가지 계급. 선비, 농부, 공장(工匠), 상인을 이르던 말
自 古 以 來 스스로 자 옛 고 써 이 올 래	예로부터 지금까지의 과정
能 小 能 大 능할 능 작을 소 능할 능 큰 대	작은 일에도 능하고 큰 일에도 능하다는 데서 모든 일에 두루 능함을 이르는 말
事 親 以 孝 일 사 친할 친 써 이 효도 효	어버이를 섬기기를 효도로써 함을 이름
全 知 全 能 온전 전 알 지 온전 전 능할 능	어떠한 사물이라도 잘 알고, 모든 일을 다 수행할 수 있는 신불(神佛)의 능력
多 才 多 能 많을 다 재주 재 많을 다 능할 능	재능이 많다는 말
生 面 不 知 날 생 낯 면 아닌가 부 알 지	서로 한 번도 만난 적이 없어서 전혀 알지 못하는 사람
主 客 一 體 주인 주 손 객 한 일 몸 체	주인과 손이 한 몸이라는 데서, 나와 나 밖의 대상이 하나가 됨을 말함
多 情 多 感 많을 다 뜻 정 많을 다 느낄 감	감수성이 예민하고 느끼는 바가 많음
速 戰 速 決 빠를 속 싸울 전 빠를 속 터질 결	싸움을 오래 끌지 아니하고 빨리 몰아쳐 이기고 짐을 결정함
知 行 合 一 알 지 ·다닐 행 합할 합 한 일	지식과 행동이 서로 맞음
大 同 團 結 큰 대 한가지 동 둥글 단 맺을 결	여러 집단이나 사람이 어떤 목적을 이루려고 크게 한 덩어리로 뭉침
十 年 知 己 열 십 해 년 알 지 자기 기	오래전부터 친히 사귀어 잘 아는 사람
靑 山 流 水 푸를 청 메 산 흐를 류 물 수	푸른 산에 맑은 물이라는 뜻으로, 막힘없이 썩 잘하는 말을 비유적으로 이르는 말 (청산유수)
大 書 特 筆 큰 대 글 서 특별할 특 붓 필	신문 따위의 출판물에서 어떤 기사에 큰 비중을 두어 다룸을 이르는 말
安 分 知 足 편안할 안 나눌 분 알 지 발 족	제 분수를 지키고 만족할 줄을 앎
風 待 歲 月 바람 풍 기다릴 대 해 세 달 월	아무리 바라고 기다려도 실현될 가능성이 없는
同 化 作 用 한가지 동 될 화 지을 작 쓸 용	외부에서 섭취한 에너지원을 자체의 고유한 성분으로 변화시키는 일
良 藥 苦 口 좋을 량 약 약 쓸 고 입 구	좋은 약은 입에 쓰나 병에 이롭다는 뜻으로 충언(忠言)은 귀에 거슬리나 자신에게 이로움을 이르는 말 (양약고구)
萬 古 不 變 일만 만 예 고 아닐 불 변할 변	오랜 세월을 두고 변하지 않음
語 不 成 說 말씀 어 아닐 불 이룰 성 말씀 설	말이 조금도 이치에 맞지 않음을 말함

5급 사자성어

去者必反 갈 거 놈 자 반드시 필 되돌릴 반	떠난 자는 반드시 돌아옴	思考方式 생각할 사 상고할 고 모 방 법 식	어떤 문제에 대해 생각하고 궁리하는 방법이나 태도	自給自足 스스로 자 줄 급 스스로 자 발 족	필요한 물자를 스스로 생산하여 충당함
格物致知 격식 격 물건 물 이를 치 알 지	사물의 이치를 연구하여 자기의 지식을 확고하게 함	事事件件 일 사 일 사 사건 건 사건 건	해당되는 모든 일 또는 온갖 사건	前無後無 앞 전 없을 무 뒤 후 없을 무	전에도 없었고 후에도 없음
過失相規 지날 과 잃을 실 서로 상 법 규	나쁜 행실을 하지 못하도록 서로 규제함	事實無根 일 사 열매 실 없을 무 뿌리 근	근거가 없음 또는 터무니 없음	戰爭英雄 싸움 전 다툴 쟁 꽃부리 영 수컷 웅	전쟁에 뛰어나고 용맹하여 보통 사람이 하기 어려운 일을 해내는 사람
今始初聞 이제 금 때 시 처음 초 들을 문	이제야 비로소 처음으로 들음	三寒四溫 석 삼 찰 한 넉 사 따뜻할 온	7일을 주기로 사흘 동안 춥고 나흘 동안 따뜻함	朝變夕改 아침 조 변할 변 저녁 석 고칠 개	아침저녁으로 뜯어 고침, 곧 일을 자주 뜯어고침
落木寒天 떨어질 락 나무 목 찰 한 하늘 천	낙엽 진 나무와 차가운 하늘, 곧 추운 겨울철 (낙목한천)	善男善女 착할 선 사내 남 착할 선 계집 녀	성품이 착한 남자와 여자란 뜻으로, 착하고 어진 사람들을 이르는 말	知過必改 알 지 지날 과 반드시 필 고칠 개	자신이 한 일의 잘못을 알면 반드시 고쳐야 함
落花流水 떨어질 락 꽃 화 흐를 류 물 수	꽃과 흐르는 물, 가는 봄의 경치, 남녀 사이에 서로 그리는 정이 있다는 비유로도 쓰임 (낙화유수)	善人善果 착할 선 사람 인 착할 선 실과 과	선업을 쌓으면 반드시 좋은 과보가 따름	天災地變 하늘 천 재앙 재 따 지 변할 변	지진, 홍수, 태풍 따위의 자연 현상으로 인한 재앙
馬耳東風 말 마 귀 이 동녘 동 바람 풍	남의 말을 귀담아 듣지 않고 흘려 버림	言文一致 말씀 언 글월 문 한 일 이를 치	실제로 쓰는 말과 그 말을 적은 글이 일치함	秋風落葉 가을 추 바람 풍 떨어질 락 잎 엽	가을바람에 흩어져 떨어지는 낙엽, 세력 같은 것이 일순간에 실추됨을 비유함 (추풍낙엽)
無男獨女 없을 무 사내 남 홀로 독 계집 녀	아들이 없는 집안의 외동딸	言行一致 말씀 언 다닐 행 한 일 이를 치	말과 행동이 서로 같음	敗家亡身 패할 패 집 가 망할 망 몸 신	집안의 재산을 다 써 없애고 몸을 망침
無不通知 없을 무 아닐 불 통할 통 알 지	무엇이든지 환히 통하여 모르는 것이 없음	勇氣百倍 날랠 용 기운 기 일백 백 곱 배	격려나 응원 따위에 자극을 받아 힘이나 용기를 더 냄	海水浴場 바다 해 물 수 목욕할 욕 마당 장	해수욕을 할 수 있는 환경과 시설이 갖추어진 바닷가
百年河淸 일백 백 해 년 강이름 하 맑을 청	아무리 오래 기다려도 어떤 일이 이루어지기 어려움을 이름	有口無言 있을 유 입 구 없을 무 말씀 언	입은 있으나 말이 없다는 뜻으로, 변명할 말이 없거나 변명을 하지 못함을 이름	行動擧止 갈 행 움직일 동 들 거 발 지	몸을 움직여 하는 모든 짓
不問可知 아닐 불 물을 문 옳을 가 알 지	묻지 않아도 알 수 있음	有名無實 있을 유 이름 명 없을 무 열매 실	명목만 있고 실상은 없음	凶惡無道 흉할 흉 악할 악 없을 무 길 도	성질이 거칠고 사나우며 도의심이 없음
不問曲直 아닐 불 물을 문 굽을 곡 곧을 직	옳고 그른 것을 묻지 않고 다짜고짜로	耳目口鼻 귀 이 눈 목 입 구 코 비	귀·눈·입·코를 아울러 이르는 말		
氷山一角 얼음 빙 뫼 산 한 일 뿔 각	아주 많은 것 중에 조그마한 부분	一字無識 한 일 글자 자 없을 무 알 식	글자를 한 자도 모를 정도로 무식함		

4급 II 사자성어

家 家 户 户	집집마다
집 가 집 가 집 호 집 호	

角 者 無 齒	뿔이 있는 짐승은 이가 없다는 뜻으로, 한 사람이 여러 가지 재주나 복을 다 가질 수 없다는 말
뿔 각 사람 자 없을 무 이 치	

江 湖 煙 波	강이나 호수 위에 안개처럼 뿌옇게 이는 기운
강 강 호수 호 연기 연 물결 파	

見 利 思 義	눈 앞에 이익이 보일 때 의리를 먼저 생각함
볼 견 이할 리 생각 사 옳을 의	

結 草 報 恩	죽은 뒤에라도 은혜를 잊지 않고 갚음을 이르는 말
맺을 결 풀 초 갚을 보 은혜 은	

經 世 濟 民	세상을 다스리고 백성을 구함
날 경 대 세 건널 제 백성 민	

空 前 絶 後	전에도 없었고 앞으로도 없을 일
빌 공 앞 전 끊을 절 뒤 후	

九 牛 一 毛	매우 많은 것 가운데 극히 적은 수를 이르는 말
아홉 구 소 우 한 일 털 모	

權 不 十 年	권세가 10년을 가지 못함
권세 권 아닐 불 열 십 해 년	

極 惡 無 道	지극히 악하고도 도의심이 없음
다할 극 악할 악 없을 무 길 도	

起 死 回 生	죽을 뻔하다가 다시 살아남
일어날 기 죽을 사 돌아올 회 날 생	

難 兄 難 弟	두 사물이 비슷하여 낫고 못함을 정하기 어려움을 이르는 말
어려울 난 형 형 어려울 난 아우 제	

怒 發 大 發	크게 성을 냄
성낼 노 쏠 발 큰 대 쏠 발	

論 功 行 賞	세운 공을 논정하여 상을 줌 (논공행상)
논할 론 공 공 다닐 행 상줄 상	

多 多 益 善	많으면 많을수록 더욱 좋음
많을 다 많을 다 더할 익 착할 선	

多 聞 博 識	견문이 넓고 학식이 많음
많을 다 들을 문 넓을 박 알 식	

大 義 名 分	사람으로서 마땅히 지키고 행하여야 할 도리나 본분
큰 대 옳을 의 이름 명 나눌 분	

獨 不 將 軍	남의 의견을 무시하고 저 혼자 모든 일을 처리함
홀로 독 아닐 불 장수 장 군사 군	

得 意 滿 面	일이 뜻대로 이루어져 기쁜 표정이 얼굴에 가득함
얻을 득 뜻 의 찰 만 낯 면	

燈 下 不 明	등잔 밑이 어둡다는 뜻으로 가까이 있는 것이 오히려 알아내기가 어려움을 이르는 말
등 등 아래 하 아닐 불 밝을 명	

燈 火 可 親	서늘한 가을 밤은 등불을 가까이 하여 글 읽기에 좋음을 이르는 말
등 등 불 화 옳을 가 친할 친	

無 所 不 爲	하지 못하는 일이 없음
없을 무 바 소 아닐 불 할 위	

文 房 四 友	종이, 붓, 먹, 벼루의 네 가지 문방구
글월 문 방 방 넉 사 벗 우	

美 風 良 俗	아름답고 좋은 풍속이나 기풍 (미풍양속)
아름다울 미 바람 풍 어질 량 풍속 속	

博 學 多 識	학식이 넓고 아는 것이 많음
넓을 박 배울 학 많을 다 알 식	

百 戰 老 將	수많은 싸움을 치른 노련한 장수, 세상의 온갖 풍파를 다 겪은 사람을 비유(백전노장)
일백 백 싸움 전 늙을 로 장수 장	

百 害 無 益	해롭기만 하고 조금도 이로울 것이 없음
일백 백 해할 해 없을 무 더할 익	

富 貴 在 天	부귀는 하늘에 달려 있어서 인력으로는 어찌할 수 없다는 뜻
부자 부 귀할 귀 있을 재 하늘 천	

夫 婦 有 別	남편과 아내 사이의 도리는 서로 침범하지 않음에 있음
지아비 부 며느리 부 있을 유 다를 별	

非 一 非 再	같은 현상이나 일이 한두 번이나 한둘이 아니고 많음
아닐 비 한 일 아닐 비 두 재	

貧 者 一 燈	가난한 사람의 등 하나가 부자의 많은 등보다 더 소중함을 이름
가난할 빈 놈 자 한 일 등잔 등	

死 生 決 斷	죽음을 각오하고 대들어 끝장냄
죽을 사 날 생 결단할 결 끊을 단	

四 通 五 達	길이나 교통망, 통신망 등이 사방으로 막힘없이 통함
넉 사 통할 통 다섯 오 통달할 달	

生 不 如 死	삶이 죽음만 같지 못하다는 말로, 매우 곤경에 처해 있음을 알리는 말
살 생 아닐 불 같을 여 죽을 사	

說 往 說 來	서로 자신의 주장을 내세우며 옥신각신하는 것을 말함
말씀 설 갈 왕 말씀 설 올 래	

歲 時 風 俗	예로부터 해마다 관례로서 행하여지는 전승적 행사
해 세 때 시 바람 풍 풍속 속	

是 是 非 非	여러 가지 잘잘못
옳을 시 옳을 시 아닐 비 아닐 비	

始 終 如 一	처음부터 끝까지 한결 같아서 변함 없음
비로소 시 마칠 종 같을 여 한 일	

信 賞 必 罰	상과 벌을 공정하게 하는 일을 이르는 말
믿을 신 상줄 상 반드시 필 벌할 벌	

實 事 求 是 열매 실 일 사 구할 구 이 시	사실에 토대를 두어 진리를 탐구하는 일
安 貧 樂 道 편안 안 가난할 빈 즐거울 락 길 도	가난한 생활을 하면서도 편안한 마음으로 도를 즐겨 지킴 (안빈낙도)
眼 下 無 人 눈 안 아래 하 없을 무 사람 인	눈 아래에 사람이 없다는 뜻으로, 방자하고 교만하여 다른 사람을 업신여김을 이르는 말
弱 肉 強 食 약할 약 고기 육 강할 강 억을 식	약한 놈이 강한 놈에게 먹힘
魚 東 肉 西 물고기 어 동녁 동 고기 육 서녁 서	제사음식을 차릴 때, 생선은 동쪽에 고기는 서쪽에 놓는 것
言 語 道 斷 말씀 언 말씀 어 길 도 끊을 단	말할 길이 끊어졌다는 뜻으로, 어이가 없어서 말하려 해도 말할 수 없음을 이르는 말
如 出 一 口 같을 여 날 출 한 일 입 구	여러 사람의 말이 한결같이 같음
連 戰 連 勝 이을 련 싸움 전 이을 련 이길 승	싸울 때마다 계속하여 이김 (연전연승)
溫 故 知 新 따뜻할 온 연고 고 알 지 새 신	옛것을 익히고 그것을 미루어서 새것을 앎
右 往 左 往 오른 우 갈 왕 왼 좌 갈 왕	이리저리 왔다 갔다 하며 일이 나아가는 방향을 종잡지 못함
牛 耳 讀 經 소 우 귀 이 읽을 독 글 경	쇠귀에 경 읽기라는 뜻으로, 아무리 가르치고 일러 주어도 알아듣지 못함을 이르는 말
月 態 花 容 달 월 모습 태 꽃 화 얼굴 용	아름다운 여인의 얼굴과 맵시를 이르는 말
有 備 無 患 있을 유 갖출 비 없을 무 근심 환	미리 준비가 되어 있으면 걱정할 것이 없음
以 熱 治 熱 써 이 더울 열 다스릴 치 더울 열	열로써 열을 다스림

二 律 背 反 두 이 법칙 률 등 배 돌이킬 반	서로 모습이 양립할 수 없는 두 개의 명제 (이율배반)
因 果 應 報 인할 인 실과 과 응할 응 갚을 보	좋은 일에는 좋은 결과가, 나쁜 일에는 나쁜 결과가 따름
人 死 留 名 사람 인 죽을 사 머무를 류 이름 명	사람은 죽어서 이름을 남긴다는 말 (인사유명)
人 生 無 常 사람 인 날 생 없을 무 떳떳할 상	인생이 덧없음
一 擧 兩 得 한 일 들 거 두 량 얻을 득	한 가지 일을 하여 두 가지 이익을 얻음 (일거양득)
一 脈 相 通 한 일 줄기 맥 서로 상 통할 통	하나의 맥락으로 서로 통한다는 데서 솜씨나 성격 등이 서로 비슷함을 말함
一 石 二 鳥 한 일 돌 석 두 이 새 조	돌 한 개를 던져 새 두 마리를 잡는다는 뜻으로, 동시에 두 가지 이득을 봄을 이르는 말
一 言 半 句 한 일 말씀 언 반 반 글귀 구	한 마디의 말과 한 구의 반, 아주 짧은 말이나 글귀
一 依 帶 水 한 일 의지할 의 띠 대 물 수	한 줄기 좁은 강물이나 바닷물
一 波 萬 波 한 일 물결 파 일만 만 물결 파	하나의 물결이 수많은 물결이 된다는 데서, 하나의 사건이 여러 가지로 자꾸 확대되는 것은 말함
自 強 不 息 스스로 자 강할 강 아닐 불 쉴 식	스스로 힘써 몸과 마음을 가다듬어 쉬지 아니함
自 業 自 得 스스로 자 업 업 스스로 자 얻을 득	자기가 저지른 일의 결과를 자기가 받음
自 初 至 終 스스로 자 처음 초 이를 지 끝날 종	처음부터 끝까지의 과정
前 代 未 聞 앞 전 대신 대 아닐 미 들을 문	이제까지 들어본 적이 없는 일

種 豆 得 豆 씨 종 콩 두 얻을 득 콩 두	콩 심은데 콩 난다는 말
竹 馬 故 友 대나무 죽 말 마 연고 고 벗 우	대말을 타고 놀던 벗이라는 뜻으로, 어릴 때부터 같이 놀며 자란 벗
衆 口 難 防 무리 중 입 구 어려울 난 막을 방	뭇사람의 말을 막기가 어렵다는 뜻으로, 막기 어려울 정도로 여럿이 마구 지껄임을 이르는 말
至 誠 感 天 이를 지 정성 성 느낄 감 하늘 천	지극한 정성에 하늘이 감동함
進 退 兩 難 나아갈 진 물러날 퇴 두 량 어려울 난	이러지도 저러지도 못하는 어려운 처지 (진퇴양난)
天 人 共 怒 하늘 천 사람 인 한가지 공 성낼 노	하늘과 사람이 함께 노한다는 뜻으로, 누구나 분노할 만큼 증오스럽거나 도저히 용납할 수 없음을 이르는 말
寸 鐵 殺 人 마디 촌 쇠 철 죽일 살 사람 인	간단한 말로도 남을 감동시키거나 남의 약점을 찌를 수 있음을 이르는 말
出 將 入 相 날 출 장수 장 들 입 서로 상	문무를 겸비하여 장상의 벼슬을 모두 지낸 사람
忠 言 逆 耳 충성 충 말씀 언 거스릴 역 귀 이	충직한 말은 귀에 거슬림
卓 上 空 論 높을 탁 윗 상 빌 공 논할 론	현실성이 없는 허황한 이론이나 논의
風 前 燈 火 바람 풍 앞 전 등 등 불 화	사물이 매우 위태로운 처지에 놓여 있음을 비유적으로 이르는 말
好 衣 好 食 좋을 호 옷 의 좋을 호 먹을 식	좋은 옷과 맛있는 음식이란 뜻에서 잘 입고 잘 먹는 것을 말함
呼 兄 呼 弟 부를 호 형 형 부를 호 아우 제	서로 형이니 아우니 하고 부른다는 뜻으로, 매우 가까운 친구로 지냄을 이르는 말

4급 사자성어

刻骨痛恨 새길 각 뼈 골 아플 통 한할 한	뼈에 사무쳐 마음 속 깊이 맺힌 원한
君臣有義 임금 군 신하 신 있을 유 옳을 의	임금과 신하 사이의 도리는 의리에 있음
博覽強記 넓을 박 볼 람 굳셀 강 기록할 기	동서고금의 책을 널리 읽고 사물을 잘 기억함
敢不生心 감히 감 아닐 불 날 생 마음 심	감히 엄두도 내지 못함
近朱者赤 가까울 근 붉을 주 놈 자 붉을 적	붉은 색을 가까이하는 사람은 붉어지게 됨
百家爭鳴 일백 백 집 가 다툴 쟁 울 명	많은 학자나 문화인 등이 자기의 학설이나 주장을 자유롭게 발표하여, 논쟁하고 토론하는 일을 이르는 말
甘言利說 달 감 말씀 언 이할 리 말씀 설	귀가 솔깃하도록 남의 비위를 맞추거나 이로운 조건을 내세워 꾀는 말 (감언이설)
奇想天外 기특할 기 생각 상 하늘 천 바깥 외	착상이나 생각 따위가 쉽게 짐작할 수 없을 정도로 기발하고 엉뚱함
百折不屈 일백 백 꺾을 절 아닐 불 굽힐 굴	어떠한 난관에도 결코 굽히지 않음
居安思危 살 거 편안 안 생각 사 위태할 위	편안히 살 때 닥쳐올 위태로움을 생각함
金科玉條 쇠 금 과목 과 구슬 옥 가지 조	금이나 옥처럼 귀중히 여겨 꼭 지켜야 할 법칙이나 규정
事必歸正 일 사 반드시 필 돌아올 귀 바를 정	모든 일은 반드시 바른길로 돌아감
見危授命 볼 견 위태할 위 줄 수 목숨 명	나라가 위급할 때 자기 몸을 나라에 바침
落落長松 떨어질 낙 떨어질 락 길 장 소나무 송	가지가 축축 길게 늘어지고 키가 큰 소나무
山海珍味 메 산 바다 해 보배 진 맛 미	산과 바다에서 나는 온갖 진귀한 물건으로 차린 맛이 좋은 음식
敬天勤民 공경 경 하늘 천 부지런할 근 백성 민	하늘을 공경하고 백성을 위하여 부지런히 일함
難攻不落 어려울 난 공 공 아닐 불 떨어질 락	공격하기가 어려워 좀처럼 함락되지 아니함
殺身成仁 죽일 살 몸 신 이룰 성 어질 인	자기의 몸을 희생하여 인(仁)을 이룸
驚天動地 놀랄 경 하늘 천 움직일 동 따 지	하늘이 놀라고 땅이 움직인다는 뜻으로, 몹시 세상을 놀라게 한다는 말
難臣賊子 어려울 난 신하 신 도둑 적 아들 자	나라를 어지럽게 하는 신하와 부모에게 불효하는 자식
先公後私 먼저 선 공평할 공 뒤 후 사사 사	공적인 일을 먼저하고 사사로운 일을 뒤로 미룸
鷄卵有骨 닭 계 알 란 있을 유 뼈 골	달걀에도 뼈가 있다는 뜻으로, 운수가 나쁜 사람은 모처럼 좋은 기회를 만나도 역시 일이 잘 안됨을 이르는 말
大驚失色 큰 대 놀랄 경 잃을 실 빛 색	몹시 놀라 얼굴빛이 하얗게 변함
仙姿玉質 신선 선 모양 자 구슬 옥 바탕 질	신선의 자태에 옥의 바탕이라는 뜻으로, 몸과 마음이 매우 아름다운 사람을 이르는 말
孤立無援 외로울 고 설 립 없을 무 도울 원	고립되어 도움 받을 만한 곳이 없음
大同小異 큰 대 한가지 동 작을 소 다를 이	큰 차이 없이 거의 같음
送舊迎新 보낼 송 예 구 맞을 영 새 신	묵은 해를 보내고 새해를 맞음
苦盡甘來 쓸 고 다할 진 달 감 올 래	쓴 것이 다하면 단 것이 온다는 뜻으로, 고생 끝에 즐거움이 옴을 이르는 말
明鏡止水 밝을 명 거울 경 그칠 지 물 수	맑은 거울과 고요한 물
身言書判 몸 신 말씀 언 글 서 판단할 판	예전에, 인물을 선택하는 데 표준으로 삼던 조건
骨肉相殘 뼈 골 고기 육 서로 상 남을 잔	가까운 혈족끼리 서로 해치고 죽임
目不識丁 눈 목 아닐 불 알 식 고무래 정	아주 간단한 글자인 '丁'자를 보고도 그것이 '고무래'인 줄을 알지 못한다는 뜻으로, 아주 까막눈임을 이르는 말
心機一轉 마음 심 틀 기 한 일 구를 전	어떤 동기가 있어 이제까지 가졌던 마음가짐을 버리고 완전히 달라짐
過大評價 지날 과 큰 대 평할 평 값 가	실제보다 지나치게 높이 평가함을 이름
無爲徒食 없을 무 할 위 무리 도 먹을 식	하는 일 없이 놀고 먹음
惡戰苦鬪 악할 악 싸움 전 쓸 고 싸움 투	몹시 어렵게 싸우는 것
九折羊腸 아홉 구 꺾을 절 양 양 창자 장	꼬불꼬불하며 험한 산길을 이르는 말
美辭麗句 아름다울 미 말씀 사 고울 려 글귀 구	좋은 말과 화려한 글귀
藥房甘草 약 약 방 방 달 감 풀 초	무슨 일이나 빠짐없이 끼임. 반드시 끼어야할 사물

사자성어(四字成語)

言中有骨 말씀 언 가운데 중 있을 유 뼈 골	말 속에 뼈가 있다는 뜻으로, 예사로운 말에 단단한 속 뜻이 들어 있음을 이르는 말	仁者無敵 어질 인 놈 자 없을 무 재적할 적	어진 사람은 모든 사람이 사랑하므로 세상에 적이 없음	盡忠報國 다할 진 충성 충 갚을 보 나라 국	충성을 다하여 나라의 은혜를 갚음
女必從夫 계집 녀 반드시 필 따를 종 지아비 부	아내는 반드시 남편에게 순종해야 한다는 말 (여필종부)	一刻千金 한 일 새길 각 일천 천 쇠 금	매우 짧은 시간도 천금만큼 귀하다는 말	千慮一得 일천 천 생각할 려 한 일 얻을 득	어리석은 사람도 많은 생각 가운데 한 가지쯤 좋은 생각이 미칠 수 있다는 말
緣木求魚 인연 연 나무 목 구할 구 물고기 어	나무에 올라가서 물고기를 구한다는 뜻으로, 도저히 불가능한 일을 굳이 하려 함을 비유적으로 이르는 말	一罰百戒 한 일 벌할 벌 일백 백 경계할 계	한 사람이나 한 가지 죄를 벌줌으로써 여러 사람을 경계함	千慮一失 일천 천 생각할 려 한 일 잃을 실	지혜로운 사람도 많은 생각 가운데는 간혹 실책이 있을 수 있다는 말
五穀百果 다섯 오 곡식 곡 일백 백 실과 과	온갖 곡식과 온갖 과일	一絲不亂 한 일 실 사 아닐 불 어지러울 란	한 타래의 실이 전혀 헝클어지지 않았다는 데서 질서정연하여 조금도 어지러움이 없음을 말함	天生緣分 하늘 천 날 생 인연 연 나눌 분	하늘에서 미리 정해 준 연분
玉骨仙風 구슬 옥 뼈 골 신선 선 바람 풍	옥과 같은 골격과 선인과 같은 풍채	日就月將 날 일 나아갈 취 달 월 장수 장	나날이 다달이 자라거나 발전함	千差萬別 일천 천 다를 차 일만 만 다를 별	여러 가지 사물이 모두 차이가 있고 구별이 있음
危機一髮 위태할 위 틀 기 한 일 터럭 발	여유가 조금도 없이 몹시 절박한 순간	一喜一悲 한 일 기쁠 희 한 일 슬플 비	한편 기쁘고 한편 슬픔, 기쁜 일과 슬픈 일이 번갈아 일어남	千篇一律 일천 천 책 편 한 일 법칙 률	여러 시문의 격조(格調)가 모두 비슷하게 개별적 특성이 없음
類類相從 무리 류 무리 류 서로 상 따를 종	같은 무리끼리 서로 사귐 (유유상종)	自畫自讚 스스로 자 그림 화 스스로 자 기릴 찬	자기가 한 일을 스스로 자랑함을 이르는 말	必有曲折 반드시 필 있을 유 굽을 곡 꺾을 절	반드시 무슨 까닭이 있음
異口同聲 다를 이 입 구 한가지 동 소리 성	다른 입에서 같은 소리를 낸다는 데서, 여러 사람의 말이 한결같음을 말함	張三李四 베풀 장 석 삼 성리 리 넉 사	이름이 신분이 특별하지 아니한 사람들을 이르는 말 (장삼이사)	漢江投石 한나라 한 강 강 던질 투 돌 석	한강에 돌던지기라는 뜻으로 지나치게 미미하여 아무런 효과를 미치지 못함을 이르는 말
以卵擊石 써 이 알 란 칠 격 돌 석	달걀로 돌을 친다는 뜻으로, 턱없이 약한 것으로 강한 것을 당해내려는 어리석음	適者生存 맞을 적 놈 자 날 생 있을 존	환경에 적응하는 생물만이 살아남고, 그렇지 못한 것은 도태되어 멸망하는 현상	虛張聲勢 빌 허 베풀 장 소리 성 형세 세	실속 없이 허세만 부림
利用厚生 이할 리 쓸 용 두터울 후 날 생	기물의 사용을 편리하게 하고 백성의 생활을 윤택하게 함 (이용후생)	適材適所 맞을 적 재목 재 맞을 적 바 소	마땅한 인재를 마땅한 자리에 씀	會者定離 모일 회 놈 자 정할 정 떠날 리	만난 자는 반드시 헤어짐
離合集散 떠날 리 합할 합 모을 집 흩을 산	헤어졌다가 모였다가 하는 일 (이합집산)	走馬看山 달릴 주 말 마 볼 간 메 산	자세히 살피지 아니하고 대충대충 보고 지나감을 이르는 말	興盡悲來 일 흥 다할 진 아닐 비 올 래	즐거운 일이 다하면 슬픈 일이 닥쳐온다는 뜻으로, 세상일은 순환되는 것임을 이르는 말

3급 II 사자성어

佳人薄命 아름다울 가 사람 인 엷을 박 목숨 명	아름다운 여자는 기박한 운명을 타고남을 이르는 말	感之德之 느낄 감 갈 지 큰 덕 갈 지	감사하게 여기고 덕으로 여긴다는 데서, 대단히 고맙게 여기는 것을 이르는 말	改過遷善 고칠 개 지날 과 옮길 천 착할 선	잘못을 고치고 착하게 됨
刻骨銘心 새길 각 뼈 골 새길 명 마음 심	뼈 속에 새기고 마음 속에 새긴다는 데서 마음 속에 깊이 새겨 잊혀지지 아니함	甲男乙女 갑옷 갑 사내 남 새 을 계집 녀	평범한 보통 사람들	蓋世之才 덮을 개 인간 세 갈 지 재주 재	온 세상을 덮을 만큼 뛰어난 재주

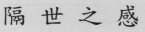

사자성어	뜻
隔世之感 사이뜰 격 인간 세 갈 지 느낄 감	많은 변화와 진보를 겪어서 마치 딴 세상처럼 여겨지는 느낌
巧言令色 공교할 교 말씀 언 하여금 령 빛 색	남의 환심을 사려고 아첨하는 교묘한 말과 보기 좋게 꾸미는 얼굴빛 (교언영색)
錦衣玉食 비단 금 옷 의 옥 옥 밥 식	비단옷과 옥같이 흰 쌀밥이라는 뜻에서 사치스럽고 부유한 생활을 이름
犬馬之勞 개 견 말 마 갈 지 일할 로	개나 말 정도의 하찮은 힘으로, 윗사람에게 충성을 다하는 자신의 노력을 낮추어 이르는 말
九曲肝腸 아홉 구 굽을 곡 간 간 창자 장	굽이굽이 서린 창자라는 뜻으로, 깊은 마음 속 또는 시름이 쌓인 마음속을 이르는 말
錦衣還鄕 비단 금 옷 의 돌아올 환 시골 향	비단옷을 입고 고향으로 돌아온다는 뜻으로 성공하여 고향에 돌아감을 이름
堅忍不拔 굳을 견 참을 인 아닐 불 뽑을 발	굳게 참고 견디어 마음이 흔들리지 않음
國泰民安 나라 국 클 태 백성 민 편안 안	나라는 태평하고 백성은 평안함을 이름
金枝玉葉 쇠 금 가지 지 옥 옥 잎 엽	금으로 된 가지와 옥으로 된 잎사귀라는 뜻으로, 임금의 자손이나 집안, 혹은 귀여운 자손을 비유
結者解之 맺을 결 놈 자 풀 해 갈 지	맺은 사람이 풀어야 한다는 뜻으로, 자기가 저지른 일은 자기가 해결해야 함을 이르는 말
群鷄一鶴 무리 군 닭 계 한 일 학 학	평범한 사람 가운데 뛰어난 한 사람을 이르는 말
氣高萬丈 기 기 높을 고 일만 만 어른 장	일이 뜻대로 잘되어 기세가 대단함을 이름
兼人之勇 겸할 겸 사람 인 갈 지 날랠 용	혼자서 능히 여러 사람을 당해 낼 만한 용기
群雄割據 무리 군 수컷 웅 벨 할 근거 거	여러 영웅이 각자 한 지방씩 차지하고 위세를 부림
吉凶禍福 길할 길 흉할 흉 재앙 화 복 복	길흉과 화복
輕擧妄動 가벼울 경 들 거 망령될 망 움직일 동	깊이 생각해보지도 않고 경솔하게 행동함
君爲臣綱 임금 군 할 위 신하 신 벼리 강	임금은 신하의 모범이 되어야 한다는 말
內柔外強 안 내 부드러울 유 바깥 외 굳셀 강	사실은 마음이 약한데도 외부에는 강하게 나타남
傾國之色 기울 경 나라 국 갈 지 빛 색	한 나라의 형세를 기울어지게 할만큼 뛰어나게 아름다운 미인을 이르는 말
窮餘之策 궁할 궁 남을 여 갈 지 꾀 책	생각다 못해 짜낸 계책
怒甲移乙 성낼 노 갑옷 갑 옮길 이 새 을	어떤 사람에게 당한 화풀이를 다른 사람에게 해댐
孤軍奮鬪 외로울 고 군사 군 떨칠 분 싸울 투	외로운 군력으로 분발하여 싸운다는 데서 홀로 여럿을 상대로 하여 싸우는 것을 말함
權謀術數 권세 권 꾀 모 재주 술 셈 수	남을 교묘히 속이는 술책
怒氣衝天 성낼 노 기 기 찌를 충 하늘 천	성난 기색이 하늘을 찌를 정도로 잔뜩 성이 나 있음을 말함
高臺廣室 높을 고 대 대 넓을 광 집 실	높은 대와 넓은 집이란 뜻에서 굉장히 크고 좋은 집을 이름
克己復禮 이길 극 몸 기 회복할 복 예도 례	자기의 사욕을 극복하고 예를 회복함
累卵之勢 여러 루 알 란 갈 지 형세 세	달걀을 포개어 놓은 것과 같은 몹시 위태로운 형세를 이름 (누란지세)
姑息之計 시어미 고 쉴 식 갈 지 셀 계	당장의 편암함만을 꾀하는 일시적인 방편
近墨者黑 가까울 근 먹 묵 놈 자 검을 흑	먹을 가까이 하는 사람은 검어진다는 뜻으로 나쁜 사람을 가까이하면 물들기 쉬움을 이르는 말
累卵之危 여러 루 알 란 갈 지 위태할 위	달걀을 포개어 놓은 것과 같은 몹시 위태로운 형세를 이름 (누란지위)
苦肉之策 쓸 고 고기 육 갈 지 꾀 책	적을 속이기 위해 자기를 상해가면서 하는 계책
金蘭之契 쇠 금 난초 란 갈 지 맺을 계	다정한 친구사이
斷機之敎 끊을 단 틀 기 갈 지 가르칠 교	학문을 중도에서 그만두는 것은 짜던 베의 날을 끊는 것과 같다는 가르침
孤掌難鳴 외로울 고 손바닥 장 어려울 난 울 명	외손뼉은 울리지 않는다는 데서 혼자만의 힘으로는 어떤일을 하기가 어렵다는 것을 이르는 말
金石之交 쇠 금 돌 석 갈 지 사귈 교	쇠나 돌처럼 굳고 변함없는 교제
單刀直入 홑 단 칼 도 곧을 직 들 입	한칼로 바로 적진에 쳐들어 간다는 뜻으로, 여러 말을 늘어놓지 않고 바로 요점이나 본문제를 중심적으로 말함을 이르는 말
曲學阿世 굽을 곡 배울 학 언덕 아 인간 세	학문을 왜곡하여 세속에 아부함
金城湯池 쇠 금 재 성 끓을 탕 못 지	쇠로 만든 성과 그 둘레에 파 놓은 뜨거운 물로 가득 찬 못이라는 뜻으로, 방비가 완벽한 성을 이르는 말
大器晩成 큰 대 그릇 기 늦을 만 이룰 성	큰 그릇을 만드는 데는 시간이 오래 걸린다는 뜻으로, 크게 될 사람은 늦게 이루어짐을 이르는 말
過猶不及 지날 과 오히려 유 아닐 불 미칠 급	정도를 지나침은 미치지 않은 것만 못함을 이르는 말
錦衣夜行 비단 금 옷 의 밤 야 다닐 행	비단옷을 입고 밤길을 걷는다는 뜻으로 아무 보람없는 일을 함을 이르는 말
大聲痛哭 큰 대 소리 성 아플 통 울 곡	큰 목소리로 슬피 울

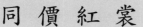

同價紅裳	같은 값이면 다홍치마라는 뜻으로, 같은 값이면 좋은 물건을 가짐을 이르는 말
한가지 동 값 가 붉을 홍 치마 상	

目 不 忍 見	몹시 딱하거나 불쌍해 눈을 뜨고 볼 수 없음
눈 목 아닐 불 참을 인 볼 견	

四 分 五 裂	이리저리 아무렇게나 나눠지고 찢어짐 (사분오열)
넉 사 나눌 분 다섯 오 찢어질 렬	

東奔西走	사방으로 이리저리 바삐 돌아다님
동녘 동 달릴 분 서녘 서 달릴 주	

武 陵 桃 源	속세를 떠난 별천지
호반 무 언덕 릉 복숭아 도 근원 원	

沙 上 樓 閣	모래 위의 누각이라는 뜻, 오래 유지되지 못할 일이나 실현 불가능한 일 (사상누각)
모래 사 윗 상 다락 루 집 각	

同床異夢	같은 잠자리에서 다른 꿈을 꾼다는 데서 같은 처지에 있으면서도 목표가 저마다 다름을 이르는 말
한가지 동 상 상 다를 이 꿈 몽	

勿 失 好 機	좋은 기회를 놓치지 않음
말 물 잃을 실 좋을 호 틀 기	

山 紫 水 明	산수의 경치가 썩 아름다움
메 산 자주빛 자 물 수 밝을 명	

登高自卑	높이 오르려면 낮은 곳에서부터 오른다는 말로, 일을 하는 데는 반드시 순서를 밟아야 함을 이르는 말
오를 등 높을 고 스스로 자 낮을 비	

拍 掌 大 笑	손뼉을 치고 크게 웃음
칠 박 손바닥 장 큰 대 웃을 소	

森 羅 萬 象	우주 속에 존재하는 모든 사물과 모든 현상
수풀 삼 버릴 라 일만 만 코끼리 상	

莫 上 莫 下	위도 없고 아래도 없다는 데서, 우열의 차이가 없음을 이르는 말
없을 막 윗 상 없을 막 아래 하	

拔 本 塞 源	폐단의 근본 원인을 아주 없앰
뽑을 발 근본 본 막힐 색 근원 원	

三 旬 九 食	삼십 일 동안 아홉 끼니 밖에 먹지 못한다는 뜻으로, 몹시 가난함을 이르는 말
석 삼 열흘 순 아홉 구 먹을 식	

莫 逆 之 友	서로의 뜻을 거스르지 않는 친한 벗
없을 막 거스를 역 갈 지 벗 우	

百 計 無 策	온갖 계책이 다 소용없음
일백 백 셀 계 없을 무 꾀 책	

三 從 之 道	여자는 어렸을 때에 아버지를 따르고, 시집을 가서는 남편을 따르고, 남편이 죽으면 아들을 따라야 한다는 유교 규범
석 삼 따를 종 갈 지 길 도	

萬 頃 蒼 波	한없이 넓고 푸른 바다
일만 만 이랑 경 푸를 창 물결 파	

伯 仲 之 勢	맏형과 다음의 사이처럼 서로 우열을 가리기 어려움
맏 백 버금 중 갈 지 형세 세	

桑 田 碧 海	뽕나무 밭이 변하여 푸른 바다가 된다는 뜻으로, 세상일의 변천이 심함을 비유적으로 이르는 말
뽕나무 상 밭 전 푸를 벽 바다 해	

晚 時 之 歎	시기가 늦었음을 원통해 하는 탄식
늦을 만 때 시 갈 지 탄식할 탄	

夫 爲 婦 綱	남편은 아내의 모범이 되어야 함
지아비 부 할 위 며느리 부 벼리 강	

先 見 之 明	닥쳐올 일을 미리 앎
먼저 선 볼 견 갈 지 밝을 명	

亡 羊 之 歎	갈림길에서 양을 잃고 탄식한다는 뜻으로 학문의 길이 여러 갈래여서 잡기 어려움을 이르는 말
망할 망 양 양 갈 지 탄식할 탄	

父 爲 子 綱	부모는 자식의 모범이 되어야 함
아비 부 할 위 아들 자 벼리 강	

雪 上 加 霜	엎친 데 덮친 격
눈 설 윗 상 더할 가 서리 상	

面 從 腹 背	겉으로는 복종하면서도 속으로 배반함
낯 면 따를 종 배 복 등 배	

夫 唱 婦 隨	남편이 주장하고 아내가 이를 잘 따름
지아비 부 부를 창 며느리 부 따를 수	

束 手 無 策	손을 묶어 놓아 방책이 없다는 데서, 꼼짝할 수 없음을 이르는 말
묶을 속 손 수 없을 무 꾀 책	

滅 私 奉 公	사적인 것을 버리고 공적인 것을 위하여 힘써 일함
멸할 멸 사사 사 받들 봉 공평할 공	

附 和 雷 同	아무런 주견없이 남의 의견이나 행동을 덩달아 따름 (부화뇌동)
붙을 부 화할 화 우레 뢰 한가지 동	

首 丘 初 心	여우가 죽을 때 고향 쪽으로 머리를 두고 죽는다는 데서 비롯된 것으로 고향을 그리워하는 마음을 이르는 말
머리 수 언덕 구 처음 초 마음 심	

名 實 相 符	명목과 실상이 서로 부합함
이름 명 열매 실 서로 상 부호 부	

不 恥 下 問	아랫사람에게 묻기를 부끄러워하지 않음
아닐 불 부끄러울 치 아래 하 물을 문	

壽 福 康 寧	장수하고 행복하며 건강하고 평안함
목숨 수 복 복 편안 강 편안 녕	

明 若 觀 火	밝기가 불을 보는 것과 같다는데서 어떤 사실이 불을 보듯이 환함을 이름
밝을 명 같을 약 볼 관 불 화	

不 偏 不 黨	어느 한쪽으로 치우치거나 기울어짐 없이 아주 공평함 (불편부당)
아닐 불 치우칠 편 아닐 불 무리 당	

手 不 釋 卷	손에서 책을 놓지 않음
손 수 아닐 불 풀 석 책 권	

命 在 頃 刻	목숨이 경각에 있다는 데서 거의 죽게 됨을 이름
목숨 명 있을 재 잠깐 경 새길 각	

氷 炭 之 間	얼음과 숯의 사이처럼 서로 화합할 수 없는 사이
얼음 빙 숯 탄 갈 지 사이 간	

修 身 齊 家	몸을 닦고 집안을 바로 잡음
닦을 수 몸 신 가지런할 제 집 가	

水魚之交 물 수 물고기 어 갈 지 사귈 교	물과 고기의 사이처럼 떨어질 수 없는 특별한 친분
守株待兔 지킬 수 그루 주 기다릴 대 토끼 토	한가지 일에만 얽매여 발전을 모르는 어리석은 사람을 비유적으로 이르는 말
宿虎衝鼻 잘 숙 범 호 찌를 충 코 비	잠자는 범의 코를 찌른다는 뜻으로 화를 스스로 불러들임
始終一貫 처음 시 마칠 종 한 일 꿸 관	처음부터 끝까지 한결같이 관철함
識字憂患 알 식 글자 자 근심 우 근심 환	글자를 아는 것이 오히려 근심이 된다는 말
神出鬼沒 귀신 신 날 출 귀신 귀 빠질 몰	귀신처럼 자유자재로 나타났다 사라졌다 함
深思熟考 깊을 심 생각 사 익을 숙 생각할 고	깊이 생각하고 곰곰이 생각함
深山幽谷 깊을 심 메 산 그윽할 유 골 곡	깊은 산의 으슥한 골짜기
我田引水 나 아 밭 전 끌 인 물 수	제 논에 물대기라는 뜻으로 자기에게 이롭게 되도록 생각하거나 행동함을 이르는 말
梁上君子 들보 량 윗 상 군자 군 아들 자	들보 위의 군자라는 뜻으로, 도둑을 점잖게 이르는 말 (양상군자)
魚頭肉尾 물고기 어 머리 두 고기 육 꼬리 미	물고기는 머리 쪽이, 짐승의 고기는 꼬리 쪽이 맛있음을 이르는 말
漁夫之利 고기잡을 어 지아비 부 갈 지 이할 리	제삼자가 이익을 취함을 이르는 말
億兆蒼生 억 억 억조 조 푸를 창 날 생	수 많은 백성
抑强扶弱 누를 억 강할 강 도울 부 약할 약	강한 자를 누르고 약한 자를 도움

嚴妻侍下 엄할 엄 아내 처 모실 시 아래 하	무서운 아내를 아래에서 모시고 있다는 데서, 아내에게 쥐어 사는 남편을 조롱하는 말
如履薄氷 같을 여 밟을 리 엷을 박 얼음 빙	살얼음을 밟는 것과 같다는 뜻으로 아슬아슬하고 불안한 지경을 이르는 말
易地思之 바꿀 역 따 지 생각 사 갈 지	처지를 바꾸어서 생각함
五車之書 다섯 오 수레 거 갈 지 글 서	장서가 매우 많음을 이르는 말
烏合之卒 까마귀 오 합할 합 갈 지 졸할 졸	까마귀가 모인 것처럼 규율이 없는 병졸. 어중이 떠중이
龍頭蛇尾 용 룡 머리 두 뱀 사 꼬리 미	용의 머리와 뱀의 꼬리란 뜻에서 시작만 좋고 나중은 좋지 않음을 비유적으로 이르는 말 (용두사미)
龍味鳳湯 용 룡 맛 미 새 봉 끓을 탕	맛이 썩 좋은 음식 (용미봉탕)
優柔不斷 넉넉할 우 부드러울 유 아닐 불 끊을 단	어물저물하며 딱 잘라 결단을 내리지 못함 (우유부단)
流芳百世 흐를 류 꽃다울 방 일백 백 인간 세	꽃다운 이름이 후세에 길이 전함 (유방백세)
悠悠自適 멀 유 멀 유 스스로 자 맞을 적	속세를 떠나 걱정없이 아무 덧에도 얽매이지 않고 자유롭게 마음 편히 삶
隱忍自重 숨을 은 참을 인 스스로 자 무거울 중	마음속으로 참아가며 행동을 신중히 함
人面獸心 사람 인 낯 면 짐승 수 마음 심	사람의 얼굴을 하고 있으나 마음은 짐승과 같다는 뜻으로 마음이나 행동이 흉악하고 음탕함을 이르는 말
日久月深 날 일 오랠 구 달 월 깊을 심	세월이 흐를수록 바라는 마음이 더욱 간절해짐
一刀兩斷 한 일 칼 도 두 량 끊을 단	한 칼로 쳐서 두 동강이를 내듯이 머뭇거리지 않고 일이나 행동을 선뜻 결정함 (일도양단)

一以貫之 한 일 써 이 꿸 관 갈 지	하나의 이치로서 모든 것을 꿰뚫음
一日之長 한 일 날 일 갈 지 길 장	하루 먼저 태어나서 나이가 조금 위임을 이르는 말
一場春夢 한 일 마당 장 봄 춘 꿈 몽	한바탕의 봄꿈이란 뜻으로, 헛된 영화나 덧없는 일을 비유적으로 이르는 말
一觸卽發 한 일 닿을 촉 곧 즉 필 발	금방이라도 일이 터질 듯한 아슬아슬한 긴장상태
一片丹心 한 일 조각 편 붉을 단 마음 심	변치 않는 참된 마음
一筆揮之 한 일 붓 필 휘두를 휘 갈 지	한 숨에 글씨나 그림을 죽 쓰거나 그림
臨機應變 임할 림 틀 기 응할 응 변할 변	그때그때 일의 형편에 따라 일을 처리함 (임기응변)
立身揚名 설 립 몸 신 날릴 양 이름 명	입신하여 이름을 널리 알림 (입신양명)
自激之心 스스로 자 격할 격 갈 지 마음 심	자기가 한 일에 대해 스스로 미흡하다고 생각하는 것
自中之亂 스스로 자 가운데 중 갈 지 어지러울 란	한패 속에서 싸움이 일어남
轉禍爲福 구를 전 재앙 화 할 위 복 복	화가 바뀌어 복이 됨
切齒腐心 끊을 절 이 치 썩을 부 마음 심	몹시 분하여 이를 갈면서 속을 썩임
漸入佳境 점점 점 들 입 아름다울 가 지경 경	점점 흥미로운 경지로 들어감
鳥足之血 새 조 발 족 갈 지 피 혈	아주 적은 분량

한자능력검정시험 2급   사자성어

성어	뜻
足脫不及 발 족 벗을 탈 아닐 불 미칠 급	맨발로 뛰어도 미치지 못함을 말하는 것으로 능력이나 역량이 현저히 차이가 남을 말함
此日彼日 이 차 날 일 저 피 날 일	이날저날 하고 자꾸 기일을 미루는 것을 이르는 말
表裏不同 겉 표 속 리 아닐 불 한가지 동	겉과 속이 다름 (표리부동)
存亡之秋 있을 존 망할 망 갈 지 가을 추	죽고 사느냐의 절박한 상황
天高馬肥 일천 천 높을 고 말 마 살찔 비	하늘은 높고 말은 살찐다.
皮骨相接 가죽 피 뼈 골 서로 상 이을 접	살가죽과 뼈가 맞붙을 정도로 몹시 마름
縱橫無盡 세로 종 가로 횡 없을 무 다할 진	자유자재로 행동하여 거침이 없는 상태
天壤之差 하늘 천 흙덩이 양 갈 지 다를 차	하늘과 땅의 차이 곧 커다란 차이
彼此一般 저 피 이 차 한 일 일반 반	저편이나 이편이나 한 가지. 두 편이 서로 같음
坐不安席 앉을 좌 아닐 불 편안 안 자리 석	마음에 초조·불안·근심 등이 있어 한 자리에 오래 앉아 있지 못함을 이르는 말
千載一遇 일천 천 실을 재 한 일 만날 우	좀처럼 얻기 어려운 좋은 기회
下石上臺 아래 하 돌 석 윗 상 대 대	아랫돌 빼서 윗돌 괴고, 윗돌 빼서 아랫돌 괸다는 뜻으로, 임시변통으로 이리저리 둘러맞춤을 이르는 말
坐井觀天 앉을 좌 우물 정 볼 관 하늘 천	우물에 앉아 하늘을 본다는 뜻으로, 견문이 좁아 세상 물정을 너무 모름을 이르는 말
徹頭徹尾 통할 철 머리 두 통할 철 꼬리 미	처음부터 끝까지 투철함. 처음부터 끝까지 철저하게
鶴首苦待 학 학 머리 수 쓸 고 기다릴 대	학의 목처럼 목을 길게 늘여 애태우며 기다린다는 뜻으로 몹시 기다림을 이름
左之右之 왼 좌 갈 지 오른 우 갈 지	제 마음대로 다루거나 휘두름
醉生夢死 취할 취 날 생 꿈 몽 죽을 사	술에 취하여 꿈을 꾸다가 죽는다는 말로, 아무 의미없이, 이룬 일도 없이 한 평생을 흐리멍텅하게 보내는 것을 이름
恒茶飯事 항상 항 차 다 밥 반 일 사	늘 있는 일
左衝右突 왼 좌 찌를 충 오른 우 갑자기 돌	이리저리 마구 치고 받고 함
置之度外 둘 치 갈 지 법도 도 바깥 외	내버려 두어 문제로 삼지 아니함을 이르는 말
賢母良妻 어질 현 어미 모 어질 량 아내 처	어진 어머니이면서 착한 아내 (현모양처)
晝耕夜讀 낮 주 밭갈 경 밤 야 읽을 독	낮에는 일하고 밤에는 책을 읽는다는 뜻으로 바쁜 틈을 타서 공부를 한다는 말
七去之惡 일곱 칠 갈 거 갈 지 악할 악	아내를 내쫓는 이유가 되는 일곱 가지 사항
浩然之氣 넓을 호 그럴 연 갈 지 기 기	공명정대하여 조금도 부끄러울 바가 없는 도덕적 용기
酒池肉林 술 주 연못 지 고기 육 수풀 림	술은 못을 이루고 고기는 숲을 이룬다는 것으로 호사스러운 술잔치를 이름
他山之石 다를 타 메 산 갈 지 돌 석	다른 사람의 하찮은 언행도 자기 지덕을 닦는 데는 도움이 된다는 말
紅爐點雪 붉을 홍 화로 로 점 점 눈 설	빨갛게 달아오른 화로 위에 눈을 뿌리면 순식간에 녹듯이 사욕이나 의혹이 일순간에 꺼져 없어짐을 뜻하는 이르는 말
衆寡不敵 무리 중 적을 과 아닐 불 대적할 적	적은 사람으로는 많은 사람을 대적하지 못함 (중과부적)
泰山北斗 클 태 메 산 북녘 북 말 두	태산과 북두성을 이르는 말로 세상 사람들로부터 가장 존경받는 사람들을 이르는 말
興亡盛衰 일 흥 망할 망 성할 성 쇠할 쇠	흥하고 망하고 성하고 쇠하는 일
支離滅裂 지탱할 지 떠날 리 멸할 멸 찢어질 렬	서로 갈라져 흩어지고, 찢기어 나눠진다는 뜻으로, 어떤 일의 갈피를 잡을 수 없음을 이름
破邪顯正 깨뜨릴 파 간사할 사 나타날 현 바를 정	그릇된 생각을 깨뜨리고 바른 도리를 드러냄
喜怒哀樂 기쁠 희 성낼 노 슬플 애 즐거울 락	기쁨과 노여움과 슬픔과 즐거움. 사람의 온갖 감정
知命之年 알 지 목숨 명 갈 지 해 년	쉰 살의 나이를 달리 이르는 말
破顔大笑 깨뜨릴 파 낯 안 큰 대 웃을 소	즐거운 표정으로 한바탕 웃음
進退維谷 나아갈 진 물러날 퇴 벼리 유 굽을 곡	나아가거나 물러서거나 오직 골짜기뿐이라는 데서, 꼼짝할 수 없는 궁지에 빠짐을 이름
破竹之勢 깨뜨릴 파 대 죽 갈 지 형세 세	대를 쪼개는 것과 같은 기세로, 세력이 강하여 막을 수 없는 형세를 이름

3급 사자성어

街 談 巷 說 거리 가 말씀 담 거리 항 말씀 설	길거리에 떠도는 소문. 세상의 풍문
錦 上 添 花 쇠 금 윗 상 더할 첨 꽃 화	비단 위에다 꽃을 얹는다는 데서 좋은 일이 겹침을 이름
朋 友 有 信 벗 붕 벗 우 있을 유 믿을 신	벗과 벗의 도리는 믿음에 있다는 말
刻 骨 難 忘 새길 각 뼈 골 여려울 난 잊을 망	뼈에 깊이 사무쳐 결코 잊혀지지 않음
綠 楊 芳 草 푸를 록 버들 양 꽃다울 방 풀 초	푸른 버들과 아름다운 풀 (녹양방초)
四 顧 無 親 넉 사 돌아볼 고 없을 무 친할 친	사방을 둘러보아도 의지할 사람이 없음
刻 舟 求 劍 새길 각 배 주 구할 구 칼 검	칼을 빠뜨린 뱃전에 칼자국을 새겨 강을 건넌 후 그 자리에서 칼을 찾는다는 것으로 어리석고 미련하여 융통성이 없음을 이르는 말
堂 狗 風 月 집 당 개 구 바람 풍 달 월	서당 개 삼년이면 풍월을 읊는다는 말
塞 翁 之 馬 변방 새 늙은이 옹 갈 지 말 마	인생의 길흉화복은 항상 바뀌어 미리 점칠 수 없음을 이름
感 慨 無 量 느낄 감 슬퍼할 개 없을 무 헤아릴 량	마음속에서 느끼는 감동이나 느낌이 끝이 없음
塗 炭 之 苦 칠할 도 숯 탄 갈 지 쓸 고	진구렁에 빠지고 숯불에 타는 괴로움을 이르는 말
騷 人 墨 客 떠들 소 사람 인 먹 묵 손 객	시문과 서화에 종사하는 사람
擧 案 齊 眉 들 거 책상 안 가지런할 제 눈썹 미	양홍의 아내가 밥상을 들어 눈썹과 나란히 하여 남편 앞에 놓았다는 데서 유래한 말로, 아내가 남편을 깍듯이 공경함을 이르는 말
獨 也 靑 靑 홀로 독 어조사 야 푸를 청 푸를 청	홀로 푸르름, 혼탁한 세상에서 홀로 높은 절개를 드러냄
小 貪 大 失 작을 소 탐낼 탐 큰 대 잃을 실	작은 것을 탐하다가 큰 것을 잃음
乞 人 憐 天 빌 걸 사람 인 불쌍히여길 련 하늘 천	거지가 하늘을 걱정한다는 뜻으로 격에 맞지 않는 걱정을 이름 (걸인연천)
同 病 相 憐 한가지 동 병 병 서로 상 불쌍히여길 련	같은 병을 앓는 사람끼리 서로 가엽게 여긴다는 데서, 처지가 비슷한 사람끼리 서로 동정함을 이름
脣 亡 齒 寒 입술 순 망할 망 이 치 찰 한	입술이 없으면 이가 시리다는 뜻으로 이해관계가 서로 밀접하여 한쪽이 망하면 다른 한 쪽도 보전하기 어려움을 이르는 말
牽 強 附 會 끌 견 강할 강 붙을 부 모일 회	이치나 사리에 맞지 않는 말을 억지로 끌어 붙여 자기에게 유리하게 함
罔 極 之 恩 없을 망 다할 극 갈 지 은혜 은	끝없이 베풀어 주는 혜택이나 고마움
乘 勝 長 驅 탈 승 이길 승 길 장 몰 구	싸움에서 이긴 기세를 타고 계속 적을 몰아침
鷄 鳴 狗 盜 닭 계 울 명 개 구 도둑 도	비굴하게 남을 속이는 하찮은 재주 또는 그런 재주를 가진 사람을 이르는 말
茫 然 自 失 아득할 망 그럴 연 스스로 자 잃을 실	정신을 잃고 어리둥절한 모양
食 少 事 煩 먹을 식 적을 소 일 사 번거울 번	먹을 것은 적고 할 일은 많음
高 枕 安 眠 높을 고 베개 침 편안 안 잘 면	베개를 높이하여 편안히 잔다는 뜻으로, 근심없이 편안히 지냄을 이르는 말
門 前 乞 食 문 문 앞 전 빌 걸 먹을 식	문 앞에서 음식을 구걸한다는 데서 이 집 저 집 돌아다니며 빌어먹는 것을 이르는 말
哀 乞 伏 乞 슬플 애 빌 걸 엎드릴 복 빌 걸	슬프게 빌고 엎드려 빈다는 데서, 갖가지 수단으로 하소연하는 것을 이름
矯 角 殺 牛 바로잡을 교 뿔 각 죽일 살 소 우	소뿔을 바로 잡으려다가 소를 잡는다는 뜻으로, 잘못된 점을 고치려다가 그 정도가 지나쳐 오히려 일을 그르침을 이르는 말
傍 若 無 人 곁 방 같을 약 없을 무 사람 인	곁에 아무도 없는 것과 같이 언행이 기탄없음
羊 頭 狗 肉 양 양 머리 두 개 구 고기 육	양의 머리를 내걸어 놓고, 개고기를 판다는 데서, 겉으로는 그럴 듯하게 내세우나 속은 변변치 않음을 이르는 말
口 蜜 腹 劍 입 구 꿀 밀 배 복 칼 검	입으로는 달콤한 말을 하면서도 배에 칼을 품고 있음을 이르는 말
背 恩 忘 德 등 배 은혜 은 잊을 망 큰 덕	남한테 입은 은혜를 저버리고 은덕을 잊음
榮 枯 盛 衰 영화 영 마를 고 성할 성 쇠할 쇠	개인이나 사회의 성하고 쇠함은 일정하지 않음
口 尙 乳 臭 입 구 오히려 상 젖 유 냄새 취	입에서 아직 젖비린내가 난다는 뜻으로 하는 말이 유치함을 이름
白 骨 難 忘 흰 백 뼈 골 어려울 난 잊을 망	죽어 백골이 되어도 깊은 은덕을 잊을 수 없음을 이르는 말
五 里 霧 中 다섯 오 마을 리 안개 무 가운데 중	짙은 안개 속에서 길을 찾아 헤맨다는 뜻으로, 도무지 어떤 것의 종적을 알 수 없음을 이르는 말
勸 善 懲 惡 권할 권 착할 선 징계할 징 악할 악	선행을 장려하고 악행을 벌함
百 八 煩 惱 일백 백 여덟 팔 번거로울 번 번뇌할 뇌	인간의 과거·현재·미래의 삼세에 걸쳐 있다는 백 여덟 가지 번뇌
吾 鼻 三 尺 나 오 코 비 석 삼 자 척	내 코가 석자라는 말로 자신의 어려움이 심하여 남의 사정을 돌볼 겨를이 없음을 이름

사자성어(四字成語)

사자성어	훈음	뜻
烏飛梨落	까마귀 오 날 비 배 리 떨어질 락	까마귀 날자 배 떨어진다는 말로, 일이 공교롭게 같이 일어나 남의 의심을 사게 됨을 이르는 말 (오비이락)
一魚濁水	한 일 물고기 어 흐릴 탁 물 수	한 마리의 물고기가 물을 흐린다는 뜻에서 한 사람의 잘못으로 여러 사람이 그 해를 입게 됨을 비유적으로 이르는 말
飽食暖衣	배부를 포 먹을 식 따뜻할 난 옷 의	배불리 먹고 따뜻하게 입음, 곧 의식이 넉넉함을 말함
傲霜孤節	거만할 오 서리 상 외로울 고 마디 절	서릿발이 심한 속에서도 굴하지 않고, 외로이 지키는 절개의 뜻으로, 국화를 비유하는 말
自暴自棄	스스로 자 사나울 포 스스로 자 버릴 기	스스로 자기의 몸을 해치고 자기의 몸을 버림
匹夫匹婦	짝 필 지아비 부 짝 필 며느리 부	한 사람의 남자와 한 사람의 여자. 평범한 보통 사람
曰可曰否	가로 왈 옳을 가 가로 왈 아닐 부	어떤 일에 대하여 옳거나, 옳지 않거나 하고 말함
朝令暮改	아침 조 하여금 령 저녁 모 고칠 개	아침에 명령을 내렸다가 저녁에 고친다는 말로 무슨 일을 자주 변경함을 이르는 말
咸興差使	다 함 일 흥 다를 차 하여금 사	한번 가면 깜깜무소식이라는 말
搖之不動	흔들 요 갈 지 아닐 부 움직일 동	흔들어도 꼼짝 않음
朝三暮四	아침 조 석 삼 저녁 모 넉 사	간사한 꾀로 남을 속여 희롱함을 이르는 말
軒軒丈夫	집 헌 집 헌 어른 장 지아비 부	이목구비가 반듯하고 헌거로운 남자
遠禍召福	멀 원 재앙 화 부를 소 복 복	화를 멀리하고 복을 불러들임
指鹿爲馬	가리킬 지 사슴 록 할 위 말 마	윗사람을 농락하여 권세를 마음대로 휘두르는 것을 이름
螢雪之功	반딧불 형 눈 설 갈 지 공 공	반딧불과 눈빛으로 글을 읽었다하여 애써 공부한 보람을 이름
唯我獨尊	오직 유 나 아 홀로 독 높을 존	오직 자기만이 홀로 존귀하다는 데서, 이 세상에 자기 혼자만이 잘났다고 하는 일
千辛萬苦	일천 천 매울 신 일만 만 쓸 고	온갖 신고 또는 그것을 겪음
昏定晨省	어두울 혼 정할 정 새벽 신 살필 성	저녁에 이부자리를 보고 아침에 자리를 돌본다는 뜻으로, 자식이 조석으로 부모의 안부를 물어서 살핌을 이르는 말
吟風弄月	읊을 음 바람 풍 희롱할 롱 달 월	맑은 바람을 쐬며 시를 읊고 밝은 달을 바라보며 시를 짓는다는 뜻으로 풍류를 즐김 (음풍농월)
取捨選擇	가질 취 버릴 사 가릴 선 택할 택	취할 것은 취하고 버릴 것은 버려서 골라잡음
弘益人間	클 홍 더할 익 사람 인 사이 간	널리 인간세상을 이롭게 한다는 말
泥田鬪狗	진흙 니 밭 전 싸움 투 개 구	진흙 밭에서 싸우는 개의 뜻으로, 저급한 싸움을 이름 (이전투구)
貪官汚吏	탐낼 탐 벼슬 관 더러울 오 관리 리	탐욕이 많고 행실이 깨끗하지 못한 벼슬아치
畫蛇添足	그림 화 뱀 사 더할 첨 발 족	뱀을 그리면서 발을 보태어 넣는다는 데서, 쓸데없는 일을 한다는 것을 말함.
一蓮托生	한 일 연꽃 련 맡길 탁 날 생	어떤 일이 선악이나 결과에 대한 예견에 관계없이 끝까지 행동과 운명을 같이 함
抱腹絶倒	안을 포 배 복 끊을 절 넘어질 도	배를 안고 넘어진다는 표현으로 아주 우스운 형세

2급 사자성어

사자성어	훈음	뜻
肝膽相照	간 간 쓸개 담 서로 상 비칠 조	서로의 간과 쓸개를 꺼내 보인다는 뜻으로, 속마음을 터놓고 가까이 사귐을 이르는 말
男負女戴	사내 남 질 부 계집 녀 일 대	남자는 등에 짐을 지고 여자는 머리에 짐을 인다는 뜻으로, 가난한 사람이나 재난을 당한 사람들이 살 곳을 찾아 이리저리 떠돌아 다님을 이르는 말 (남부여대)
杜門不出	막을 두 문 문 아닐 불 날 출	문을 닫고 나오지 않는다는 데서, 세상과의 인연을 끊고 은거함을 말함
瓜田李下	오이 과 밭 전 오얏 리 아래 하	오이 밭에서는 갓을 고쳐 쓰지말라는 뜻으로, 의심받을 만한 일은 하지 말 것을 이르는 말 (과전이하)
勞心焦思	일할 노 마음 심 탈 초 생각 사	몹시 애쓰고 속을 태움
不俱戴天	아닐 불 함께 구 일 대 하늘 천	하늘을 함께 이지 못한다는 뜻으로, 세상에서 같이 살 수 없을 만큼 큰 원한을 가짐을 이르는 말
南柯一夢	남녘 남 가지 가 한 일 꿈 몽	한 때의 헛된 부귀영화를 이르는 말
丹脣皓齒	붉을 단 입술 순 흴 호 이 치	붉은 입술과 흰 이라는 뜻으로 썩 아름다운 여자를 이르는 말
不撤晝夜	아닐 불 거둘 철 아침 주 밤 야	밤낮을 가리지 않음. 조금도 쉴 사이 없이 힘쓰는 모양

鵬 程 萬 里	앞길이 매우 멀고도 큼을 일컫는 말
새 붕　길 정　일만 만　마을 리	

纖 纖 玉 手	가냘프고 고운 여자의 손
가늘 섬　가늘 섬　구슬 옥　손 수	

滄 海 一 粟	큰 바다에 뜬 한 알의 좁쌀이란 뜻에서, 아주 큰 물건 속에 있는 아주 작은 물건을 이름
큰바다 창　바다 해　한 일　조 속	

三 顧 草 廬	인재를 맞기 위해 참을성 있게 노력함
석 삼　돌아볼 고　풀 초　농막집 려	

身 體 髮 膚	몸과 머리털과 피부. 곧, 몸 전체를 이르는 말
몸 신　몸 체　터럭 발　살갖 부	

靑 出 於 藍	쪽에서 나온 푸른 물감이 쪽보다 더 푸르다는 뜻으로, 제자가 스승보다 나음을 이르는 말
푸를 청　날 출　어조사 어　쪽 람	

雪 膚 花 容	눈 같은 살결과 꽃 같은 얼굴, 미인을 이르는 말
눈 설　살갖 부　꽃 화　얼굴 용	

반대자(反對字) – 뜻이 반대되는 한자(漢字)

加(가) 5급	↔	減(감) 4급Ⅱ	巨(거) 4급	↔	細(세) 4급Ⅱ	坤(곤) 3급	↔	旻(민) 2급[名]

加(가) 5급 ↔ 減(감) 4급Ⅱ

巨(거) 4급 ↔ 細(세) 4급Ⅱ

坤(곤) 3급 ↔ 旻(민) 2급[名]

可(가) 5급 ↔ 否(부) 4급

巨(거) 4급 ↔ 扁(편) 2급[名]

坤(곤) 3급 ↔ 昊(호) 2급[名]

加(가) 5급 ↔ 除(제) 4급Ⅱ

乾(건) 3급Ⅱ ↔ 坤(곤) 3급

功(공) 6급Ⅱ ↔ 過(과) 5급Ⅱ

干(간) 4급 ↔ 滿(만) 4급Ⅱ

乾(건) 3급Ⅱ ↔ 濕(습) 3급Ⅱ

空(공) 7급Ⅱ ↔ 陸(륙) 5급Ⅱ

干(간) 4급 ↔ 矛(모) 2급

硬(경) 3급Ⅱ ↔ 軟(연) 3급Ⅱ

空(공) 7급Ⅱ ↔ 盈(영) 2급[名]

干(간) 4급 ↔ 戈(과) 2급

經(경) 4급Ⅱ ↔ 緯(위) 3급

攻(공) 4급 ↔ 防(방) 4급Ⅱ

簡(간) 4급 ↔ 細(세) 4급Ⅱ

慶(경) 4급Ⅱ ↔ 弔(조) 3급

公(공) 6급Ⅱ ↔ 私(사) 4급

甘(감) 4급 ↔ 苦(고) 6급

輕(경) 5급 ↔ 重(중) 7급

供(공) 3급Ⅱ ↔ 需(수) 3급Ⅱ

江(강) 7급Ⅱ ↔ 山(산) 8급

京(경) 6급 ↔ 鄕(향) 4급Ⅱ

攻(공) 4급 ↔ 守(수) 4급Ⅱ

降(강) 4급 ↔ 陟(척) 2급

啓(계) 3급Ⅱ ↔ 閉(폐) 4급

功(공) 6급Ⅱ ↔ 罪(죄) 5급

強(강) 6급 ↔ 弱(약) 6급Ⅱ

古(고) 6급 ↔ 今(금) 6급Ⅱ

戈(과) 2급 ↔ 盾(순) 2급

剛(강) 3급Ⅱ ↔ 柔(유) 3급Ⅱ

苦(고) 6급 ↔ 樂(락) 6급Ⅱ

寬(관) 3급Ⅱ ↔ 猛(맹) 3급Ⅱ

皆(개) 3급 ↔ 枚(매) 2급

高(고) 6급Ⅱ ↔ 落(락) 5급

官(관) 4급Ⅱ ↔ 民(민) 8급

開(개) 6급 ↔ 閉(폐) 4급

姑(고) 3급Ⅱ ↔ 婦(부) 4급Ⅱ

廣(광) 5급Ⅱ ↔ 陜(협) 2급[名]

慨(개) 3급 ↔ 兌(태) 2급[名]

高(고) 6급Ⅱ ↔ 卑(비) 3급Ⅱ

敎(교) 8급 ↔ 習(습) 6급

槪(개) 3급 ↔ 兌(태) 2급[名]

高(고) 6급Ⅱ ↔ 低(저) 4급Ⅱ

巧(교) 3급Ⅱ ↔ 拙(졸) 3급

去(거) 5급 ↔ 來(래) 7급

高(고) 6급Ⅱ ↔ 下(하) 7급Ⅱ

敎(교) 8급 ↔ 學(학) 8급

去(거) 5급 ↔ 留(류) 4급Ⅱ

曲(곡) 5급 ↔ 直(직) 7급Ⅱ

購(구) 2급 ↔ 賣(매) 5급

悲(비) 4급II	↔	樂(락) 6급II	散(산) 4급	↔	綜(종) 2급	細(세) 4급II	↔	大(대) 8급
悲(비) 4급II	↔	怡(이) 2급	散(산) 4급	↔	輯(집) 2급	小(소) 8급	↔	价(개) 2급[名]
悲(비) 4급II	↔	兌(태) 2급	散(산) 4급	↔	聚(취) 2급	小(소) 8급	↔	甫(보) 2급[名]
悲(비) 4급II	↔	歡(환) 4급	殺(살) 4급II	↔	活(활) 7급II	小(소) 8급	↔	丕(비) 2급[名]
悲(비) 4급II	↔	喜(희) 4급	詳(상) 3급II	↔	略(략) 4급	小(소) 8급	↔	奭(석) 2급[名]
妃(비) 3급II	↔	后(후) 2급[名]	常(상) 4급II	↔	班(반) 6급II	紹(소) 2급	↔	切(절) 5급II
卑(비) 3급II	↔	埈(준) 2급	賞(상) 5급	↔	罰(벌) 4급II	紹(소) 2급	↔	絶(절) 4급II
卑(비) 3급II	↔	峻(준) 2급	上(상) 7급II	↔	下(하) 7급II	續(속) 4급II	↔	斷(단) 4급II
卑(비) 3급II	↔	崔(최) 2급	生(생) 8급	↔	滅(멸) 3급II	損(손) 4급	↔	得(득) 4급II
卑(비) 3급II	↔	亢(항) 2급	生(생) 8급	↔	沒(몰) 3급II	損(손) 4급	↔	益(익) 4급II
貧(빈) 4급II	↔	富(부) 4급II	生(생) 8급	↔	死(사) 6급	送(송) 4급II	↔	受(수) 4급II
賓(빈) 3급	↔	主(주) 7급	生(생) 8급	↔	殺(살) 4급II	送(송) 4급II	↔	迎(영) 4급
氷(빙) 5급	↔	炭(탄) 5급	暑(서) 3급	↔	寒(한) 5급	守(수) 4급II	↔	歐(구) 2급
士(사) 5급II	↔	民(민) 8급	析(석) 3급	↔	綜(종) 2급	受(수) 4급II	↔	給(급) 5급
死(사) 6급	↔	生(생) 8급	碩(석) 2급	↔	小(소) 8급	收(수) 4급II	↔	給(급) 5급
邪(사) 3급II	↔	正(정) 7급II	碩(석) 2급	↔	扁(편) 2급[名]	需(수) 3급II	↔	給(급) 5급
師(사) 4급II	↔	弟(제) 8급	善(선) 5급	↔	惡(악) 5급II	水(수) 8급	↔	陸(륙) 5급II
死(사) 6급	↔	活(활) 7급II	先(선) 8급	↔	後(후) 7급II	首(수) 5급II	↔	尾(미) 3급II
朔(삭) 3급	↔	望(망) 5급II	盛(성) 4급II	↔	衰(쇠) 3급II	受(수) 4급II	↔	拂(불) 3급II
山(산) 8급	↔	海(해) 7급II	成(성) 6급II	↔	敗(패) 5급	授(수) 4급II	↔	受(수) 4급II

手(수) 7급II	↔	足(족) 7급II	失(실) 6급	↔	得(득) 4급II	抑(억) 3급II	↔	揚(양) 3급II
收(수) 4급II	↔	支(지) 4급II	實(실) 5급II	↔	否(부) 4급	言(언) 6급	↔	文(문) 7급
水(수) 8급	↔	火(화) 8급	心(심) 7급	↔	身(신) 6급II	言(언) 6급	↔	行(행) 6급
叔(숙) 4급	↔	姪(질) 3급	深(심) 4급II	↔	淺(천) 3급II	與(여) 4급	↔	受(수) 4급II
順(순) 5급II	↔	逆(역) 4급II	心(심) 7급	↔	體(체) 6급II	與(여) 4급	↔	野(야) 6급
乘(승) 3급II	↔	降(강) 4급	雅(아) 3급II	↔	俗(속) 4급II	然(연) 7급	↔	否(부) 4급
昇(승) 3급II	↔	降(강) 4급	安(안) 7급II	↔	否(부) 4급	悅(열) 3급II	↔	悽(처) 2급
勝(승) 6급	↔	負(부) 4급	安(안) 7급II	↔	危(위) 4급	炎(염) 3급II	↔	涼(량) 3급II
乘(승) 3급II	↔	除(제) 4급II	殃(앙) 3급	↔	祐(우) 2급[名]	厭(염) 2급	↔	好(호) 4급II
勝(승) 6급	↔	敗(패) 5급	殃(앙) 3급	↔	祚(조) 2급[名]	榮(영) 4급II	↔	枯(고) 3급
始(시) 6급II	↔	末(말) 5급	殃(앙) 3급	↔	祜(호) 2급[名]	迎(영) 4급	↔	送(송) 4급II
是(시) 4급II	↔	非(비) 4급II	殃(앙) 3급	↔	嬉(희) 2급[名]	榮(영) 4급II	↔	辱(욕) 3급II
始(시) 6급II	↔	終(종) 5급	哀(애) 3급II	↔	樂(락) 6급II	豫(예) 4급	↔	決(결) 5급II
新(신) 6급II	↔	古(고) 6급	哀(애) 3급II	↔	怡(이) 2급[名]	銳(예) 3급	↔	鈍(둔) 3급
新(신) 6급II	↔	舊(구) 5급II	哀(애) 3급II	↔	兌(태) 2급[名]	嗚(오) 3급	↔	怡(이) 2급[名]
臣(신) 5급II	↔	民(민) 8급	愛(애) 6급	↔	惡(오) 5급II	嗚(오) 3급	↔	兌(태) 2급[名]
臣(신) 5급II	↔	后(후) 2급[名]	愛(애) 6급	↔	憎(증) 3급II	玉(옥) 4급II	↔	石(석) 6급
身(신) 6급II	↔	心(심) 7급	哀(애) 3급II	↔	歡(환) 4급	溫(온) 6급	↔	冷(랭) 5급
信(신) 6급II	↔	疑(의) 4급	良(양) 5급II	↔	否(부) 4급	溫(온) 6급	↔	涼(량) 3급II
伸(신) 3급	↔	縮(축) 4급	陽(양) 6급	↔	陰(음) 4급II	穩(온) 2급	↔	危(위) 4급

緩(완) 3급II	↔	急(급) 6급II	異(이) 4급	↔	同(동) 7급	將(장) 4급II	↔	卒(졸) 5급II
往(왕) 4급II	↔	來(래) 7급	理(이) 6급II	↔	亂(란) 4급	災(재) 5급	↔	祐(우) 2급[名]
往(왕) 4급II	↔	返(반) 3급	吏(이) 3급II	↔	民(민) 8급	災(재) 5급	↔	祚(조) 2급[名]
往(왕) 4급II	↔	復(복) 4급II	離(이) 4급	↔	合(합) 6급	災(재) 5급	↔	祜(호) 2급[名]
往(왕) 4급II	↔	還(환) 3급II	利(이) 6급II	↔	害(해) 5급II	災(재) 5급	↔	禧(희) 2급[名]
用(용) 6급II	↔	捨(사) 3급	因(인) 5급	↔	果(과) 6급II	低(저) 4급II	↔	埈(준) 2급[名]
優(우) 4급	↔	劣(열) 3급	日(일) 8급	↔	月(월) 8급	低(저) 4급II	↔	峻(준) 2급[名]
右(우) 7급II	↔	左(좌) 7급II	任(임) 5급II	↔	免(면) 3급II	低(저) 4급II	↔	崔(최) 2급[名]
雨(우) 5급II	↔	晴(청) 3급	入(입) 7급	↔	落(락) 5급	低(저) 4급II	↔	亢(항) 2급[名]
遠(원) 6급	↔	近(근) 6급	入(입) 7급	↔	出(출) 7급	田(전) 4급II	↔	畓(답) 3급
怨(원) 4급	↔	恩(은) 4급II	子(자) 7급II	↔	女(녀) 8급	前(전) 7급II	↔	後(후) 7급II
月(월) 8급	↔	日(일) 8급	姉(자) 4급	↔	妹(매) 4급	正(정) 7급II	↔	反(반) 6급II
有(유) 7급	↔	無(무) 5급	子(자) 7급II	↔	母(모) 8급	正(정) 7급II	↔	副(부) 4급II
陸(육) 5급II	↔	海(해) 7급II	雌(자) 2급	↔	雄(웅) 5급	正(정) 7급II	↔	邪(사) 3급II
隱(은) 4급	↔	見(견) 5급II	自(자) 7급II	↔	他(타) 5급	正(정) 7급II	↔	誤(오) 4급II
恩(은) 4급II	↔	怨(원) 4급	昨(작) 6급II	↔	今(금) 6급II	正(정) 7급II	↔	僞(위) 3급II
隱(은) 4급	↔	現(현) 6급II	長(장) 8급	↔	短(단) 6급II	弟(제) 8급	↔	兄(형) 8급
隱(은) 4급	↔	顯(현) 4급	將(장) 4급II	↔	兵(병) 5급II	早(조) 4급II	↔	晩(만) 3급II
陰(음) 4급II	↔	陽(양) 6급	將(장) 4급II	↔	士(사) 5급II	朝(조) 6급	↔	暮(모) 3급
陰(음) 4급II	↔	晴(청) 3급	長(장) 8급	↔	幼(유) 3급II	朝(조) 6급	↔	夕(석) 7급

祖(조) 7급	↔	孫(손) 6급	重(중) 7급	↔	輕(경) 5급	贊(찬) 3급Ⅱ	↔	反(반) 6급Ⅱ
燥(조) 3급	↔	濕(습) 3급Ⅱ	衆(중) 4급Ⅱ	↔	寡(과) 3급Ⅱ	悽(처) 2급	↔	歡(환) 4급
朝(조) 6급	↔	野(야) 6급	中(중) 8급	↔	外(외) 8급	悽(처) 2급	↔	喜(희) 4급
存(존) 4급	↔	亡(망) 5급	增(증) 4급Ⅱ	↔	減(감) 4급Ⅱ	悽(처) 2급	↔	怡(이) 2급[名]
存(존) 4급	↔	滅(멸) 3급Ⅱ	贈(증) 3급	↔	答(답) 7급Ⅱ	悽(처) 2급	↔	兌(태) 2급[名]
存(존) 4급	↔	沒(몰) 3급Ⅱ	增(증) 4급Ⅱ	↔	削(삭) 3급Ⅱ	隻(척) 2급	↔	雙(쌍) 3급Ⅱ
存(존) 4급	↔	無(무) 5급	增(증) 4급Ⅱ	↔	損(손) 4급	淺(천) 3급Ⅱ	↔	深(심) 4급Ⅱ
尊(존) 4급Ⅱ	↔	卑(비) 3급Ⅱ	憎(증) 3급Ⅱ	↔	愛(애) 6급	淺(천) 3급Ⅱ	↔	濬(준) 2급[名]
尊(존) 4급Ⅱ	↔	侍(시) 3급Ⅱ	地(지) 7급	↔	旻(민) 2급[名]	淺(천) 3급Ⅱ	↔	滉(황) 2급[名]
存(존) 4급	↔	廢(폐) 3급Ⅱ	地(지) 7급	↔	昊(호) 2급[名]	天(천) 7급	↔	壤(양) 3급Ⅱ
終(종) 5급	↔	始(시) 6급Ⅱ	遲(지) 3급	↔	速(속) 6급	天(천) 7급	↔	地(지) 7급
縱(종) 3급Ⅱ	↔	橫(횡) 3급Ⅱ	智(지) 4급	↔	愚(우) 3급Ⅱ	添(첨) 3급	↔	減(감) 4급Ⅱ
坐(좌) 3급Ⅱ	↔	立(립) 7급Ⅱ	知(지) 5급Ⅱ	↔	行(행) 6급	添(첨) 3급	↔	削(삭) 3급Ⅱ
坐(좌) 3급Ⅱ	↔	臥(와) 3급	眞(진) 4급Ⅱ	↔	假(가) 4급Ⅱ	晴(청) 3급	↔	雨(우) 5급Ⅱ
左(좌) 7급Ⅱ	↔	右(우) 7급Ⅱ	眞(진) 4급Ⅱ	↔	僞(위) 3급Ⅱ	晴(청) 3급	↔	陰(음) 4급Ⅱ
罪(죄) 5급	↔	罰(벌) 4급Ⅱ	進(진) 4급Ⅱ	↔	退(퇴) 4급Ⅱ	淸(청) 6급Ⅱ	↔	濁(탁) 3급
罪(죄) 5급	↔	刑(형) 4급	集(집) 6급Ⅱ	↔	配(배) 4급Ⅱ	醜(추) 3급	↔	美(미) 6급
主(주) 7급	↔	客(객) 5급Ⅱ	集(집) 6급Ⅱ	↔	散(산) 4급	推(추) 4급	↔	惹(야) 2급
晝(주) 6급	↔	夜(야) 6급	借(차) 3급Ⅱ	↔	貸(대) 3급Ⅱ	醜(추) 3급	↔	徽(휘) 2급[名]
主(주) 7급	↔	從(종) 4급	着(착) 5급Ⅱ	↔	發(발) 6급Ⅱ	醜(추) 3급	↔	烋(휴) 2급[名]

반대자(反對字) - 뜻이 반대되는 한자(漢字)

醜(추) 3급	↔	嬉(희) 2급[名]	豊(풍) 4급Ⅱ	↔	薄(박) 3급Ⅱ	賢(현) 4급Ⅱ	↔	愚(우) 3급Ⅱ
春(춘) 7급	↔	秋(추) 7급	豊(풍) 4급Ⅱ	↔	凶(흉) 5급Ⅱ	形(형) 6급Ⅱ	↔	影(영) 3급Ⅱ
出(출) 7급	↔	缺(결) 4급Ⅱ	皮(피) 3급Ⅱ	↔	骨(골) 4급	兄(형) 8급	↔	弟(제) 8급
出(출) 7급	↔	納(납) 4급	彼(피) 3급Ⅱ	↔	我(아) 3급Ⅱ	刑(형) 4급	↔	罪(죄) 5급
出(출) 7급	↔	沒(몰) 3급Ⅱ	彼(피) 3급Ⅱ	↔	此(차) 3급Ⅱ	好(호) 4급Ⅱ	↔	惡(오) 5급Ⅱ
出(출) 7급	↔	入(입) 7급	夏(하) 7급	↔	冬(동) 7급	浩(호) 3급Ⅱ	↔	陜(협) 2급[名]
忠(충) 4급Ⅱ	↔	逆(역) 4급Ⅱ	寒(한) 5급	↔	暖(란) 4급Ⅱ	呼(호) 4급Ⅱ	↔	吸(흡) 4급Ⅱ
取(취) 4급Ⅱ	↔	貸(대) 3급Ⅱ	閑(한) 4급	↔	忙(망) 3급	昏(혼) 3급	↔	明(명) 6급Ⅱ
取(취) 4급Ⅱ	↔	捨(사) 3급	寒(한) 5급	↔	暑(서) 3급	弘(홍) 3급	↔	扁(편) 2급[名]
治(치) 4급Ⅱ	↔	亂(란) 4급	寒(한) 5급	↔	熱(열) 5급	洪(홍) 3급Ⅱ	↔	陜(협) 2급[名]
沈(침) 3급Ⅱ	↔	浮(부) 3급Ⅱ	寒(한) 5급	↔	溫(온) 6급	禍(화) 3급Ⅱ	↔	福(복) 5급Ⅱ
快(쾌) 4급Ⅱ	↔	鈍(둔) 3급	海(해) 7급Ⅱ	↔	空(공) 7급Ⅱ	禍(화) 3급Ⅱ	↔	祐(우) 2급[名]
炭(탄) 5급	↔	氷(빙) 5급	海(해) 7급Ⅱ	↔	陸(륙) 5급Ⅱ	禍(화) 3급Ⅱ	↔	祚(조) 2급[名]
太(태) 6급	↔	扁(편) 2급[名]	向(향) 6급	↔	背(배) 4급Ⅱ	禍(화) 3급Ⅱ	↔	祜(호) 2급[名]
吐(토) 3급Ⅱ	↔	納(납) 4급	虛(허) 4급Ⅱ	↔	實(실) 5급Ⅱ	禍(화) 3급Ⅱ	↔	禧(희) 2급[名]
投(투) 4급	↔	打(타) 5급	虛(허) 4급Ⅱ	↔	盈(영) 2급[名]	和(화) 6급Ⅱ	↔	戰(전) 6급Ⅱ
敗(패) 5급	↔	興(흥) 4급Ⅱ	顯(현) 4급	↔	微(미) 3급Ⅱ	活(활) 7급Ⅱ	↔	殺(살) 4급Ⅱ
廢(폐) 3급Ⅱ	↔	立(립) 7급Ⅱ	顯(현) 4급	↔	密(밀) 4급Ⅱ	會(회) 6급Ⅱ	↔	散(산) 4급
廢(폐) 3급Ⅱ	↔	置(치) 4급Ⅱ	玄(현) 3급Ⅱ	↔	素(소) 4급Ⅱ	厚(후) 4급	↔	薄(박) 3급Ⅱ
表(표) 6급Ⅱ	↔	裏(리) 3급Ⅱ	玄(현) 3급Ⅱ	↔	皓(호) 2급[名]	後(후) 7급Ⅱ	↔	先(선) 8급

毀(훼) 3급	↔	譽(예) 3급Ⅱ	黑(흑) 5급	↔	白(백) 8급	興(흥) 4급Ⅱ	↔	敗(패) 5급
凶(흉) 5급Ⅱ	↔	吉(길) 5급	黑(흑) 5급	↔	皓(호) 2급	喜(희) 4급	↔	怒(로) 4급Ⅱ
胸(흉) 3급Ⅱ	↔	背(배) 4급Ⅱ	興(흥) 4급Ⅱ	↔	亡(망) 5급	喜(희) 4급	↔	悲(비) 4급Ⅱ
凶(흉) 5급Ⅱ	↔	豊(풍) 4급Ⅱ						

可決(가결) 5급 5급II	↔	否決(부결) 4급 5급II	困難(곤란) 4급 4급II	↔	容易(용이) 4급II 4급	內包(내포) 7급II 4급II	↔	外延(외연) 8급 4급
架空(가공) 3급II 7급II	↔	實在(실재) 5급 6급	供給(공급) 3급II 5급	↔	需要(수요) 3급II 5급	弄談(농담) 3급II 5급	↔	眞談(진담) 4급II 5급
可溶(가용) 5급 2급[名]	↔	不溶(불용) 7급II 2급[名]	公平(공평) 6급II 7급II	↔	偏頗(편파) 3급II 3급	農繁(농번) 7급II 3급	↔	農閑(농한) 7급II 4급
加重(가중) 5급 7급	↔	輕減(경감) 5급 4급II	公翰(공한) 6급II 2급	↔	私翰(사한) 4급 2급	濃色(농색) 2급 7급	↔	淡色(담색) 3급II 7급
幹線(간선) 3급II 6급II	↔	支線(지선) 4급II 6급II	過激(과격) 5급II 4급	↔	穩健(온건) 2급 5급	濃粧(농장) 2급 3급II	↔	淡粧(담장) 3급II 3급II
干涉(간섭) 4급 3급	↔	放任(방임) 6급II 5급II	過失(과실) 5급II 6급	↔	故意(고의) 4급II 6급	濃厚(농후) 2급 4급	↔	稀薄(희박) 3급II 3급II
間接(간접) 7급II 4급II	↔	直接(직접) 7급II 4급II	寬大(관대) 3급II 8급	↔	嚴格(엄격) 4급 5급II	能動(능동) 5급II 7급II	↔	被動(피동) 3급II 7급II
干潮(간조) 4급 4급	↔	滿潮(만조) 4급II 4급	拘束(구속) 3급II 5급II	↔	放免(방면) 6급II 3급II	單式(단식) 4급II 6급	↔	複式(복식) 4급 6급
減俸(감봉) 4급II 2급	↔	增俸(증봉) 4급II 2급	舊型(구형) 5급II 2급	↔	新型(신형) 6급II 2급	當番(당번) 5급II 6급	↔	非番(비번) 4급II 6급
減産(감산) 4급II 5급II	↔	增産(증산) 4급II 5급II	均等(균등) 4급 6급II	↔	差等(차등) 4급 6급II	對話(대화) 6급II 7급II	↔	獨白(독백) 5급II 8급
感性(감성) 6급 5급II	↔	理性(이성) 6급II 5급II	僅少(근소) 3급 7급	↔	過多(과다) 5급II 6급	大型(대형) 8급 2급	↔	小型(소형) 8급 2급
剛健(강건) 3급II 5급	↔	柔弱(유약) 3급II 6급II	近接(근접) 6급 4급II	↔	遠隔(원격) 6급 3급II	獨唱(독창) 5급II 5급	↔	合唱(합창) 6급 5급
槪述(개술) 3급II 3급II	↔	詳述(상술) 3급II 3급II	及第(급제) 3급II 6급II	↔	落第(낙제) 5급 6급II	杜絕(두절) 2급[名] 4급II	↔	不絕(부절) 7급II 4급II
拒否(거부) 4급 4급	↔	承認(승인) 4급II 4급II	奇數(기수) 4급 7급	↔	偶數(우수) 3급 7급	漠然(막연) 3급II 7급	↔	確然(확연) 4급II 7급
傑作(걸작) 4급 6급II	↔	拙作(졸작) 3급 6급II	樂天(낙천) 6급II 7급	↔	厭世(염세) 2급 7급II	忘却(망각) 3급 3급	↔	記憶(기억) 7급II 3급II
揭揚(게양) 2급 3급II	↔	下旗(하기) 7급II 7급	濫用(남용) 3급 6급II	↔	節約(절약) 5급II 5급II	埋沒(매몰) 3급 3급II	↔	發掘(발굴) 6급II 2급
結果(결과) 5급 6급II	↔	原因(원인) 5급 5급	納稅(납세) 4급 4급II	↔	徵稅(징세) 3급II 4급II	滅亡(멸망) 3급 5급	↔	隆盛(융성) 3급II 4급II
高雅(고아) 6급II 3급II	↔	卑俗(비속) 3급II 4급II	朗讀(낭독) 5급II 6급II	↔	默讀(묵독) 3급II 6급II	明朗(명랑) 6급II 5급II	↔	憂鬱(우울) 3급II 2급

模倣(모방) 4급 3급	↔	創造(창조) 4급Ⅱ 4급Ⅱ	削減(삭감) 3급Ⅱ 4급Ⅱ	↔	添加(첨가) 3급 5급
抑制(억제) 3급Ⅱ 4급Ⅱ	↔	促進(촉진) 3급Ⅱ 4급Ⅱ

模倣(모방) 4급 3급	↔	創造(창조) 4급Ⅱ 4급Ⅱ	削減(삭감) 3급Ⅱ 4급Ⅱ	↔	添加(첨가) 3급 5급	抑制(억제) 3급Ⅱ 4급Ⅱ	↔	促進(촉진) 3급Ⅱ 4급Ⅱ
模型(모형) 4급 2급	↔	原型(원형) 5급 2급	相逢(상봉) 5급Ⅱ 3급Ⅱ	↔	離別(이별) 4급 6급	年頭(연두) 8급 6급	↔	歲暮(세모) 5급Ⅱ 3급
文明(문명) 7급 6급Ⅱ	↔	野蠻(야만) 6급 2급	上廻(상회) 7급Ⅱ 2급	↔	下廻(하회) 7급Ⅱ 2급	溫暖(온난) 6급 4급Ⅱ	↔	寒冷(한랭) 5급 5급
未熟(미숙) 4급Ⅱ 3급Ⅱ	↔	老鍊(노련) 7급 3급Ⅱ	生面(생면) 8급 7급	↔	熟面(숙면) 3급Ⅱ 7급	緩慢(완만) 3급Ⅱ 3급	↔	急激(급격) 6급Ⅱ 4급
微視(미시) 3급Ⅱ 4급Ⅱ	↔	巨視(거시) 4급 4급Ⅱ	碩學(석학) 2급 8급	↔	淺學(천학) 3급Ⅱ 8급	王道(왕도) 8급 7급Ⅱ	↔	霸道(패도) 2급 7급Ⅱ
敏速(민속) 3급 6급	↔	遲鈍(지둔) 3급 3급	仙界(선계) 5급Ⅱ 6급Ⅱ	↔	紅塵(홍진) 4급 2급	外柔(외유) 8급 3급Ⅱ	↔	內剛(내강) 7급Ⅱ 3급Ⅱ
薄畓(박답) 3급Ⅱ 3급	↔	沃畓(옥답) 2급[名] 3급	禪尼(선니) 3급Ⅱ 2급	↔	禪門(선문) 3급Ⅱ 8급	容易(용이) 4급Ⅱ 4급	↔	難解(난해) 4급Ⅱ 4급Ⅱ
薄土(박토) 3급Ⅱ 8급	↔	沃土(옥토) 2급[名] 8급	洗練(세련) 5급Ⅱ 5급Ⅱ	↔	稚拙(치졸) 3급Ⅱ 3급	溶解(용해) 2급[名] 4급Ⅱ	↔	凝固(응고) 3급 5급
搬入(반입) 2급 7급	↔	搬出(반출) 2급 7급	消滅(소멸) 6급Ⅱ 3급Ⅱ	↔	生成(생성) 8급 6급Ⅱ	優待(우대) 4급 6급	↔	虐待(학대) 2급 6급
反託(반탁) 6급Ⅱ 2급	↔	贊託(찬탁) 3급Ⅱ 2급	送舊(송구) 4급Ⅱ 5급Ⅱ	↔	迎新(영신) 4급 6급Ⅱ	韻文(운문) 3급Ⅱ 7급	↔	散文(산문) 4급 7급
發生(발생) 6급Ⅱ 8급	↔	消滅(소멸) 6급Ⅱ 3급Ⅱ	淑女(숙녀) 3급Ⅱ 8급	↔	紳士(신사) 2급 5급Ⅱ	原告(원고) 5급 5급Ⅱ	↔	被告(피고) 3급Ⅱ 5급Ⅱ
白晝(백주) 8급 6급	↔	深夜(심야) 4급Ⅱ 6급	拾得(습득) 3급Ⅱ 4급Ⅱ	↔	遺失(유실) 4급 6급	原書(원서) 5급 6급Ⅱ	↔	譯書(역서) 3급Ⅱ 6급Ⅱ
複雜(복잡) 4급 4급	↔	單純(단순) 4급Ⅱ 4급Ⅱ	濕潤(습윤) 3급Ⅱ 3급Ⅱ	↔	乾燥(건조) 3급Ⅱ 3급	遠心(원심) 6급 7급	↔	求心(구심) 4급Ⅱ 7급
不當(부당) 7급Ⅱ 5급Ⅱ	↔	妥當(타당) 3급 5급Ⅱ	昇天(승천) 3급Ⅱ 7급	↔	降臨(강림) 4급 3급Ⅱ	遠洋(원양) 6급 6급	↔	近海(근해) 6급 7급Ⅱ
敷衍(부연) 2급 2급[名]	↔	省略(생략) 6급Ⅱ 4급	新婦(신부) 6급Ⅱ 4급Ⅱ	↔	新郞(신랑) 6급Ⅱ 3급Ⅱ	怨恨(원한) 4급 4급	↔	恩惠(은혜) 4급Ⅱ 4급Ⅱ
富裕(부유) 4급Ⅱ 3급Ⅱ	↔	貧窮(빈궁) 4급Ⅱ 4급	愼重(신중) 3급Ⅱ 7급	↔	輕率(경솔) 5급 3급Ⅱ	柔和(유화) 3급Ⅱ 6급Ⅱ	↔	強硬(강경) 6급 3급Ⅱ
分析(분석) 6급Ⅱ 3급	↔	綜合(종합) 2급 6급	惡化(악화) 5급Ⅱ 5급Ⅱ	↔	好轉(호전) 4급Ⅱ 4급	隆起(융기) 3급Ⅱ 4급Ⅱ	↔	沈降(침강) 3급Ⅱ 4급
紛爭(분쟁) 3급Ⅱ 5급	↔	和解(화해) 6급Ⅱ 4급Ⅱ	安靜(안정) 7급Ⅱ 4급	↔	興奮(흥분) 4급Ⅱ 3급Ⅱ	融解(융해) 2급 4급Ⅱ	↔	凝固(응고) 3급 5급
不允(불윤) 7급Ⅱ 2급[名]	↔	允許(윤허) 2급[名] 5급	野圈(야권) 6급 2급	↔	與圈(여권) 4급 2급	應用(응용) 4급Ⅱ 6급Ⅱ	↔	原理(원리) 5급 6급Ⅱ
辭任(사임) 4급 5급Ⅱ	↔	就任(취임) 4급 5급Ⅱ	愛好(애호) 6급 4급Ⅱ	↔	嫌惡(혐오) 3급 5급Ⅱ	義務(의무) 4급Ⅱ 4급Ⅱ	↔	權利(권리) 4급Ⅱ 6급Ⅱ

異端(이단) 4급 4급II	↔	正統(정통) 7급II 4급II	質疑(질의) 5급II 4급	↔	應答(응답) 4급II 7급II
人爲(인위) 8급 4급II	↔	自然(자연) 7급II 7급	借用(차용) 3급II 6급II	↔	返濟(반제) 3급 4급II
臨時(임시) 3급II 7급II	↔	經常(경상) 4급II 4급II	着帽(착모) 5급II 2급	↔	脫帽(탈모) 4급 2급
入闕(입궐) 7급 2급	↔	退闕(퇴궐) 4급II 2급	贊成(찬성) 3급II 6급II	↔	反對(반대) 6급II 6급II
潛在(잠재) 3급II 6급	↔	顯在(현재) 4급 6급	贊評(찬평) 3급II 4급	↔	酷評(혹평) 2급 4급
低下(저하) 4급II 7급II	↔	向上(향상) 6급 7급	慘敗(참패) 3급 5급	↔	快勝(쾌승) 4급II 6급
絶讚(절찬) 4급II 4급	↔	酷評(혹평) 2급 4급	彰善(창선) 2급 5급	↔	彰惡(창악) 2급 5급II
漸進(점진) 3급II 4급II	↔	急進(급진) 6급II 4급II	聽者(청자) 4급 6급	↔	話者(화자) 7급II 6급
精算(정산) 4급II 7급	↔	槪算(개산) 3급II 7급	超人(초인) 3급II 8급	↔	凡人(범인) 3급II 8급
靜肅(정숙) 4급 4급	↔	騷亂(소란) 3급 4급	總角(총각) 4급II 6급II	↔	處女(처녀) 4급II 8급
情神(정신) 5급II 6급II	↔	物質(물질) 7급II 5급II	抽象(추상) 3급 4급	↔	具體(구체) 5급II 6급II
定着(정착) 6급 5급II	↔	漂流(표류) 3급 5급II	縮小(축소) 4급 8급	↔	擴大(확대) 3급 8급
弔客(조객) 3급 5급II	↔	賀客(하객) 3급II 5급II	忠臣(충신) 4급II 5급II	↔	逆臣(역신) 4급II 5급II
拙劣(졸렬) 3급 3급	↔	巧妙(교묘) 3급II 4급	治世(치세) 4급II 7급II	↔	亂世(난세) 4급 7급II
左遷(좌천) 7급II 3급II	↔	榮轉(영전) 4급II 4급	稱讚(칭찬) 4급 4급	↔	非難(비난) 4급II 4급II
重厚(중후) 7급 4급	↔	輕薄(경박) 5급 3급II	快樂(쾌락) 4급II 6급II	↔	苦痛(고통) 6급 4급
增進(증진) 4급II 4급II	↔	減退(감퇴) 4급II 4급II	脫退(탈퇴) 4급 4급II	↔	加入(가입) 5급 7급
支出(지출) 4급II 7급	↔	收入(수입) 4급II 7급	統合(통합) 4급II 6급	↔	分析(분석) 6급II 3급
陳腐(진부) 3급II 3급II	↔	斬新(참신) 2급 6급II	退步(퇴보) 4급II 4급II	↔	進步(진보) 4급II 4급II
進步(진보) 4급II 4급II	↔	保守(보수) 4급II 4급II	特殊(특수) 6급 3급II	↔	普遍(보편) 4급 3급

破壞(파괴) 4급II 3급II	↔	建設(건설) 5급 4급II
平等(평등) 7급II 6급II	↔	差別(차별) 4급 6급
廢業(폐업) 3급II 6급II	↔	開業(개업) 6급 6급II
飽食(포식) 3급 7급II	↔	飢餓(기아) 3급 3급
被害(피해) 3급II 5급II	↔	加害(가해) 5급 5급II
畢讀(필독) 3급II 6급II	↔	始讀(시독) 6급II 6급II
必然(필연) 5급II 7급	↔	偶然(우연) 3급II 7급
下待(하대) 7급II 6급	↔	恭待(공대) 3급II 6급
下落(하락) 7급II 5급	↔	騰貴(등귀) 3급 5급
夏至(하지) 7급 4급II	↔	冬至(동지) 7급 4급II
陷沒(함몰) 3급II 3급II	↔	隆起(융기) 3급II 4급II
解散(해산) 4급II 4급	↔	集合(집합) 6급II 6급
許可(허가) 5급 5급	↔	禁止(금지) 4급II 5급
虛僞(허위) 4급II 3급II	↔	眞實(진실) 4급II 5급II
革新(혁신) 4급 6급II	↔	保守(보수) 4급II 4급II
顯官(현관) 4급 4급II	↔	微官(미관) 3급II 4급II
現實(현실) 6급II 5급II	↔	理想(이상) 6급II 4급II
酷暑(혹서) 2급 3급	↔	酷寒(혹한) 2급 5급
紅顏(홍안) 4급 3급II	↔	白髮(백발) 8급 4급
訓讀(훈독) 6급 6급II	↔	音讀(음독) 6급II 6급II

吸氣(흡기) 4급Ⅱ 7급Ⅱ	↔	排氣(배기) 3급 7급Ⅱ	興奮(흥분) 4급Ⅱ 3급Ⅱ	↔	鎭靜(진정) 3급Ⅱ 4급

可燃性(가연성) 5급 4급 5급Ⅱ	↔	不燃性(불연성) 7급Ⅱ 4급 5급Ⅱ	大殺年(대살년) 8급 4급Ⅱ 8급	↔	大有年(대유년) 8급 7급 8급
可溶性(가용성) 5급 2급 5급Ⅱ	↔	不溶性(불용성) 7급Ⅱ 4급 5급Ⅱ	大丈夫(대장부) 8급 3급Ⅱ 7급	↔	拙丈夫(졸장부) 3급 3급Ⅱ 7급
開架式(개가식) 6급 3급Ⅱ 6급	↔	閉架式(폐가식) 4급 3급Ⅱ 6급	都給人(도급인) 5급 5급 8급	↔	受給人(수급인) 4급Ⅱ 5급 8급
開放性(개방성) 6급 6급Ⅱ 5급Ⅱ	↔	閉鎖性(폐쇄성) 4급 3급Ⅱ 5급Ⅱ	同質化(동질화) 7급 5급Ⅱ 5급Ⅱ	↔	異質化(이질화) 4급 5급Ⅱ 5급Ⅱ
巨視的(거시적) 4급 4급Ⅱ 5급Ⅱ	↔	微視的(미시적) 3급Ⅱ 4급Ⅱ 5급Ⅱ	買受人(매수인) 5급 4급Ⅱ 8급	↔	賣渡人(매도인) 5급 3급Ⅱ 8급
高踏的(고답적) 6급 3급Ⅱ 5급Ⅱ	↔	世俗的(세속적) 7급Ⅱ 4급Ⅱ 5급Ⅱ	門外漢(문외한) 8급 8급 7급Ⅱ	↔	專門家(전문가) 4급 8급 7급Ⅱ
購買者(구매자) 2급 5급 6급	↔	販賣者(판매자) 3급 5급 6급	搬入量(반입량) 2급 7급 5급	↔	搬出量(반출량) 2급 7급 5급
具體的(구체적) 5급Ⅱ 6급Ⅱ 5급Ⅱ	↔	抽象的(추상적) 3급 4급 5급Ⅱ	發信人(발신인) 6급Ⅱ 6급Ⅱ 8급	↔	受信人(수신인) 4급Ⅱ 6급Ⅱ 8급
根本的(근본적) 6급 6급 5급Ⅱ	↔	彌縫的(미봉적) 2급 2급 5급Ⅱ	白眼視(백안시) 8급 4급Ⅱ 4급Ⅱ	↔	靑眼視(청안시) 8급 4급Ⅱ 4급Ⅱ
急騰勢(급등세) 6급Ⅱ 3급 4급Ⅱ	↔	急落勢(급락세) 6급Ⅱ 5급 4급Ⅱ	富益富(부익부) 4급Ⅱ 4급Ⅱ 4급Ⅱ	↔	貧益貧(빈익빈) 4급Ⅱ 4급Ⅱ 4급Ⅱ
及第點(급제점) 3급Ⅱ 6급Ⅱ 4급	↔	落第點(낙제점) 5급 6급Ⅱ 4급	不文律(불문율) 7급Ⅱ 7급 4급Ⅱ	↔	成文律(성문율) 6급Ⅱ 7급 4급Ⅱ
旣決案(기결안) 3급 5급Ⅱ 5급	↔	未決案(미결안) 4급Ⅱ 5급Ⅱ 5급	非需期(비수기) 4급Ⅱ 3급Ⅱ 5급	↔	盛需期(성수기) 4급Ⅱ 3급Ⅱ 5급
奇順列(기순열) 4급 5급Ⅱ 4급Ⅱ	↔	偶順列(우순열) 3급Ⅱ 5급Ⅱ 4급Ⅱ	上位圈(상위권) 7급Ⅱ 5급 2급	↔	下位圈(하위권) 7급Ⅱ 5급 2급
落選人(낙선인) 5급 5급 8급	↔	當選人(당선인) 5급Ⅱ 5급 8급	上終價(상종가) 7급Ⅱ 5급 5급Ⅱ	↔	下終價(하종가) 7급Ⅱ 5급 5급Ⅱ
樂天家(낙천가) 6급Ⅱ 7급 7급Ⅱ	↔	厭世家(염세가) 2급 7급Ⅱ 7급Ⅱ	夕刊紙(석간지) 7급 3급Ⅱ 7급	↔	朝刊紙(조간지) 6급 3급Ⅱ 7급
南極圈(남극권) 8급 4급Ⅱ 2급	↔	北極圈(북극권) 8급 4급Ⅱ 2급	小口徑(소구경) 8급 7급 3급Ⅱ	↔	大口徑(대구경) 8급 7급 3급Ⅱ
老處女(노처녀) 7급 4급Ⅱ 8급	↔	老總角(노총각) 7급 4급Ⅱ 6급Ⅱ	送荷人(송하인) 4급Ⅱ 3급Ⅱ 8급	↔	受荷人(수하인) 4급Ⅱ 3급Ⅱ 8급
農繁期(농번기) 7급Ⅱ 3급Ⅱ 5급	↔	農閑期(농한기) 7급Ⅱ 4급 5급	受託人(수탁인) 4급Ⅱ 2급 8급	↔	委託人(위탁인) 4급 2급 8급
單純性(단순성) 4급Ⅱ 4급Ⅱ 5급Ⅱ	↔	複雜性(복잡성) 4급 4급 5급Ⅱ	輸入國(수입국) 3급Ⅱ 7급 8급	↔	輸出國(수출국) 3급Ⅱ 7급 8급

收入額(수입액) 4급II 7급 4급	↔	支出額(지출액) 4급II 7급 4급
拾得物(습득물) 3급II 4급II 7급II	↔	紛失物(분실물) 3급II 6급 7급II
勝利者(승리자) 6급 6급II 6급	↔	敗北者(패배자) 5급 8급 6급
昇壓器(승압기) 3급II 4급II 4급II	↔	降壓器(강압기) 4급 4급II 4급II
始發驛(시발역) 6급II 6급II 3급II	↔	終着驛(종착역) 5급 5급II 3급II
兩非論(양비론) 4급II 4급II 4급II	↔	兩是論(양시론) 4급II 4급II 4급II
嚴侍下(엄시하) 4급 3급II 7급II	↔	慈侍下(자시하) 3급II 3급II 7급II
女俳優(여배우) 8급 2급 4급	↔	男俳優(남배우) 7급II 2급 4급
逆轉勝(역전승) 4급II 4급 6급	↔	逆轉敗(역전패) 4급II 4급 5급
劣等感(열등감) 3급 6급II 6급	↔	優越感(우월감) 4급 3급II 6급
外斜面(외사면) 8급 3급II 7급	↔	內斜面(내사면) 7급II 3급II 7급
外疏薄(외소박) 8급 3급II 3급II	↔	內疏薄(내소박) 7급II 3급II 3급II
唯心論(유심론) 3급 7급 4급II	↔	唯物論(유물론) 3급 7급 4급II
賃貸料(임대료) 3급II 3급II 5급	↔	賃借料(임차료) 3급II 3급II 5급
立席券(입석권) 7급II 6급 4급	↔	座席券(좌석권) 4급 6급 4급
積極策(적극책) 4급 4급II 3급II	↔	消極策(소극책) 6급II 4급II 3급II
早熟性(조숙성) 4급II 3급II 5급II	↔	晩熟性(만숙성) 3급II 3급II 5급II
縱斷面(종단면) 3급II 4급II 7급	↔	橫斷面(횡단면) 3급II 4급II 7급
增加率(증가율) 4급II 5급 3급II	↔	減少率(감소율) 4급II 7급 3급II
初盤戰(초반전) 5급 3급II 6급II	↔	終盤戰(종반전) 5급 3급II 6급II

出發驛(출발역) 7급 6급II 3급II	↔	到着驛(도착역) 5급II 5급II 3급II
就任辭(취임사) 4급 5급II 4급	↔	離任辭(이임사) 4급 5급II 4급
販賣品(판매품) 3급 5급 5급II	↔	非賣品(비매품) 4급II 5급 5급II
廢刊號(폐간호) 3급II 3급II 6급	↔	創刊號(창간호) 4급II 3급II 6급
胞胎法(포태법) 4급 2급 5급II	↔	避妊法(피임법) 4급 2급 5급II
暴騰勢(폭등세) 4급II 3급 4급II	↔	暴落勢(폭락세) 4급II 5급 4급II
必然性(필연성) 5급II 7급 5급II	↔	偶然性(우연성) 3급II 7급 5급II
下位圈(하위권) 7급II 5급 2급	↔	上位圈(상위권) 7급II 5급 2급
閑中忙(한중망) 4급 8급 3급	↔	忙中閑(망중한) 3급 8급 4급
合憲性(합헌성) 6급 4급 5급II	↔	違憲性(위헌성) 3급 4급 5급II
歡送宴(환송연) 4급 4급II 3급II	↔	歡迎宴(환영연) 4급 4급 3급II
凶漁期(흉어기) 5급II 5급 5급	↔	豊漁期(풍어기) 4급II 5급 5급
見利思義(견리사의) 5급II 6급II 5급 4급II	↔	見利忘義(견리망의) 5급II 6급II 3급 4급II
輕擧妄動(경거망동) 5급 5급 3급II 7급II	↔	隱忍自重(은인자중) 4급 3급II 7급II 7급
景氣上昇(경기상승) 5급 7급II 7급II 3급II	↔	景氣下降(경기하강) 5급 7급II 7급II 4급
高官大爵(고관대작) 6급II 4급II 8급 3급	↔	微官末職(미관말직) 3급II 4급II 5급 4급II
高臺廣室(고대광실) 6급II 3급II 5급II 8급	↔	一間斗屋(일간두옥) 8급 7급II 4급II 5급
高山流水(고산유수) 6급II 8급 5급II 8급	↔	市道之交(시도지교) 7급II 7급II 3급II 6급
管鮑之交(관포지교) 4급 2급 3급II 6급	↔	市道之交(시도지교) 7급II 7급II 3급II 6급
錦上添花(금상첨화) 3급II 7급II 3급 7급	↔	雪上加霜(설상가상) 6급II 7급II 5급 3급II

奇數拍子(기수박자)
4급 7급 4급 7급Ⅱ
↔
偶數拍子(우수박자)
3급Ⅱ 7급 4급 7급Ⅱ

吉則大凶(길즉대흉)
5급 5급 8급 5급Ⅱ
↔
凶則大吉(흉즉대길)
5급Ⅱ 5급 8급 5급

樂觀論者(낙관론자)
6급 5급Ⅱ 4급Ⅱ 6급
↔
悲觀論者(비관론자)
4급Ⅱ 5급Ⅱ 4급Ⅱ 6급

暖房裝置(난방장치)
4급Ⅱ 4급Ⅱ 4급 4급Ⅱ
↔
冷房裝置(냉방장치)
5급 4급Ⅱ 4급 4급Ⅱ

弄璋之慶(농장지경)
3급Ⅱ 2급 3급Ⅱ 4급
↔
弄瓦之慶(농와지경)
3급Ⅱ 3급Ⅱ 3급Ⅱ 4급Ⅱ

凍氷寒雪(동빙한설)
3급Ⅱ 5급 5급 6급Ⅱ
↔
和風暖陽(화풍난양)
6급Ⅱ 6급Ⅱ 4급Ⅱ 6급

麻中之蓬(마중지봉)
3급Ⅱ 8급 3급Ⅱ 2급[名]
↔
近墨者黑(근묵자흑)
6급 3급Ⅱ 6급 5급

物價下落(물가하락)
7급Ⅱ 5급Ⅱ 7급Ⅱ 5급
↔
物價騰貴(물가등귀)
7급Ⅱ 5급Ⅱ 3급 5급

歲入豫算(세입예산)
5급Ⅱ 7급 4급 7급
↔
歲出豫算(세출예산)
5급Ⅱ 7급 4급 7급

始終一貫(시종일관)
6급Ⅱ 5급 8급 3급Ⅱ
↔
龍頭蛇尾(용두사미)
4급 6급 3급Ⅱ 3급Ⅱ

我田引水(아전인수)
3급Ⅱ 4급Ⅱ 4급Ⅱ 8급
↔
易地思之(역지사지)
4급 7급 5급 3급Ⅱ

違法行爲(위법행위)
3급 5급Ⅱ 6급 4급Ⅱ
↔
適法行爲(적법행위)
4급 5급Ⅱ 6급 4급Ⅱ

流芳百世(유방백세)
5급Ⅱ 3급Ⅱ 7급 7급Ⅱ
↔
遺臭萬年(유취만년)
4급 3급 8급 8급

積善餘慶(적선여경)
4급 5급 4급Ⅱ 4급Ⅱ
↔
積惡餘殃(적악여앙)
4급 5급Ⅱ 4급Ⅱ 3급

卒年月日(졸년월일)
5급Ⅱ 8급 8급 8급
↔
生年月日(생년월일)
8급 8급 8급 8급

支出豫算(지출예산)
4급Ⅱ 7급 4급 7급
↔
收入豫算(수입예산)
4급Ⅱ 7급 4급 7급

下意上達(하의상달)
7급Ⅱ 6급Ⅱ 7급Ⅱ 4급Ⅱ
↔
上意下達(상의하달)
7급Ⅱ 6급Ⅱ 7급Ⅱ 4급Ⅱ

興盡悲來(흥진비래)
4급Ⅱ 4급 4급Ⅱ 7급
↔
苦盡甘來(고진감래)
6급 4급 4급 7급

유의자(類義字) – 뜻이 비슷한 한자(漢字)

歌(가) 7급	曲(곡) 5급	簡(간) 4급	略(략) 4급	強(강) 6급	健(건) 5급
街(가) 4급II	道(도) 7급II	干(간) 4급	盾(순) 2급	剛(강) 3급II	堅(견) 4급
街(가) 4급II	路(로) 6급	懇(간) 3급II	誠(성) 4급II	強(강) 6급	硬(경) 3급II
家(가) 7급II	室(실) 8급	姦(간) 3급	淫(음) 3급II	強(강) 6급	固(고) 5급
歌(가) 7급	樂(악) 6급II	懇(간) 3급II	切(절) 5급II	綱(강) 3급II	紀(기) 4급
歌(가) 7급	詠(영) 3급	看(간) 4급	瞻(첨) 2급[名]	康(강) 4급II	寧(녕) 3급II
家(가) 7급II	屋(옥) 5급	簡(간) 4급	擇(택) 4급	講(강) 4급II	釋(석) 3급II
歌(가) 7급	謠(요) 4급II	感(감) 6급	覺(각) 4급	講(강) 4급II	誦(송) 3급
加(가) 5급	增(증) 4급II	監(감) 4급II	觀(관) 5급II	康(강) 4급	穩(온) 2급
歌(가) 7급	唱(창) 5급	減(감) 4급II	削(삭) 3급II	綱(강) 3급II	維(유) 3급II
加(가) 5급	添(첨) 3급	減(감) 4급II	省(생) 6급II	江(강) 7급II	河(하) 5급
價(가) 5급II	値(치) 3급II	減(감) 4급II	損(손) 4급	降(강) 4급	下(하) 7급II
家(가) 7급II	宅(택) 5급II	監(감) 4급II	視(시) 4급II	講(강) 4급II	解(해) 4급II
街(가) 4급II	巷(항) 3급	敢(감) 4급	勇(용) 6급II	開(개) 6급	啓(계) 3급II
家(가) 7급II	戶(호) 4급II	監(감) 4급II	察(찰) 4급II	蓋(개) 3급II	覆(복) 3급II
刻(각) 4급	銘(명) 3급II	甲(갑) 4급	鉀(갑) 2급[名]	慨(개) 3급	悼(도) 2급
覺(각) 4급	悟(오) 3급II	剛(강) 3급II	彊(강) 2급[名]	慨(개) 3급	悽(처) 2급
刊(간) 3급II	刻(각) 4급	剛(강) 3급II	桓(환) 2급[名]	客(객) 5급II	旅(려) 5급II
間(간) 7급II	隔(격) 3급II	勍(강) 3급II	健(건) 5급	居(거) 4급	家(가) 7급II

유의자

居(거) 4급	_	館(관) 3급II	乾(건) 3급II	_	燥(조) 3급	結(결) 5급II	_	締(체) 2급
巨(거) 4급	_	大(대) 8급	乾(건) 3급II	_	旻(민) 2급[名]	決(결) 5급II	_	斷(단) 4급II
巨(거) 4급	_	碩(석) 2급	乾(건) 3급II	_	昊(호) 2급[名]	潔(결) 4급II	_	白(백) 8급
巨(거) 4급	_	价(개) 2급[名]	乞(걸) 3급	_	求(구) 4급II	訣(결) 3급II	_	別(별) 3급II
巨(거) 4급	_	甫(보) 2급[名]	傑(걸) 4급	_	杰(걸) 2급[名]	結(결) 5급II	_	束(속) 5급II
巨(거) 4급	_	丕(비) 2급[名]	檢(검) 4급II	_	督(독) 4급II	結(결) 5급II	_	約(약) 5급II
巨(거) 4급	_	奭(석) 2급[名]	檢(검) 4급II	_	査(사) 5급	潔(결) 4급II	_	淨(정) 3급II
車(거/차) 7급II	_	輛(량) 2급	檢(검) 4급II	_	閱(열) 3급	決(결) 5급II	_	斷(단) 4급
車(거/차) 7급II	_	軻(가) 2급	檢(검) 4급II	_	察(찰) 4급II	兼(겸) 3급II	_	倂(병) 2급
拒(거) 4급	_	沮(저) 2급	隔(격) 3급II	_	間(간) 7급II	謙(겸) 3급II	_	讓(양) 3급II
拒(거) 4급	_	杜(두) 2급[名]	激(격) 4급	_	烈(렬) 4급	警(경) 4급II	_	覺(각) 4급
拒(거) 4급	_	閼(알) 2급[名]	格(격) 5급II	_	式(식) 6급	鏡(경) 4급	_	鑑(감) 3급II
擧(거) 5급	_	揭(게) 2급	激(격) 4급	_	衝(충) 3급II	境(경) 4급II	_	疆(강) 2급[名]
擧(거) 5급	_	動(동) 7급II	擊(격) 4급	_	打(타) 5급	境(경) 4급II	_	垠(은) 2급[名]
居(거) 4급	_	留(류) 4급II	堅(견) 4급	_	剛(강) 3급II	境(경) 4급II	_	界(계) 6급II
距(거) 3급II	_	離(리) 4급	堅(견) 4급	_	強(강) 6급	警(경) 4급II	_	戒(계) 4급
居(거) 4급	_	住(주) 7급	堅(견) 4급	_	硬(경) 3급II	敬(경) 5급II	_	恭(공) 3급II
健(건) 5급	_	剛(강) 3급II	堅(견) 4급	_	固(고) 5급	經(경) 4급II	_	過(과) 5급II
乾(건) 3급II	_	枯(고) 3급	牽(견) 3급	_	引(인) 4급II	景(경) 5급	_	光(광) 6급II
建(건) 5급	_	立(립) 7급II	結(결) 5급II	_	構(구) 4급	庚(경) 3급	_	奎(규) 2급[名]

京(경) 6급	_	都(도) 5급	階(계) 4급	_	段(단) 4급	古(고) 6급	_	昔(석) 3급
傾(경) 4급	_	倒(도) 3급II	季(계) 4급	_	末(말) 5급	告(고) 5급II	_	示(시) 5급
經(경) 4급II	_	歷(력) 5급II	計(계) 6급II	_	算(산) 7급	苦(고) 6급	_	辛(신) 3급
經(경) 4급II	_	理(리) 6급II	繫(계) 3급	_	束(속) 5급II	雇(고) 2급	_	傭(용) 2급
慶(경) 4급II	_	福(복) 5급II	繼(계) 4급	_	續(속) 4급II	庫(고) 4급	_	庾(유) 2급[名]
傾(경) 4급	_	斜(사) 3급II	計(계) 6급II	_	數(수) 7급	高(고) 6급II	_	埈(준) 2급[名]
境(경) 4급II	_	域(역) 4급	繼(계) 4급	_	承(승) 4급II	高(고) 6급II	_	峻(준) 2급[名]
經(경) 4급II	_	營(영) 4급	契(계) 3급II	_	約(약) 5급II	高(고) 6급II	_	崔(최) 2급[名]
傾(경) 4급	_	歪(왜) 2급	界(계) 6급II	_	域(역) 4급	高(고) 6급II	_	卓(탁) 5급
卿(경) 3급	_	尉(위) 2급	季(계) 4급	_	節(절) 5급II	高(고) 6급II	_	亢(항) 2급[名]
頃(경) 3급II	_	疇(주) 2급[名]	計(계) 6급II	_	策(책) 3급II	穀(곡) 4급	_	糧(량) 4급
競(경) 5급	_	爭(쟁) 5급	溪(계) 3급II	_	川(천) 7급	哭(곡) 3급II	_	泣(읍) 3급
慶(경) 4급II	_	祝(축) 5급	階(계) 4급	_	層(층) 4급	困(곤) 4급	_	窮(궁) 4급
慶(경) 4급II	_	賀(하) 3급II	枯(고) 3급	_	渴(갈) 3급	攻(공) 4급	_	歐(구) 2급
敬(경) 5급II	_	欽(흠) 2급[名]	故(고) 4급II	_	舊(구) 5급II	攻(공) 4급	_	擊(격) 4급
界(계) 6급II	_	境(경) 4급II	考(고) 5급	_	究(구) 4급II	恭(공) 3급II	_	敬(경) 5급II
戒(계) 4급	_	儆(경) 2급[名]	苦(고) 6급	_	難(난) 4급II	恐(공) 3급II	_	懼(구) 3급
契(계) 3급II	_	券(권) 4급	孤(고) 4급	_	獨(독) 5급II	供(공) 3급II	_	給(급) 5급
契(계) 3급II	_	締(체) 2급	考(고) 5급	_	慮(려) 4급	貢(공) 3급II	_	納(납) 4급
階(계) 4급	_	級(급) 6급	告(고) 5급II	_	白(백) 8급	共(공) 6급II	_	同(동) 7급

攻(공) 4급	_	伐(벌) 4급II	館(관) 3급II	_	閣(각) 3급II	光(광) 6급II	_	彩(채) 3급II

攻(공) 4급	_	伐(벌) 4급II	館(관) 3급II	_	閣(각) 3급II	光(광) 6급II	_	彩(채) 3급II
供(공) 3급II	_	與(여) 4급	觀(관) 5급II	_	覽(람) 4급	廣(광) 5급II	_	沆(항) 2급[名]
工(공) 7급II	_	作(작) 6급II	管(관) 4급	_	理(리) 6급II	廣(광) 5급II	_	澔(호) 2급[名]
貢(공) 3급II	_	呈(정) 2급	冠(관) 3급II	_	帽(모) 2급	光(광) 6급II	_	輝(휘) 3급
工(공) 7급II	_	造(조) 4급II	關(관) 5급II	_	鎖(쇄) 3급II	怪(괴) 3급II	_	奇(기) 4급
攻(공) 4급	_	討(토) 4급	慣(관) 3급II	_	習(습) 6급	怪(괴) 3급II	_	異(이) 4급
恐(공) 3급II	_	怖(포) 2급	觀(관) 5급II	_	視(시) 4급II	愧(괴) 3급	_	慙(참) 3급
功(공) 6급II	_	勳(훈) 2급	關(관) 5급II	_	與(여) 4급	愧(괴) 3급	_	恥(치) 3급II
空(공) 7급II	_	虛(허) 4급II	官(관) 4급II	_	爵(작) 3급	掛(괘) 3급	_	揭(게) 2급
貢(공) 3급II	_	獻(헌) 3급II	管(관) 4급	_	掌(장) 3급II	橋(교) 5급	_	梁(량) 3급II
孔(공) 4급	_	穴(혈) 3급II	觀(관) 5급II	_	察(찰) 4급II	巧(교) 3급II	_	妙(묘) 4급
果(과) 6급II	_	敢(감) 4급	貫(관) 3급II	_	徹(철) 3급II	郊(교) 3급	_	野(야) 6급
過(과) 5급II	_	去(거) 5급	貫(관) 3급II	_	通(통) 6급	矯(교) 3급	_	正(정) 7급II
果(과) 6급II	_	菓(과) 2급	款(관) 2급	_	項(항) 3급II	矯(교) 3급	_	直(직) 7급II
戈(과) 2급	_	矛(모) 2급	廣(광) 5급II	_	漠(막) 3급II	郊(교) 3급	_	坪(평) 2급
科(과) 6급II	_	目(목) 6급	光(광) 6급II	_	明(명) 6급II	敎(교) 8급	_	訓(훈) 6급
寡(과) 3급II	_	少(소) 7급	廣(광) 5급II	_	博(박) 4급II	丘(구) 3급II	_	崗(강) 2급[名]
果(과) 6급II	_	實(실) 5급II	廣(광) 5급II	_	汎(범) 2급	求(구) 4급II	_	乞(걸) 3급
過(과) 5급II	_	失(실) 6급	光(광) 6급II	_	色(색) 7급	究(구) 4급II	_	竟(경) 3급
過(과) 5급II	_	誤(오) 4급II	廣(광) 5급II	_	衍(연) 2급[名]	究(구) 4급II	_	考(고) 5급
課(과) 5급II	_	程(정) 4급II	廣(광) 5급II	_	汪(왕) 2급[名]	丘(구) 3급II	_	皐(고) 2급[名]

舊(구) 5급II	_	故(고) 4급II	群(군) 4급	_	黨(당) 4급II	窮(궁) 4급	_	盡(진) 4급
丘(구) 3급II	_	邱(구) 2급[名]	軍(군) 8급	_	旅(려) 5급II	券(권) 4급	_	契(계) 3급II
丘(구) 3급II	_	陵(릉) 3급II	軍(군) 8급	_	兵(병) 5급II	勸(권) 4급	_	勵(려) 3급II
久(구) 3급II	_	彌(미) 2급[名]	軍(군) 8급	_	士(사) 5급II	勸(권) 4급	_	勉(면) 4급
區(구) 6급	_	別(별) 6급	君(군) 4급	_	王(왕) 8급	勸(권) 4급	_	獎(장) 4급
拘(구) 3급II	_	秉(병) 2급[名]	郡(군) 6급	_	邑(읍) 7급	權(권) 4급II	_	稱(칭) 4급
丘(구) 3급II	_	阜(부) 2급[名]	君(군) 4급	_	主(주) 7급	權(권) 4급II	_	衡(형) 3급II
區(구) 6급	_	分(분) 6급II	群(군) 4급	_	衆(중) 4급II	鬼(귀) 3급II	_	神(신) 6급II
具(구) 5급II	_	備(비) 4급II	郡(군) 6급	_	縣(현) 3급	貴(귀) 5급	_	重(중) 7급
求(구) 4급II	_	索(색) 3급II	君(군) 4급	_	后(후) 2급[名]	歸(귀) 4급	_	還(환) 3급II
區(구) 6급	_	域(역) 4급	屈(굴) 4급	_	曲(곡) 5급	規(규) 5급	_	格(격) 5급II
久(구) 3급II	_	遠(원) 6급	屈(굴) 4급	_	折(절) 4급	糾(규) 3급	_	結(결) 5급II
救(구) 5급	_	援(원) 4급	窟(굴) 2급	_	穴(혈) 3급II	規(규) 5급	_	呂(려) 2급[名]
救(구) 5급	_	濟(제) 4급II	宮(궁) 4급II	_	家(가) 7급II	規(규) 5급	_	例(례) 6급
構(구) 4급	_	造(조) 4급II	窮(궁) 4급	_	困(곤) 4급	糾(규) 3급	_	明(명) 6급II
苟(구) 3급	_	且(차) 3급	窮(궁) 4급	_	究(구) 4급II	規(규) 5급	_	範(범) 4급
構(구) 4급	_	築(축) 4급II	宮(궁) 4급II	_	闕(궐) 2급	規(규) 5급	_	式(식) 6급
丘(구) 3급II	_	峙(치) 2급[名]	窮(궁) 4급	_	極(극) 4급II	規(규) 5급	_	律(율) 4급II
丘(구) 3급II	_	坡(파) 2급[名]	窮(궁) 4급	_	塞(색) 3급II	糾(규) 3급	_	察(찰) 4급II
丘(구) 3급II	_	阪(판) 2급[名]	宮(궁) 4급II	_	殿(전) 3급II	規(규) 5급	_	則(칙) 5급

規(규) 5급	_	度(탁) 6급	給(급) 5급	_	賜(사) 3급	飢(기) 3급	_	餓(아) 3급

규1		탁	급1		사	기1		아

規(규) 5급 _ 度(탁) 6급 給(급) 5급 _ 賜(사) 3급 飢(기) 3급 _ 餓(아) 3급

糾(규) 3급 _ 彈(탄) 4급 急(급) 6급II _ 速(속) 6급II 技(기) 5급 _ 藝(예) 4급II

均(균) 4급 _ 等(등) 6급II 給(급) 5급 _ 與(여) 4급 旣(기) 3급 _ 已(이) 3급II

龜(균) 3급 _ 裂(열) 3급II 急(급) 6급II _ 促(촉) 3급II 幾(기) 3급II _ 甸(전) 2급

均(균) 4급 _ 調(조) 5급II 肯(긍) 3급 _ 耽(탐) 2급[名] 旗(기) 7급 _ 旌(정) 2급[名]

均(균) 4급 _ 平(평) 7급II 棄(기) 3급 _ 却(각) 3급 基(기) 5급II _ 址(지) 2급[名]

極(극) 4급II _ 窮(궁) 4급 紀(기) 4급 _ 綱(강) 3급II 記(기) 7급II _ 識(지) 5급II

極(극) 4급II _ 端(단) 4급II 機(기) 4급II _ 甄(견) 2급[名] 祈(기) 3급II _ 祝(축) 5급

克(극) 3급II _ 勝(승) 6급 器(기) 4급 _ 械(계) 3급II 忌(기) 3급 _ 嫌(혐) 3급

極(극) 4급II _ 盡(진) 4급 奇(기) 4급 _ 怪(괴) 3급II 緊(긴) 3급II _ 要(요) 5급II

劇(극) 4급 _ 酷(혹) 2급 器(기) 4급II _ 具(구) 5급II 羅(나) 4급II _ 列(열) 4급II

謹(근) 3급 _ 毖(비) 2급[名] 基(기) 5급II _ 垈(대) 2급 絡(낙) 3급 _ 脈(맥) 4급II

根(근) 6급 _ 本(본) 6급 記(기) 7급II _ 錄(록) 4급II 落(낙) 5급 _ 墮(타) 3급

謹(근) 3급 _ 愼(신) 3급II 起(기) 4급II _ 立(립) 7급II 難(난) 4급II _ 苦(고) 6급

謹(근) 3급 _ 頊(욱) 2급[名] 企(기) 3급II _ 望(망) 5급II 納(납) 4급 _ 貢(공) 3급II

禽(금) 3급II _ 鵬(붕) 2급[名] 起(기) 4급II _ 發(발) 6급 納(납) 4급 _ 入(입) 7급

琴(금) 3급II _ 瑟(슬) 2급[名] 寄(기) 4급 _ 付(부) 3급II 納(납) 4급 _ 獻(헌) 3급II

禽(금) 3급II _ 鳥(조) 4급II 欺(기) 3급 _ 詐(사) 3급 浪(낭) 3급II _ 漫(만) 3급

金(금) 8급 _ 鐵(철) 5급 技(기) 5급 _ 術(술) 6급II 娘(낭) 3급II _ 姬(희) 2급

急(급) 6급II _ 迫(박) 3급II 己(기) 5급II _ 身(신) 6급II 耐(내) 3급II _ 忍(인) 3급II

冷(냉) 5급	凉(량) 3급II	端(단) 4급II	末(말) 5급	大(대) 8급	巨(거) 4급
冷(냉) 5급	寒(한) 5급	團(단) 5급II	圓(원) 4급II	刀(도) 3급II	劍(검) 3급II
寧(녕) 3급II	穩(온) 2급	斷(단) 4급II	切(절) 5급II	到(도) 5급II	達(달) 4급II
勞(노) 5급II	勤(근) 4급	斷(단) 4급II	絶(절) 4급II	徒(도) 4급	黨(당) 4급II
努(노) 4급II	力(력) 7급II	端(단) 4급II	正(정) 7급II	道(도) 7급II	塗(도) 3급
勞(노) 5급II	務(무) 4급II	但(단) 3급II	只(지) 3급	道(도) 7급II	途(도) 3급II
奴(노) 3급II	隷(예) 3급	達(달) 4급II	成(성) 6급II	道(도) 7급II	路(로) 6급
老(노) 7급	翁(옹) 3급	達(달) 4급II	通(통) 6급	道(도) 7급II	理(리) 6급II
綠(녹) 6급	靑(청) 8급	潭(담) 2급	塘(당) 2급[名]	逃(도) 4급	亡(망) 5급
論(논) 4급II	議(의) 4급II	談(담) 5급	說(설) 5급II	徒(도) 4급	輩(배) 3급II
農(농) 7급II	耕(경) 3급II	潭(담) 2급	沼(소) 2급[名]	渡(도) 3급II	涉(섭) 3급
濃(농) 2급	厚(후) 4급	談(담) 5급	言(언) 6급	都(도) 5급	市(시) 7급II
雷(뇌) 3급II	震(진) 3급II	潭(담) 2급	淵(연) 2급[名]	跳(도) 3급	躍(약) 3급
樓(누) 3급II	閣(각) 3급II	擔(담) 4급II	任(임) 5급II	都(도) 5급	邑(읍) 7급
樓(누) 3급II	館(관) 3급II	潭(담) 2급	池(지) 3급II	導(도) 4급II	引(인) 4급II
陵(능) 3급II	丘(구) 3급II	潭(담) 2급	澤(택) 3급II	盜(도) 4급	賊(적) 4급
斷(단) 4급II	決(결) 5급II	談(담) 5급	話(화) 7급II	盜(도) 4급	竊(절) 3급
段(단) 4급	階(계) 4급	答(답) 7급II	兪(유) 2급[名]	稻(도) 3급	稙(직) 2급[名]
單(단) 4급II	獨(독) 5급II	堂(당) 6급II	室(실) 8급	到(도) 5급II	着(착) 5급II
鍛(단) 2급	練(련) 3급II	當(당) 5급II	該(해) 3급	逃(도) 4급	趨(추) 2급

逃(도) 4급	_	避(피) 4급	爛(란) 2급	_	彬(빈) 2급[名]	麗(려) 4급II	_	姸(연) 2급[名]

逃(도)4급	_	避(피)4급	爛(란)2급	_	彬(빈)2급[名]	麗(려)4급II	_	姸(연)2급[名]
圖(도)6급II	_	畫(화)6급	爛(란)2급	_	燁(엽)2급[名]	嶺(령)3급II	_	峴(현)2급[名]
導(도)4급II	_	訓(훈)6급	爛(란)2급	_	煜(욱)2급[名]	老(로)7급	_	耆(기)2급[名]
獨(독)5급II	_	孤(고)4급	爛(란)2급	_	耀(요)2급[名]	祿(록)3급II	_	俸(봉)2급
毒(독)4급II	_	害(해)5급II	爛(란)2급	_	曜(요)5급	輪(륜)4급	_	廻(회)2급
敦(돈)3급	_	篤(독)3급	爛(란)2급	_	燦(찬)2급[名]	里(리)7급	_	閻(염)2급[名]
敦(돈)3급	_	厚(후)4급	爛(란)2급	_	華(화)4급	魔(마)2급	_	鬼(귀)3급II
突(돌)3급II	_	忽(홀)3급II	爛(란)2급	_	赫(혁)2급[名]	磨(마)3급II	_	硏(연)4급II
洞(동)7급	_	窟(굴)2급	爛(란)2급	_	輝(휘)3급	末(말)5급	_	端(단)4급II
同(동)7급	_	等(등)6급II	爛(란)2급	_	熙(희)2급	末(말)5급	_	尾(미)3급II
洞(동)7급	_	里(리)7급	朗(랑)5급II	_	亮(량)2급[名]	望(망)5급II	_	冀(기)2급[名]
動(동)7급II	_	搖(요)3급	朗(랑)5급II	_	昞(병)2급[名]	忘(망)3급	_	失(실)6급
同(동)7급	_	一(일)8급	朗(랑)5급II	_	昺(병)2급[名]	每(매)7급II	_	常(상)4급II
洞(동)7급	_	穴(혈)3급II	朗(랑)5급II	_	晟(성)2급[名]	脈(맥)4급II	_	絡(락)3급II
頭(두)6급	_	首(수)5급II	朗(랑)5급II	_	晳(석)2급[名]	麥(맥)3급II	_	牟(모)2급[名]
等(등)6급II	_	級(급)6급	朗(랑)5급II	_	昱(욱)2급[名]	盟(맹)3급II	_	誓(세)3급
等(등)6급II	_	類(류)5급II	朗(랑)5급II	_	瑩(형)2급[名]	孟(맹)3급II	_	允(윤)2급[名]
登(등)7급	_	陟(척)2급[名]	量(량)5급	_	揆(규)2급[名]	猛(맹)3급II	_	勇(용)6급II
絡(락)3급II	_	紹(소)2급	梁(량)3급II	_	樑(량)2급[名]	猛(맹)3급II	_	暴(포)4급II
爛(란)2급	_	炅(경)2급[名]	兩(량)4급II	_	貳(이)2급	勉(면)4급	_	勵(려)3급II

面(면) 7급	_	貌(모) 3급Ⅱ	睦(목) 3급Ⅱ	_	穆(목) 2급[名]	迷(미) 3급	_	惑(혹) 3급Ⅱ
面(면) 7급	_	顔(안) 3급Ⅱ	沒(몰) 3급Ⅱ	_	溺(닉) 2급	美(미) 6급	_	嬉(희) 2급[名]
面(면) 7급	_	容(용) 4급Ⅱ	茂(무) 3급Ⅱ	_	盛(성) 4급Ⅱ	憫(민) 3급	_	憐(련) 3급
滅(멸) 3급Ⅱ	_	亡(망) 5급	茂(무) 3급Ⅱ	_	旺(왕) 2급[名]	敏(민) 3급	_	速(속) 6급
明(명) 6급Ⅱ	_	光(광) 6급Ⅱ	茂(무) 3급Ⅱ	_	郁(욱) 2급[名]	迫(박) 3급Ⅱ	_	急(급) 6급Ⅱ
明(명) 6급Ⅱ	_	朗(랑) 5급Ⅱ	貿(무) 3급Ⅱ	_	易(역) 4급	朴(박) 6급	_	素(소) 4급Ⅱ
命(명) 7급	_	令(령) 5급	紊(문) 2급	_	亂(란) 4급	朴(박) 6급	_	質(질) 5급Ⅱ
明(명) 6급Ⅱ	_	白(백) 8급	文(문) 7급	_	書(서) 6급Ⅱ	迫(박) 3급Ⅱ	_	脅(협) 3급Ⅱ
名(명) 7급Ⅱ	_	稱(칭) 4급	文(문) 7급	_	章(장) 6급	飯(반) 3급Ⅱ	_	食(식) 7급Ⅱ
名(명) 7급Ⅱ	_	號(호) 6급	文(문) 7급	_	彩(채) 3급Ⅱ	飯(반) 3급Ⅱ	_	餐(찬) 2급
明(명) 6급Ⅱ	_	輝(휘) 3급	門(문) 8급	_	戶(호) 4급Ⅱ	返(반) 3급	_	還(환) 3급Ⅱ
慕(모) 3급Ⅱ	_	戀(련) 3급Ⅱ	物(물) 7급Ⅱ	_	件(건) 5급	發(발) 6급Ⅱ	_	起(기) 4급Ⅱ
侮(모) 3급	_	蔑(멸) 2급	物(물) 7급Ⅱ	_	品(품) 5급Ⅱ	發(발) 6급Ⅱ	_	敷(부) 2급
謀(모) 3급Ⅱ	_	謨(모) 2급[名]	美(미) 6급	_	麗(려) 4급Ⅱ	發(발) 6급Ⅱ	_	射(사) 4급
毛(모) 4급Ⅱ	_	髮(발) 4급	尾(미) 3급Ⅱ	_	末(말) 5급	發(발) 5급Ⅱ	_	展(전) 6급Ⅱ
模(모) 4급	_	倣(방) 3급	微(미) 3급Ⅱ	_	細(세) 4급Ⅱ	發(발) 6급Ⅱ	_	鋪(포) 2급
模(모) 4급	_	範(범) 4급	微(미) 3급Ⅱ	_	小(소) 8급	邦(방) 3급	_	國(국) 8급
慕(모) 3급Ⅱ	_	愛(애) 6급	微(미) 3급Ⅱ	_	扁(편) 2급[名]	傍(방) 3급	_	旁(방) 2급[名]
募(모) 3급	_	集(집) 6급Ⅱ	美(미) 6급	_	徽(휘) 2급[名]	方(방) 7급Ⅱ	_	道(도) 7급Ⅱ
謀(모) 3급Ⅱ	_	策(책) 3급Ⅱ	美(미) 6급	_	烋(휴) 2급[名]	放(방) 6급Ⅱ	_	釋(석) 3급Ⅱ

紡(방) 2급	_	績(적) 4급	法(법) 5급II	_	典(전) 5급II	寶(보) 4급II	_	鈺(옥) 2급[名]
方(방) 7급II	_	正(정) 7급II	法(법) 5급II	_	則(칙) 5급	保(보) 4급II	_	衛(위) 4급II
妨(방) 4급	_	害(해) 5급II	碧(벽) 3급II	_	綠(록) 6급	保(보) 4급II	_	護(호) 4급II
芳(방) 3급II	_	馨(형) 2급[名]	碧(벽) 3급II	_	靑(청) 8급	覆(복) 3급II	_	蓋(개) 3급II
配(배) 4급II	_	分(분) 6급II	變(변) 5급II	_	改(개) 5급	福(복) 5급II	_	祐(우) 2급[名]
配(배) 4급II	_	偶(우) 3급II	變(변) 5급II	_	更(경) 4급	福(복) 5급II	_	祚(조) 2급[名]
俳(배) 2급	_	優(우) 4급	變(변) 5급II	_	易(역) 4급	福(복) 5급II	_	祜(호) 2급[名]
排(배) 3급II	_	斥(척) 3급	邊(변) 4급II	_	際(제) 4급II	福(복) 5급II	_	禧(희) 2급[名]
配(배) 4급II	_	匹(필) 3급	變(변) 5급II	_	革(혁) 4급	福(복) 5급II	_	慶(경) 4급II
白(백) 8급	_	皓(호) 2급[名]	變(변) 5급II	_	化(화) 5급II	本(본) 6급	_	根(근) 6급
繁(번) 3급II	_	茂(무) 3급II	別(별) 6급	_	離(리) 4급	本(본) 6급	_	源(원) 4급
煩(번) 3급	_	數(삭) 7급	別(별) 6급	_	選(선) 5급	奉(봉) 5급II	_	仕(사) 5급II
飜(번) 3급	_	譯(역) 3급II	別(별) 6급	_	差(차) 4급	奉(봉) 5급II	_	承(승) 4급II
番(번) 6급	_	第(제) 6급II	兵(병) 5급II	_	士(사) 5급II	逢(봉) 3급II	_	遇(우) 4급
番(번) 6급	_	次(차) 4급II	兵(병) 5급II	_	卒(졸) 5급II	奉(봉) 5급II	_	獻(헌) 3급II
法(법) 5급II	_	規(규) 5급	倂(병) 2급	_	合(합) 6급	部(부) 6급II	_	隊(대) 4급II
法(법) 5급II	_	度(도) 6급	病(병) 6급	_	患(환) 5급	部(부) 6급II	_	類(류) 5급II
法(법) 5급II	_	例(례) 6급	報(보) 4급II	_	告(고) 5급II	否(부) 4급	_	弗(불) 2급
法(법) 5급II	_	律(률) 4급II	報(보) 4급II	_	道(도) 7급II	扶(부) 3급II	_	輔(보) 2급[名]
法(법) 5급II	_	式(식) 6급	報(보) 4급II	_	償(상) 3급II	扶(부) 3급II	_	毘(비) 2급[名]

附(부) 3급II	_	屬(속) 4급	奔(분) 3급II	_	走(주) 4급II	思(사) 5급	_	考(고) 5급
扶(부) 3급II	_	襄(양) 2급[名]	分(분) 6급II	_	割(할) 3급II	賜(사) 3급	_	給(급) 5급
賦(부) 3급II	_	與(여) 4급	崩(붕) 3급	_	壞(괴) 3급II	詐(사) 3급	_	欺(기) 3급
扶(부) 3급II	_	佑(우) 2급[名]	朋(붕) 3급	_	黨(당) 4급II	思(사) 5급	_	念(념) 5급II
扶(부) 3급II	_	翊(익) 2급[名]	朋(붕) 3급	_	友(우) 5급II	思(사) 5급	_	慮(려) 4급
扶(부) 3급II	_	翼(익) 3급II	悲(비) 4급II	_	慨(개) 3급	使(사) 6급	_	令(령) 5급
扶(부) 3급II	_	助(조) 4급II	比(비) 5급	_	較(교) 3급II	思(사) 5급	_	慕(모) 3급II
副(부) 4급II	_	次(차) 4급II	悲(비) 4급II	_	哀(애) 3급II	事(사) 7급II	_	務(무) 4급II
附(부) 3급II	_	着(착) 5급II	費(비) 5급	_	用(용) 6급II	士(사) 5급II	_	兵(병) 5급II
付(부) 3급II	_	託(탁) 2급	悲(비) 4급II	_	慘(참) 3급	師(사) 4급II	_	傅(부) 2급II[名]
扶(부) 3급II	_	弼(필) 2급[名]	卑(비) 3급II	_	賤(천) 3급II	思(사) 5급	_	想(상) 4급II
負(부) 4급	_	荷(하) 3급II	批(비) 4급	_	評(평) 4급	辭(사) 4급	_	說(설) 5급II
扶(부) 3급II	_	護(호) 4급II	賓(빈) 3급	_	客(객) 5급II	辭(사) 4급	_	讓(양) 3급II
憤(분) 4급	_	慨(개) 3급	貧(빈) 4급II	_	困(곤) 4급	飼(사) 2급	_	養(양) 5급II
分(분) 6급II	_	區(구) 6급	貧(빈) 4급II	_	窮(궁) 4급	士(사) 5급II	_	彦(언) 2급[名]
紛(분) 3급II	_	紊(문) 2급	聘(빙) 3급	_	召(소) 3급	事(사) 7급II	_	業(업) 6급II
墳(분) 3급	_	墓(묘) 4급	聘(빙) 3급	_	招(초) 4급	使(사) 6급	_	役(역) 3급II
分(분) 6급II	_	配(배) 4급II	寺(사) 4급II	_	伽(가) 2급[名]	査(사) 5급	_	閱(열) 3급
分(분) 6급II	_	別(별) 6급	査(사) 5급	_	檢(검) 4급II	舍(사) 4급II	_	屋(옥) 5급
分(분) 6급II	_	析(석) 3급	斜(사) 3급II	_	傾(경) 4급	思(사) 5급	_	惟(유) 3급

査(사) 5급	_	察(찰) 4급II	上(상) 7급II	_	昇(승) 3급II	釋(석) 3급II	_	放(방) 6급II
寺(사) 4급II	_	刹(찰) 2급	喪(상) 3급II	_	失(실) 6급	善(선) 5급	_	良(량) 5급II
舍(사) 4급II	_	宅(택) 5급II	祥(상) 3급	_	禎(정) 2급	鮮(선) 5급II	_	麗(려) 4급II
社(사) 6급II	_	會(회) 6급II	狀(상) 4급II	_	態(태) 4급II	船(선) 5급	_	舶(박) 2급
削(삭) 3급II	_	減(감) 4급II	相(상) 5급II	_	互(호) 3급	選(선) 5급	_	拔(발) 3급II
索(삭) 3급II	_	繩(승) 2급[名]	索(색) 3급II	_	覓(멱) 2급[名]	選(선) 5급	_	別(별) 6급
削(삭) 3급II	_	除(제) 4급II	塞(색) 3급II	_	邕(옹) 2급[名]	船(선) 5급	_	艇(정) 2급
山(산) 8급	_	陵(릉) 3급II	色(색) 7급	_	彩(채) 3급II	選(선) 5급	_	擇(택) 4급
散(산) 4급	_	漫(만) 3급	省(생) 6급II	_	減(감) 4급II	旋(선) 3급II	_	回(회) 4급II
産(산) 5급II	_	娩(만) 2급	省(생) 6급II	_	略(략) 4급	設(설) 4급II	_	施(시) 4급II
産(산) 5급II	_	生(생) 8급	生(생) 8급	_	産(산) 5급II	說(설) 5급II	_	話(화) 7급II
算(산) 7급	_	數(수) 7급	生(생) 8급	_	出(출) 7급	纖(섬) 2급	_	細(세) 4급II
山(산) 8급	_	岳(악) 3급	生(생) 8급	_	活(활) 7급II	攝(섭) 3급	_	理(리) 6급II
殺(살) 4급II	_	劉(류) 2급[名]	逝(서) 3급	_	去(거) 5급	性(성) 5급II	_	心(심) 7급
森(삼) 3급II	_	林(림) 7급	誓(서) 3급	_	盟(맹) 3급II	姓(성) 7급II	_	氏(씨) 4급
商(상) 5급II	_	賈(고) 2급[名]	恕(서) 3급II	_	赦(사) 2급	盛(성) 4급II	_	旺(왕) 2급[名]
想(상) 4급II	_	念(념) 5급II	暑(서) 3급	_	熱(열) 5급	盛(성) 4급II	_	郁(욱) 2급[名]
商(상) 5급II	_	量(량) 5급	徐(서) 3급II	_	緩(완) 3급II	聲(성) 4급II	_	音(음) 6급II
想(상) 4급II	_	思(사) 5급	書(서) 6급II	_	籍(적) 4급	省(성) 6급II	_	察(찰) 4급II
祥(상) 3급	_	瑞(서) 2급	書(서) 6급II	_	冊(책) 4급	成(성) 6급II	_	就(취) 4급

世(세) 7급II	_	界(계) 6급II	樹(수) 6급	_	林(림) 7급	淑(숙) 3급II	_	淸(청) 6급II
世(세) 7급II	_	代(대) 6급II	睡(수) 3급	_	眠(면) 3급II	宿(숙) 5급II	_	寢(침) 4급
細(세) 4급II	_	微(미) 3급II	壽(수) 3급II	_	命(명) 7급	淑(숙) 3급II	_	瀅(형) 2급[名]
洗(세) 5급II	_	濯(탁) 3급	樹(수) 6급	_	木(목) 8급	純(순) 4급II	_	潔(결) 4급II
消(소) 6급II	_	滅(멸) 3급	輸(수) 3급II	_	送(송) 4급II	巡(순) 3급II	_	廻(회) 2급
小(소) 8급	_	微(미) 3급II	修(수) 4급II	_	習(습) 6급	術(술) 6급II	_	藝(예) 4급II
素(소) 4급II	_	朴(박) 6급	收(수) 4급II	_	拾(습) 3급II	崇(숭) 4급	_	高(고) 6급II
訴(소) 3급II	_	訟(송) 3급II	修(수) 4급II	_	飾(식) 3급II	崇(숭) 4급	_	尙(상) 3급II
素(소) 4급II	_	質(질) 5급II	授(수) 4급II	_	與(여) 4급	習(습) 6급	_	慣(관) 3급II
蔬(소) 3급	_	菜(채) 3급II	守(수) 4급II	_	衛(위) 4급II	習(습) 6급	_	練(련) 5급II
損(손) 4급	_	減(감) 4급II	殊(수) 3급II	_	異(이) 4급	濕(습) 3급II	_	潤(윤) 3급II
損(손) 4급	_	傷(상) 4급	獸(수) 3급II	_	畜(축) 3급II	習(습) 6급	_	學(학) 8급
損(손) 4급	_	失(실) 6급	殊(수) 3급II	_	特(특) 6급	承(승) 4급II	_	繼(계) 4급
孫(손) 6급	_	胤(윤) 2급[名]	隨(수) 3급II	_	扈(호) 2급[名]	承(승) 4급II	_	奉(봉) 5급II
損(손) 4급	_	害(해) 5급II	收(수) 4급II	_	穫(확) 3급	時(시) 7급II	_	期(기) 5급
訟(송) 3급II	_	訴(소) 3급II	熟(숙) 3급II	_	練(련) 5급II	施(시) 4급II	_	設(설) 4급II
衰(쇠) 3급II	_	弱(약) 6급II	淑(숙) 3급II	_	湜(식) 2급[名]	始(시) 6급II	_	創(창) 4급II
秀(수) 4급	_	傑(걸) 4급	肅(숙) 4급	_	嚴(엄) 4급	始(시) 6급II	_	初(초) 5급
首(수) 5급II	_	頭(두) 6급	淑(숙) 3급II	_	晶(정) 2급[名]	試(시) 4급II	_	驗(험) 4급II
受(수) 4급II	_	領(령) 5급	淑(숙) 3급II	_	澈(철) 2급[名]	息(식) 4급II	_	憩(게) 2급

式(식)	_	例(례)	兒(아)	_	童(동)	略(약)	_	省(생)
6급		6급	5급Ⅱ		6급Ⅱ	4급		6급Ⅱ
飾(식)	_	粧(장)	樂(악)	_	歌(가)	約(약)	_	束(속)
3급Ⅱ		3급Ⅱ	6급Ⅱ		7급	5급Ⅱ		5급Ⅱ
植(식)	_	栽(재)	安(안)	_	康(강)	藥(약)	_	濟(제)
7급		3급Ⅱ	7급		4급	6급Ⅱ		2급
式(식)	_	典(전)	安(안)	_	寧(녕)	掠(약)	_	奪(탈)
6급		5급Ⅱ	7급Ⅱ		3급Ⅱ	3급		3급Ⅱ
申(신)	_	告(고)	顔(안)	_	面(면)	揚(양)	_	揭(게)
4급Ⅱ		5급Ⅱ	3급Ⅱ		7급	3급Ⅱ		2급
辛(신)	_	苦(고)	眼(안)	_	目(목)	糧(양)	_	穀(곡)
3급		6급	4급Ⅱ		6급	4급		4급
神(신)	_	鬼(귀)	安(안)	_	全(전)	楊(양)	_	柳(류)
6급Ⅱ		3급Ⅱ	7급Ⅱ		7급Ⅱ	3급		4급
愼(신)	_	謹(근)	安(안)	_	平(평)	良(양)	_	善(선)
3급Ⅱ		3급	7급Ⅱ		7급Ⅱ	5급Ⅱ		5급
神(신)	_	靈(령)	暗(암)	_	冥(명)	養(양)	_	育(육)
6급Ⅱ		3급Ⅱ	4급Ⅱ		3급	5급Ⅱ		7급
辛(신)	_	烈(열)	壓(압)	_	抑(억)	諒(양)	_	知(지)
3급		4급	4급Ⅱ		3급Ⅱ	3급		5급Ⅱ
伸(신)	_	張(장)	殃(앙)	_	災(재)	樣(양)	_	態(태)
3급		4급	3급		5급	4급		4급Ⅱ
愼(신)	_	重(중)	殃(앙)	_	禍(화)	壤(양)	_	土(토)
3급Ⅱ		7급	3급		3급Ⅱ	3급Ⅱ		8급
身(신)	_	體(체)	哀(애)	_	悼(도)	良(양)	_	好(호)
6급Ⅱ		6급Ⅱ	3급Ⅱ		2급	5급Ⅱ		4급Ⅱ
室(실)	_	家(가)	愛(애)	_	戀(련)	御(어)	_	領(령)
8급		7급Ⅱ	6급		3급Ⅱ	3급Ⅱ		5급
實(실)	_	果(과)	愛(애)	_	慕(모)	語(어)	_	辭(사)
5급Ⅱ		6급Ⅱ	6급		3급Ⅱ	7급		4급
失(실)	_	敗(패)	涯(애)	_	洙(수)	抑(억)	_	壓(압)
6급		5급	3급		2급[名]	3급Ⅱ		4급Ⅱ
尋(심)	_	訪(방)	涯(애)	_	墺(오)	言(언)	_	談(담)
3급		4급Ⅱ	3급		2급[名]	6급		5급
審(심)	_	査(사)	涯(애)	_	汀(정)	言(언)	_	辭(사)
3급Ⅱ		5급	3급		2급[名]	6급		4급
心(심)	_	性(성)	厄(액)	_	禍(화)	言(언)	_	說(설)
7급		5급Ⅱ	3급		3급Ⅱ	6급		5급Ⅱ
阿(아)	_	丘(구)	約(약)	_	結(결)	言(언)	_	語(어)
3급Ⅱ		3급Ⅱ	5급Ⅱ		5급Ⅱ	6급		7급

嚴(엄) 4급	肅(숙) 4급	硏(연) 4급Ⅱ	修(수) 4급Ⅱ	領(영) 5급	受(수) 4급Ⅱ
業(업) 6급Ⅱ	務(무) 4급Ⅱ	練(연) 5급Ⅱ	習(습) 6급	靈(영) 3급Ⅱ	神(신) 6급Ⅱ
業(업) 6급Ⅱ	事(사) 7급Ⅱ	戀(연) 3급Ⅱ	愛(애) 6급	映(영) 4급	暎(영) 2급[名]
餘(여) 4급Ⅱ	暇(가) 4급	緣(연) 4급	因(인) 5급	永(영) 6급	遠(원) 6급
輿(여) 3급	軻(가) 2급	燃(연) 4급	焦(초) 2급	詠(영) 3급	吟(음) 3급
旅(여) 5급Ⅱ	客(객) 5급Ⅱ	悅(열) 3급Ⅱ	樂(락) 6급Ⅱ	映(영) 4급	照(조) 3급Ⅱ
女(여) 8급	娘(랑) 3급Ⅱ	閱(열) 3급	覽(람) 4급	詠(영) 3급	唱(창) 5급
輿(여) 3급	輛(량) 2급	閱(열) 3급	視(시) 4급Ⅱ	領(영) 5급	統(통) 4급Ⅱ
麗(여) 4급Ⅱ	美(미) 6급	悅(열) 3급Ⅱ	怡(이) 2급[名]	英(영) 6급	特(특) 6급
輿(여) 3급	地(지) 7급	閱(열) 3급	眼(안) 4급Ⅱ	靈(영) 3급Ⅱ	魂(혼) 3급Ⅱ
域(역) 4급	境(경) 4급Ⅱ	悅(열) 3급Ⅱ	兌(태) 2급[名]	榮(영) 4급Ⅱ	華(화) 4급
役(역) 3급Ⅱ	使(사) 6급	念(염) 5급Ⅱ	慮(려) 4급	例(예) 6급	規(규) 5급
易(역) 4급	兌(태) 2급[名]	炎(염) 3급Ⅱ	炳(병) 2급[名]	銳(예) 3급	利(리) 6급Ⅱ
硏(연) 4급Ⅱ	究(구) 4급Ⅱ	炎(염) 3급Ⅱ	燮(섭) 2급[名]	例(예) 6급	法(법) 5급Ⅱ
硏(연) 4급Ⅱ	磨(마) 3급Ⅱ	念(염) 5급Ⅱ	想(상) 4급Ⅱ	藝(예) 4급Ⅱ	術(술) 6급Ⅱ
戀(연) 3급Ⅱ	慕(모) 3급Ⅱ	詠(영) 3급	歌(가) 7급	例(예) 6급	式(식) 6급
憐(연) 3급	憫(민) 3급	永(영) 6급	久(구) 3급Ⅱ	例(예) 6급	典(전) 5급Ⅱ
年(연) 8급	歲(세) 5급Ⅱ	映(영) 4급	燾(도) 2급[名]	梧(오) 2급	桐(동) 2급
燃(연) 4급	燒(소) 3급	零(영) 3급	落(락) 5급	娛(오) 3급	樂(락) 6급Ⅱ
連(연) 4급Ⅱ	續(속) 4급Ⅱ	領(영) 5급	率(솔) 3급Ⅱ	誤(오) 4급Ⅱ	謬(류) 2급

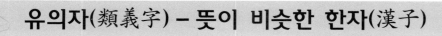

傲(오) 3급	慢(만) 3급	浴(욕) 5급	沐(목) 2급	越(월) 3급II	踰(유) 2급[名]
誤(오) 4급II	錯(착) 3급II	勇(용) 6급II	敢(감) 4급	偉(위) 5급II	大(대) 8급
汚(오) 3급	濁(탁) 3급	勇(용) 6급II	猛(맹) 3급II	委(위) 4급	任(임) 5급II
玉(옥) 4급II	瓊(경) 2급[名]	容(용) 4급II	貌(모) 3급II	違(위) 3급	錯(착) 3급II
屋(옥) 5급	舍(사) 4급II	用(용) 6급II	費(비) 5급	委(위) 4급	託(탁) 2급
玉(옥) 4급II	璿(선) 2급[名]	庸(용) 3급	常(상) 4급II	危(위) 4급	殆(태) 3급II
屋(옥) 5급	宇(우) 3급II	憂(우) 3급II	慮(려) 4급	悠(유) 3급II	久(구) 3급II
玉(옥) 4급II	瑗(원) 2급[名]	憂(우) 3급II	愁(수) 3급II	流(유) 5급II	浪(랑) 3급II
溫(온) 6급	暖(난) 4급II	羽(우) 3급II	翼(익) 3급II	儒(유) 4급	士(사) 5급II
穩(온) 2급	全(전) 7급II	宇(우) 3급II	宙(주) 3급II	幼(유) 3급II	少(소) 7급
緩(완) 3급II	徐(서) 3급II	憂(우) 3급II	患(환) 5급	遺(유) 4급	失(실) 6급
完(완) 5급	全(전) 7급II	運(운) 6급II	動(동) 7급II	裕(유) 3급II	足(족) 7급II
畏(외) 3급	懼(구) 3급	運(운) 6급II	搬(반) 2급	留(유) 4급II	住(주) 7급
要(요) 5급II	求(구) 4급II	云(운) 3급	謂(위) 3급II	油(유) 6급	脂(지) 2급
要(요) 5급II	緊(긴) 3급II	援(원) 4급	救(구) 5급	幼(유) 3급II	稚(치) 3급II
搖(요) 3급	動(동) 7급II	願(원) 5급	望(망) 5급II	遊(유) 4급	戲(희) 3급II
料(요) 5급	量(량) 5급	院(원) 5급	宇(우) 3급II	肉(육) 4급II	身(신) 6급II
遙(요) 3급	遼(료) 2급[名]	園(원) 6급	苑(원) 2급	育(육) 7급	養(양) 5급II
遙(요) 3급	遠(원) 6급	元(원) 5급II	霸(패) 2급	陸(육) 5급II	地(지) 7급
料(요) 5급	度(탁) 6급	怨(원) 4급	恨(한) 4급	肉(육) 4급II	體(체) 6급II

潤(윤)	_	濕(습)	衣(의)	_	服(복)	一(일)	_	同(동)
3급II		3급II	6급		6급	8급		7급
潤(윤)	_	澤(택)	意(의)	_	思(사)	一(일)	_	壹(일)
3급II		3급II	6급II		5급	8급		2급
律(율)	_	法(법)	意(의)	_	義(의)	賃(임)	_	貸(대)
4급II		5급II	6급II		4급II	3급II		3급II
隆(융)	_	盛(성)	意(의)	_	志(지)	入(입)	_	納(납)
3급II		4급II	6급II		4급II	7급		4급
隆(융)	_	昌(창)	意(의)	_	旨(지)	自(자)	_	己(기)
3급II		3급II	6급II		2급	7급II		5급II
融(융)	_	通(통)	意(의)	_	趣(취)	諮(자)	_	問(문)
2급		6급	6급II		4급	2급		7급
隆(융)	_	興(흥)	離(이)	_	別(별)	姿(자)	_	貌(모)
3급II		4급II	4급		6급	4급		3급II
融(융)	_	和(화)	移(이)	_	運(운)	慈(자)	_	愛(애)
2급		6급II	4급II		6급II	3급II		6급
隱(은)	_	祕(비)	利(이)	_	益(익)	慈(자)	_	仁(인)
4급		4급	6급II		4급II	3급II		4급
恩(은)	_	惠(혜)	移(이)	_	轉(전)	資(자)	_	財(재)
4급II		4급II	4급II		4급	4급		5급II
淫(음)	_	姦(간)	引(인)	_	牽(견)	資(자)	_	質(질)
3급II		3급	4급II		3급	4급		5급II
音(음)	_	聲(성)	刃(인)	_	斤(근)	刺(자)	_	衝(충)
6급II		4급II	2급		3급	3급II		3급II
吟(음)	_	詠(영)	忍(인)	_	耐(내)	資(자)	_	貨(화)
3급		3급	3급II		3급II	4급		4급II
音(음)	_	韻(운)	引(인)	_	導(도)	殘(잔)	_	餘(여)
6급II		3급II	4급II		4급II	4급		4급II
泣(읍)	_	哭(곡)	引(인)	_	拉(랍)	掌(장)	_	管(관)
3급		3급II	4급II		2급	3급II		4급
依(의)	_	據(거)	認(인)	_	識(식)	長(장)	_	久(구)
4급		4급	4급II		5급II	8급		3급II
議(의)	_	論(논)	引(인)	_	惹(야)	獎(장)	_	勸(권)
4급II		4급II	4급II		2급	4급		4급
宜(의)	_	當(당)	因(인)	_	緣(연)	獎(장)	_	勵(려)
3급		5급II	5급		4급	4급		3급II
醫(의)	_	療(료)	仁(인)	_	慈(자)	帳(장)	_	幕(막)
6급		2급	4급		3급II	4급		3급II
依(의)	_	倣(방)	認(인)	_	知(지)	丈(장)	_	夫(부)
4급		3급	4급II		5급II	3급II		7급

將(장) 4급II	_	帥(수) 3급II	積(적) 4급	_	貯(저) 5급	接(접) 4급II	_	續(속) 4급II
裝(장) 4급	_	飾(식) 3급II	寂(적) 3급II	_	靜(정) 4급	淨(정) 3급II	_	潔(결) 4급II
障(장) 4급II	_	礙(애) 2급	積(적) 4급	_	蓄(축) 4급II	停(정) 5급	_	留(류) 4급II
才(재) 6급II	_	術(술) 6급II	典(전) 5급II	_	例(례) 6급	正(정) 7급II	_	方(방) 7급II
栽(재) 3급II	_	植(식) 7급	典(전) 5급II	_	範(범) 4급	征(정) 3급II	_	伐(벌) 4급II
災(재) 5급	_	殃(앙) 3급	典(전) 5급II	_	法(법) 5급II	情(정) 5급II	_	意(의) 6급II
災(재) 5급	_	厄(액) 3급	典(전) 5급II	_	式(식) 6급	靜(정) 4급	_	寂(적) 3급II
才(재) 6급II	_	藝(예) 4급II	全(전) 7급II	_	完(완) 5급	整(정) 4급	_	齊(제) 3급II
災(재) 5급	_	禍(화) 3급II	典(전) 5급II	_	律(율) 4급II	停(정) 5급	_	住(주) 7급
財(재) 5급II	_	貨(화) 4급II	轉(전) 4급	_	移(이) 4급II	停(정) 5급	_	駐(주) 2급
爭(쟁) 5급	_	競(경) 5급	戰(전) 6급II	_	爭(쟁) 5급	停(정) 5급	_	止(지) 5급
爭(쟁) 5급	_	鬪(투) 4급	典(전) 5급II	_	籍(적) 4급	正(정) 7급II	_	直(직) 7급II
著(저) 3급II	_	述(술) 3급II	戰(전) 6급II	_	鬪(투) 4급	貞(정) 3급II	_	直(직) 7급II
著(저) 3급II	_	作(작) 6급II	錢(전) 4급	_	幣(폐) 3급	偵(정) 2급	_	探(탐) 4급
貯(저) 5급	_	積(적) 4급	轉(전) 4급	_	回(회) 4급II	除(제) 4급II	_	減(감) 4급II
貯(저) 5급	_	蓄(축) 4급II	節(절) 5급II	_	季(계) 4급	題(제) 6급II	_	目(목) 6급
抵(저) 3급II	_	抗(항) 4급	切(절) 5급II	_	斷(단) 4급II	祭(제) 4급II	_	祀(사) 3급II
笛(적) 3급II	_	琯(관) 2급[名]	絶(절) 4급II	_	斷(단) 4급II	帝(제) 4급	_	王(왕) 8급
賊(적) 4급	_	盜(도) 4급	竊(절) 3급	_	盜(도) 4급	製(제) 4급II	_	作(작) 6급II
積(적) 4급	_	累(루) 3급II	店(점) 5급II	_	鋪(포) 2급	齊(제) 3급II	_	整(정) 4급

製(제) 4급II	_	造(조) 4급II	終(종) 5급	_	末(말) 5급	憎(증) 3급II	_	惡(오) 5급II
第(제) 6급II	_	次(차) 4급II	終(종) 5급	_	止(지) 5급	贈(증) 3급	_	呈(정) 2급
第(제) 6급II	_	宅(택) 5급II	綜(종) 2급	_	合(합) 6급	知(지) 5급II	_	識(식) 5급II
調(조) 5급II	_	均(균) 4급	座(좌) 4급	_	席(석) 6급	地(지) 7급	_	輿(여) 3급
租(조) 3급II	_	賦(부) 3급II	罪(죄) 5급	_	過(과) 5급II	志(지) 4급II	_	意(의) 6급II
租(조) 3급II	_	稅(세) 4급II	住(주) 7급	_	居(거) 4급	智(지) 4급	_	慧(혜) 3급II
早(조) 4급II	_	速(속) 6급	主(주) 7급	_	君(군) 4급	珍(진) 4급	_	寶(보) 4급II
照(조) 3급II	_	映(영) 4급	州(주) 5급II	_	郡(군) 6급	辰(진) 3급II	_	宿(수) 5급II
造(조) 4급II	_	作(작) 6급II	駐(주) 2급	_	留(류) 4급II	眞(진) 4급II	_	實(실) 5급II
組(조) 4급	_	織(직) 4급	舟(주) 3급	_	船(선) 5급	陳(진) 3급II	_	列(열) 4급II
調(조) 5급II	_	和(화) 6급II	珠(주) 3급II	_	玉(옥) 4급II	進(진) 4급II	_	出(출) 7급
尊(존) 4급II	_	高(고) 6급II	周(주) 4급	_	圍(위) 4급	進(진) 4급II	_	就(취) 4급
尊(존) 4급II	_	貴(귀) 5급	朱(주) 4급	_	紅(홍) 4급	質(질) 5급II	_	朴(박) 6급
尊(존) 4급II	_	崇(숭) 4급	俊(준) 3급	_	傑(걸) 4급	疾(질) 3급II	_	病(병) 6급
存(존) 4급	_	在(재) 6급	遵(준) 3급	_	守(수) 4급II	窒(질) 2급	_	塞(색) 3급II
拙(졸) 3급	_	劣(렬) 3급	重(중) 7급	_	複(복) 4급	秩(질) 3급II	_	序(서) 5급
卒(졸) 5급II	_	兵(병) 5급II	中(중) 8급	_	央(앙) 3급II	質(질) 5급II	_	素(소) 4급II
終(종) 5급	_	結(결) 5급II	增(증) 4급II	_	加(가) 5급	質(질) 5급II	_	正(정) 7급II
終(종) 5급	_	端(단) 4급II	贈(증) 3급	_	給(급) 5급	疾(질) 3급II	_	患(환) 5급
終(종) 5급	_	了(료) 3급	贈(증) 3급	_	與(여) 4급	集(집) 6급II	_	團(단) 5급II

集(집) 6급II	_	募(모) 3급	彩(채) 3급II	_	紋(문) 3급II
集(집) 6급II	_	會(회) 6급II	彩(채) 3급II	_	色(색) 7급
懲(징) 3급	_	戒(계) 4급	菜(채) 3급II	_	蔬(소) 3급
徵(징) 3급II	_	聘(빙) 3급	採(채) 4급	_	擇(택) 4급
徵(징) 3급II	_	收(수) 4급II	策(책) 3급II	_	謀(모) 3급II
差(차) 4급	_	別(별) 6급	冊(책) 4급	_	書(서) 6급II
差(차) 4급	_	異(이) 4급	責(책) 5급II	_	任(임) 5급II
次(차) 4급II	_	第(제) 6급II	踐(천) 3급II	_	踏(답) 3급II
錯(착) 3급II	_	誤(오) 4급II	淺(천) 3급II	_	薄(박) 3급II
讚(찬) 4급	_	譽(예) 3급II	天(천) 7급	_	覆(부) 3급II
贊(찬) 3급II	_	助(조) 4급II	鐵(철) 5급	_	鋼(강) 3급II
察(찰) 4급II	_	見(견) 5급II	撤(철) 2급	_	收(수) 4급II
察(찰) 4급II	_	觀(관) 5급II	添(첨) 3급	_	加(가) 5급
慙(참) 3급	_	愧(괴) 3급	尖(첨) 3급	_	端(단) 4급II
參(참) 5급II	_	與(여) 4급	淸(청) 6급II	_	潔(결) 4급II
唱(창) 5급	_	歌(가) 7급	靑(청) 8급	_	綠(록) 6급
倉(창) 3급II	_	庫(고) 4급	聽(청) 4급	_	聞(문) 6급II
創(창) 4급II	_	始(시) 6급II	靑(청) 8급	_	碧(벽) 3급II
創(창) 4급II	_	作(작) 6급II	淸(청) 6급II	_	淑(숙) 3급II
創(창) 4급II	_	初(초) 5급	淸(청) 6급II	_	淨(정) 3급II
靑(청) 8급	_	蒼(창) 3급II			
替(체) 3급	_	代(대) 6급II			
滯(체) 3급II	_	塞(색) 3급II			
體(체) 6급II	_	身(신) 6급II			
替(체) 3급	_	換(환) 3급II			
超(초) 3급II	_	過(과) 5급II			
招(초) 4급	_	聘(빙) 3급			
超(초) 3급II	_	越(월) 3급II			
初(초) 5급	_	創(창) 4급II			
促(촉) 3급II	_	急(급) 6급II			
促(촉) 3급II	_	迫(박) 3급II			
村(촌) 7급	_	落(락) 5급			
村(촌) 7급	_	里(리) 7급			
寸(촌) 8급	_	節(절) 5급II			
聰(총) 3급	_	明(명) 6급II			
催(최) 3급II	_	促(촉) 3급II			
抽(추) 3급	_	拔(발) 3급II			
追(추) 3급II	_	隨(수) 3급II			
追(추) 3급II	_	從(종) 4급			
祝(축) 5급	_	慶(경) 4급II			

築(축) 4급Ⅱ	構(구) 4급	墮(타) 3급	落(락) 5급	統(통) 4급Ⅱ	領(령) 5급
畜(축) 3급Ⅱ	牛(우) 5급	度(탁) 6급	量(량) 5급	統(통) 4급Ⅱ	率(솔) 3급Ⅱ
蓄(축) 4급Ⅱ	積(적) 4급	濁(탁) 3급	汚(오) 3급	統(통) 4급Ⅱ	帥(수) 3급Ⅱ
出(출) 7급	生(생) 8급	卓(탁) 5급	越(월) 3급Ⅱ	通(통) 6급	徹(철) 3급Ⅱ
衝(충) 3급Ⅱ	激(격) 4급	奪(탈) 3급Ⅱ	掠(략) 3급	洞(통) 7급	通(통) 6급
衝(충) 3급Ⅱ	突(돌) 3급Ⅱ	探(탐) 4급	求(구) 4급Ⅱ	通(통) 6급	透(투) 3급Ⅱ
充(충) 5급Ⅱ	滿(만) 4급Ⅱ	探(탐) 4급	訪(방) 4급Ⅱ	統(통) 4급Ⅱ	合(합) 6급
趣(취) 4급	意(의) 6급Ⅱ	探(탐) 4급	索(색) 3급Ⅱ	退(퇴) 4급Ⅱ	却(각) 3급
側(측) 3급Ⅱ	傍(방) 3급	貪(탐) 3급	慾(욕) 3급Ⅱ	鬪(투) 4급	爭(쟁) 5급
測(측) 4급Ⅱ	度(탁) 6급	貪(탐) 3급	抛(포) 2급	鬪(투) 4급	戰(전) 6급Ⅱ
層(층) 4급	階(계) 4급	怠(태) 3급	慢(만) 3급	透(투) 3급Ⅱ	徹(철) 3급Ⅱ
治(치) 4급Ⅱ	理(리) 6급Ⅱ	態(태) 4급Ⅱ	樣(양) 4급	透(투) 3급Ⅱ	浸(침) 3급Ⅱ
稚(치) 3급Ⅱ	幼(유) 3급Ⅱ	泰(태) 3급Ⅱ	平(평) 7급Ⅱ	透(투) 3급Ⅱ	通(통) 6급
侵(침) 4급Ⅱ	掠(략) 3급	宅(택) 5급Ⅱ	舍(사) 4급Ⅱ	投(투) 4급	抛(포) 2급
沈(침) 3급Ⅱ	沒(몰) 3급Ⅱ	討(토) 4급	伐(벌) 4급Ⅱ	特(특) 6급	殊(수) 3급Ⅱ
沈(침) 3급Ⅱ	默(묵) 3급Ⅱ	土(토) 8급	壤(양) 3급Ⅱ	特(특) 6급	異(이) 4급
侵(침) 4급Ⅱ	犯(범) 4급	土(토) 8급	地(지) 7급	波(파) 4급Ⅱ	浪(랑) 3급Ⅱ
沈(침) 3급Ⅱ	潛(잠) 3급Ⅱ	通(통) 6급	貫(관) 3급Ⅱ	把(파) 3급	握(악) 2급
浸(침) 3급Ⅱ	透(투) 3급Ⅱ	洞(통) 7급	達(달) 4급Ⅱ	判(판) 4급	決(결) 5급Ⅱ
打(타) 5급	擊(격) 4급	通(통) 6급	達(달) 4급Ⅱ	販(판) 3급	賣(매) 5급

敗(패) 5급	_	亡(망) 5급	暴(폭) 4급Ⅱ	_	露(로) 3급Ⅱ	抗(항) 4급	_	拒(거) 4급

敗(패) 5급 _ 亡(망) 5급 　　暴(폭) 4급Ⅱ _ 露(로) 3급Ⅱ　　抗(항) 4급 _ 拒(거) 4급

敗(패) 5급 _ 北(배) 8급 　　表(표) 6급Ⅱ _ 皮(피) 3급Ⅱ　　航(항) 4급Ⅱ _ 船(선) 5급

偏(편) 3급Ⅱ _ 僻(벽) 2급 　　品(품) 5급Ⅱ _ 件(건) 5급　　該(해) 3급 _ 當(당) 5급Ⅱ

便(편) 7급 _ 安(안) 7급Ⅱ 　　品(품) 5급Ⅱ _ 物(물) 7급Ⅱ　　害(해) 5급Ⅱ _ 毒(독) 4급Ⅱ

平(평) 7급Ⅱ _ 均(균) 4급 　　豊(풍) 4급Ⅱ _ 足(족) 7급Ⅱ　　解(해) 4급Ⅱ _ 放(방) 6급Ⅱ

平(평) 7급Ⅱ _ 等(등) 6급Ⅱ 　　豊(풍) 4급Ⅱ _ 厚(후) 4급　　解(해) 4급Ⅱ _ 散(산) 4급

平(평) 7급Ⅱ _ 安(안) 7급Ⅱ 　　疲(피) 4급 _ 困(곤) 4급　　解(해) 4급Ⅱ _ 釋(석) 3급Ⅱ

平(평) 7급Ⅱ _ 和(화) 6급Ⅱ 　　疲(피) 4급 _ 勞(로) 5급Ⅱ　　解(해) 4급Ⅱ _ 消(소) 6급Ⅱ

廢(폐) 3급Ⅱ _ 棄(기) 3급 　　皮(피) 3급Ⅱ _ 膚(부) 2급　　害(해) 5급Ⅱ _ 損(손) 4급

廢(폐) 3급Ⅱ _ 亡(망) 5급 　　皮(피) 3급Ⅱ _ 革(혁) 4급　　海(해) 7급Ⅱ _ 洋(양) 6급

弊(폐) 3급Ⅱ _ 害(해) 5급Ⅱ 　　畢(필) 3급Ⅱ _ 竟(경) 3급　　海(해) 7급Ⅱ _ 滄(창) 2급

抛(포) 2급 _ 棄(기) 3급 　　下(하) 7급Ⅱ _ 降(강) 4급　　行(행) 6급 _ 動(동) 7급Ⅱ

抱(포) 3급 _ 擁(옹) 3급 　　賀(하) 3급Ⅱ _ 慶(경) 4급Ⅱ　　行(행) 6급 _ 爲(위) 4급Ⅱ

包(포) 4급Ⅱ _ 容(용) 4급Ⅱ 　　河(하) 5급 _ 川(천) 7급　　香(향) 4급Ⅱ _ 馥(복) 2급[名]

包(포) 4급Ⅱ _ 圍(위) 4급 　　學(학) 8급 _ 習(습) 6급　　香(향) 4급Ⅱ _ 芬(분) 2급[名]

捕(포) 3급Ⅱ _ 捉(착) 3급 　　寒(한) 5급 _ 冷(랭) 5급　　香(향) 4급Ⅱ _ 闇(은) 2급[名]

暴(포) 4급Ⅱ _ 虐(학) 2급 　　恨(한) 4급 _ 歎(탄) 4급　　鄕(향) 4급Ⅱ _ 村(촌) 7급

包(포) 4급Ⅱ _ 含(함) 3급Ⅱ 　　陷(함) 3급Ⅱ _ 沒(몰) 3급Ⅱ　　許(허) 5급 _ 可(가) 5급

抱(포) 3급 _ 懷(회) 3급Ⅱ 　　艦(함) 2급 _ 船(선) 5급　　虛(허) 4급Ⅱ _ 空(공) 7급Ⅱ

捕(포) 3급Ⅱ _ 獲(획) 3급Ⅱ 　　艦(함) 2급 _ 艇(정) 2급　　許(허) 5급 _ 諾(락) 3급Ⅱ

虛(허) 4급II	_	無(무) 5급	形(형) 6급II	_	容(용) 4급II	話(화) 7급II	_	說(설) 5급II
虛(허) 4급II	_	僞(위) 3급II	形(형) 6급II	_	態(태) 4급II	禍(화) 3급II	_	殃(앙) 3급
獻(헌) 3급II	_	納(납) 4급	慧(혜) 3급II	_	睿(예) 2급[名]	禍(화) 3급II	_	厄(액) 3급
憲(헌) 4급	_	法(법) 5급II	惠(혜) 4급II	_	恩(은) 4급II	話(화) 7급II	_	言(언) 6급
懸(현) 3급II	_	掛(괘) 3급	慧(혜) 3급II	_	智(지) 4급	禍(화) 3급II	_	災(재) 5급
賢(현) 4급II	_	良(량) 5급II	惠(혜) 4급II	_	澤(택) 3급II	貨(화) 4급II	_	財(재) 5급II
玄(현) 3급II	_	妙(묘) 4급	毫(호) 3급	_	毛(모) 4급II	和(화) 6급II	_	平(평) 7급II
絃(현) 3급	_	線(선) 6급II	毫(호) 3급	_	髮(발) 4급	貨(화) 4급II	_	幣(폐) 3급
顯(현) 4급	_	著(저) 3급II	互(호) 3급	_	相(상) 5급II	和(화) 6급II	_	協(협) 4급II
顯(현) 4급	_	現(현) 6급II	酷(혹) 2급	_	甚(심) 3급II	確(확) 4급II	_	固(고) 5급
嫌(혐) 3급	_	忌(기) 3급	混(혼) 4급	_	亂(란) 4급	還(환) 3급II	_	歸(귀) 4급
嫌(혐) 3급	_	惡(오) 5급II	魂(혼) 3급II	_	靈(령) 3급II	歡(환) 4급	_	悅(열) 3급II
峽(협) 2급	_	谷(곡) 3급II	昏(혼) 3급	_	冥(명) 3급	患(환) 5급	_	憂(우) 3급II
脅(협) 3급II	_	迫(박) 3급II	婚(혼) 4급	_	姻(인) 3급	歡(환) 4급	_	喜(희) 4급
協(협) 4급II	_	和(화) 6급II	混(혼) 4급	_	雜(잡) 4급	皇(황) 3급II	_	王(왕) 8급
形(형) 6급II	_	貌(모) 3급II	混(혼) 4급	_	濁(탁) 3급	皇(황) 3급II	_	帝(제) 4급
刑(형) 4급	_	罰(벌) 4급II	鴻(홍) 3급	_	雁(안) 3급	荒(황) 3급II	_	廢(폐) 3급II
形(형) 6급II	_	像(상) 3급II	畫(화) 6급	_	圖(도) 6급II	回(회) 4급II	_	歸(귀) 4급
形(형) 6급II	_	象(상) 4급	和(화) 6급II	_	睦(목) 3급II	會(회) 6급II	_	社(사) 6급II
形(형) 6급II	_	式(식) 6급	化(화) 5급II	_	變(변) 5급II	回(회) 4급II	_	旋(선) 3급II

回(회) 4급II	_	轉(전) 4급	輝(휘) 3급	_	光(광) 6급II	興(흥) 4급II	_	隆(륭) 3급II
會(회) 6급II	_	集(집) 6급II	休(휴) 7급	_	憩(게) 2급	稀(희) 3급II	_	貴(귀) 5급
懷(회) 3급II	_	抱(포) 3급	携(휴) 3급	_	帶(대) 4급II	喜(희) 4급	_	樂(락) 6급II
悔(회) 3급II	_	恨(한) 4급	休(휴) 7급	_	息(식) 4급II	希(희) 4급II	_	望(망) 5급II
獲(획) 3급II	_	得(득) 4급II	凶(흉) 5급II	_	猛(맹) 3급II	稀(희) 3급II	_	少(소) 7급
曉(효) 3급	_	晨(신) 3급	凶(흉) 5급II	_	惡(악) 5급II	喜(희) 4급	_	悅(열) 3급II
訓(훈) 6급	_	敎(교) 8급	凶(흉) 5급II	_	暴(포) 4급II	希(희) 4급II	_	願(원) 5급
訓(훈) 6급	_	導(도) 4급II	吸(흡) 4급II	_	飮(음) 6급II	戲(희) 3급II	_	遊(유) 4급
毁(훼) 3급	_	壞(괴) 3급II	興(흥) 4급II	_	起(기) 4급II			

架空(가공) 3급II 7급II	虛構(허구) 4급II 4급	決心(결심) 5급II 7급	覺悟(각오) 4급 3급II	過激(과격) 5급II 4급	急進(급진) 6급II 4급II
佳氣(가기) 3급II 7급II	瑞氣(서기) 2급 7급II	敬老(경로) 5급II 7급	尙齒(상치) 3급II 4급II	瓜年(과년) 2급 8급	瓜滿(과만) 2급 4급II
佳約(가약) 3급II 5급II	婚約(혼약) 4급 5급II	驚蔘(경삼) 4급 2급	長蘆(장로) 8급 2급[名]	管見(관견) 4급 5급II	短見(단견) 6급II 5급II
角逐(각축) 6급II 3급	逐鹿(축록) 3급 3급	敬仰(경앙) 5급II 3급II	仰慕(앙모) 3급II 3급II	冠省(관생) 3급II 6급II	除煩(제번) 4급II 3급
簡拔(간발) 4급 3급II	選拔(선발) 5급 3급II	傾向(경향) 4급 6급	動向(동향) 7급II 6급	廣才(광재) 5급II 6급II	逸才(일재) 3급II 6급II
干城(간성) 4급 4급II	棟梁(동량) 2급 3급II	計略(계략) 6급II 4급	方略(방략) 7급II 4급	交番(교번) 6급 6급	遞番(체번) 3급 6급
間諜(간첩) 7급II 2급	五列(오열) 8급 4급II	高見(고견) 6급II 5급II	尊意(존의) 4급II 6급II	交涉(교섭) 6급 3급	折衝(절충) 4급 3급II
簡冊(간책) 4급 4급	竹簡(죽간) 4급II 4급	考量(고량) 5급 5급	思料(사료) 5급 5급	交涉(교섭) 6급 3급	折衷(절충) 4급 2급
講士(강사) 4급II 5급II	演士(연사) 4급II 5급II	苦慮(고려) 6급 4급	焦思(초사) 2급 5급	歐美(구미) 2급 6급	西洋(서양) 8급 6급
強風(강풍) 6급 6급	猛風(맹풍) 3급II 6급	固守(고수) 5급 4급II	墨守(묵수) 3급II 4급II	驅迫(구박) 3급 3급II	虐待(학대) 2급 6급
開拓(개척) 6급 3급II	開荒(개황) 6급 3급II	高紳(고신) 6급II 2급	貴人(귀인) 5급 8급	久疾(구질) 3급II 3급II	宿病(숙병) 5급II 6급
改札(개찰) 5급 2급	改票(개표) 5급 4급II	故友(고우) 4급II 5급II	故舊(고구) 4급II 5급II	求婚(구혼) 4급II 4급	請婚(청혼) 4급II 4급
客房(객방) 5급II 4급II	賓室(빈실) 3급 8급	鼓吹(고취) 3급II 3급II	鼓舞(고무) 3급II 4급	窮民(궁민) 4급 8급	難民(난민) 4급II 8급
坑夫(갱부) 2급 7급	鑛夫(광부) 4급 7급	古賢(고현) 6급 4급II	先哲(선철) 8급 3급II	闕字(궐자) 2급 7급	逸字(일자) 3급II 7급
巨商(거상) 4급 5급II	大賈(대고) 8급 2급[名]	古稀(고희) 6급 3급II	從心(종심) 4급 7급	厥初(궐초) 3급 5급	始初(시초) 6급II 5급
巨商(거상) 4급 5급II	豪商(호상) 3급II 5급II	曲解(곡해) 5급 4급II	誤解(오해) 4급II 4급II	貴家(귀가) 5급 7급II	尊宅(존택) 4급II 5급II
乞身(걸신) 3급 6급II	請老(청로) 4급II 7급	功業(공업) 6급II 6급II	功烈(공렬) 6급II 4급	歸宅(귀택) 4급 5급II	還家(환가) 3급II 7급II
激勵(격려) 4급 3급II	鼓舞(고무) 3급II 4급	貢獻(공헌) 3급II 3급II	寄與(기여) 4급 4급	極力(극력) 4급II 7급II	盡力(진력) 4급 7급II

極署(극서) 4급 3급II	酷署(혹서) 2급 3급	丹誠(단성) 3급II 4급II	丹衷(단충) 3급II 2급	名馬(명마) 7급II 5급	逸氣(일기) 3급II 7급II
根幹(근간) 6급 3급II	基礎(기초) 5급 3급II	丹粧(단장) 3급II 3급II	化粧(화장) 5급II 3급II	明晳(명석) 6급II 2급[名]	聰明(총명) 3급 6급II
琴瑟(금실) 3급II 2급[名]	連理(연리) 4급II 6급II	當到(당도) 5급II 5급II	到達(도달) 5급II 4급II	名勝(명승) 7급II 6급	景勝(경승) 5급 6급
給料(급료) 5급 5급	給與(급여) 5급 4급	大功(대공) 8급 6급II	丕績(비적) 2급[名] 4급	謀略(모략) 3급II 4급	方略(방략) 7급II 4급
急所(급소) 6급II 7급	要點(요점) 5급 4급	對立(대립) 6급II 7급	對峙(대치) 6급II 2급[名]	模範(모범) 4급 4급	龜鑑(귀감) 3급 3급II
奇計(기계) 4급 6급II	妙策(묘책) 4급 3급II	大寶(대보) 8급 4급II	至寶(지보) 4급II 4급II	矛盾(모순) 2급 2급	背反(배반) 4급 6급II
器量(기량) 4급II 5급	才能(재능) 6급II 5급II	大商(대상) 8급 5급II	富賈(부고) 4급II 2급[名]	目讀(목독) 6급 6급II	默讀(묵독) 3급II 6급II
寄留(기류) 4급 4급II	託足(탁족) 2급 7급II	待遇(대우) 6급 4급	處遇(처우) 4급II 4급	沒頭(몰두) 3급II 6급	專心(전심) 4급 7급
旣述(기술) 3급 3급II	前述(전술) 7급II 3급II	大河(대하) 8급 5급	長江(장강) 8급 7급II	武術(무술) 4급II 6급II	武藝(무예) 4급II 4급II
驥足(기족) 2급[名] 7급II	駿足(준족) 2급[名] 7급II	同甲(동갑) 7급 4급	同齒(동치) 7급 4급II	默諾(묵낙) 3급II 3급II	默認(묵인) 3급II 4급II
寄贈(기증) 4급 3급	贈呈(증정) 3급 2급	同類(동류) 7급 5급II	伴黨(반당) 3급 4급II	問候(문후) 7급 4급	問安(문안) 7급 7급II
氣品(기품) 7급II 5급II	風格(풍격) 6급II 5급II	董役(동역) 2급[名] 3급II	監役(감역) 4급II 3급	未久(미구) 4급II 3급	不遠(불원) 7급II 6급
吉凶(길흉) 5급 5급II	慶弔(경조) 4급II 3급	同意(동의) 7급 6급II	贊成(찬성) 3급II 6급II	彌滿(미만) 2급[名] 4급II	充滿(충만) 5급II 4급II
爛商(난상) 2급[名] 5급II	熟議(숙의) 3급II 4급II	頭眉(두미) 6급 3급	始終(시종) 6급II 5급	美酒(미주) 6급 4급	佳酒(가주) 3급II 4급
濫用(남용) 3급 6급II	誤用(오용) 4급II 6급II	頭緒(두서) 6급 3급II	條理(조리) 4급 6급II	密通(밀통) 4급II 6급	暗通(암통) 4급II 6급
浪費(낭비) 3급II 5급	徒消(도소) 4급 6급II	登極(등극) 7급 4급II	卽位(즉위) 3급II 5급	薄情(박정) 3급II 5급II	冷淡(냉담) 5급 3급II
冷暖(냉난) 5급 4급II	寒暑(한서) 5급 3급	魔法(마법) 2급 5급II	妖術(요술) 2급 6급II	叛徒(반도) 3급 4급	逆黨(역당) 4급II 4급II
勞作(노작) 5급II 6급II	力作(역작) 7급II 6급II	晚年(만년) 3급II 8급	老年(노년) 7급 8급	半百(반백) 6급II 7급	艾老(애로) 2급[名] 7급
斷頭(단두) 4급II 6급	斬首(참수) 2급 5급II	望鄕(망향) 5급II 4급II	懷鄕(회향) 3급II 4급II	反逆(반역) 6급II 4급II	謀反(모반) 3급II 6급II
短命(단명) 6급II 7급	薄命(박명) 3급II 7급	面相(면상) 7급 5급II	容貌(용모) 4급II 3급II	發端(발단) 6급II 4급II	始作(시작) 6급II 6급II

發送(발송) 6급II 4급	_	郵送(우송) 4급 4급II	肥土(비토) 3급II 8급	_	沃土(옥토) 2급[名] 8급
傍觀(방관) 3급 5급II	_	坐視(좌시) 3급II 4급II	射技(사기) 4급 5급	_	弓術(궁술) 3급II 6급II
方法(방법) 7급II 5급II	_	手段(수단) 7급II 4급	事前(사전) 7급II 7급II	_	未然(미연) 4급II 7급
妨害(방해) 4급 5급II	_	障礙(장애) 4급II 2급	詐稱(사칭) 3급 4급	_	冒名(모명) 3급 7급II
背恩(배은) 4급II 4급II	_	忘德(망덕) 3급 5급II	私通(사통) 4급 6급	_	通情(통정) 6급 5급II
白眉(백미) 8급 3급	_	壓卷(압권) 4급II 4급	山林(산림) 8급 7급	_	隱士(은사) 4급 5급II
凡夫(범부) 3급II 7급	_	俗人(속인) 4급II 8급	散策(산책) 4급 3급II	_	散步(산보) 4급 4급II
汎愛(범애) 2급 6급	_	博愛(박애) 4급II 6급	賞美(상미) 5급 6급	_	稱讚(칭찬) 4급 4급
僻地(벽지) 2급 7급	_	深巷(심항) 4급II 3급	桑碧(상벽) 3급II 3급II	_	滄桑(창상) 2급 3급II
變遷(변천) 5급II 3급II	_	沿革(연혁) 3급II 4급	狀況(상황) 4급II 4급	_	情勢(정세) 5급II 4급II
兵塵(병진) 5급II 2급	_	戰塵(전진) 6급II 2급	暑衣(서의) 3급 6급	_	夏服(하복) 7급 6급
普遍(보편) 4급 3급	_	一般(일반) 8급 3급II	仙境(선경) 5급II 4급II	_	桃源(도원) 3급II 4급
本源(본원) 6급 4급	_	淵源(연원) 2급[名] 4급	先納(선납) 8급 4급	_	豫納(예납) 4급 4급
伏龍(복룡) 4급 4급	_	臥龍(와룡) 3급 4급	善治(선치) 5급 4급II	_	善政(선정) 5급 4급II
本末(본말) 6급 5급	_	首尾(수미) 5급II 3급II	說破(설파) 5급II 4급II	_	論破(논파) 4급II 4급II
部門(부문) 6급II 8급	_	分野(분야) 6급II 6급	蟾輝(섬휘) 2급[名] 3급	_	蟾光(섬광) 2급[名] 6급II
負約(부약) 4급 5급II	_	僞言(위언) 3급II 6급	成就(성취) 6급II 4급	_	達成(달성) 4급II 6급II
鵬圖(붕도) 2급[名] 6급II	_	雄圖(웅도) 5급 6급II	所望(소망) 7급 5급II	_	念願(염원) 5급II 5급
祕本(비본) 4급 6급	_	珍書(진서) 4급 6급	所願(소원) 7급 5급	_	希望(희망) 4급II 5급II
比翼(비익) 5급 3급II	_	連理(연리) 4급II 6급II	素行(소행) 4급II 6급	_	品行(품행) 5급II 6급

俗論(속론) 4급II 4급II	_	流議(유의) 5급II 4급II
俗世(속세) 4급II 7급II	_	塵世(진세) 2급 7급II
刷新(쇄신) 3급II 6급II	_	鼎新(정신) 2급[名] 6급II
刷新(쇄신) 3급II 6급II	_	革新(혁신) 4급 6급II
首尾(수미) 5급II 3급II	_	始終(시종) 6급II 5급
修飾(수식) 4급II 3급II	_	治粧(치장) 4급II 3급II
瞬間(순간) 3급II 7급II	_	刹那(찰나) 2급 3급
熟歲(숙세) 3급II 5급II	_	豊年(풍년) 4급II 8급
濕地(습지) 3급II 7급	_	沮澤(저택) 2급 3급II
承諾(승낙) 4급II 3급II	_	許諾(허락) 5급 3급II
昇進(승진) 3급II 4급II	_	榮轉(영전) 4급II 4급
視野(시야) 4급II 6급	_	眼界(안계) 4급II 6급II
始祖(시조) 6급II 7급	_	鼻祖(비조) 5급 7급
食言(식언) 7급II 6급	_	負約(부약) 4급 5급II
辛酸(신산) 3급 2급	_	辛苦(신고) 3급 6급
神算(신산) 6급II 7급	_	神策(신책) 6급II 3급II
信音(신음) 6급II 6급II	_	雁書(안서) 3급 6급II
信音(신음) 6급II 6급II	_	雁札(안찰) 3급 2급
失望(실망) 6급 5급II	_	落膽(낙담) 5급 2급
心友(심우) 7급 5급II	_	知音(지음) 5급II 6급II

我軍(아군) 3급II 8급	友軍(우군) 5급II 8급	禮物(예물) 6급 7급II	幣物(폐물) 3급 7급II	日給(일급) 8급 5급	日俸(일봉) 8급 2급
暗示(암시) 4급II 5급	示唆(시사) 5급II 2급	緩急(완급) 3급II 6급II	遲速(지속) 3급 6급	逸才(일재) 3급II 6급II	秀才(수재) 4급 6급II
壓迫(압박) 4급II 3급II	威壓(위압) 4급II 4급II	愚見(우견) 3급II 5급II	拙見(졸견) 3급 5급II	一毫(일호) 8급 3급	秋毫(추호) 7급 3급
哀歡(애환) 3급II 4급	喜悲(희비) 4급 4급II	優待(우대) 4급 6급	厚待(후대) 4급 6급	任意(임의) 5급II 6급II	恣意(자의) 3급 6급II
野合(야합) 6급 6급	私通(사통) 4급 6급	運送(운송) 6급II 4급II	通運(통운) 6급 6급II	入寂(입적) 7급 3급II	歸元(귀원) 4급 5급II
約婚(약혼) 5급 4급	佳約(가약) 3급 5급II	原因(원인) 5급 5급	理由(이유) 6급II 6급	殘命(잔명) 4급 7급	餘壽(여수) 4급II 3급II
漁夫(어부) 5급 7급	淵客(연객) 2급[名] 5급II	威儀(위의) 4급 4급	儀觀(의관) 4급 5급II	壯志(장지) 4급 4급II	雄志(웅지) 5급 4급II
御聲(어성) 3급II 4급II	德音(덕음) 5급II 6급II	佑命(우명) 2급[名] 7급	天佑(천우) 7급 2급[名]	在廷(재정) 6급 3급II	在朝(재조) 6급 6급
業績(업적) 6급 4급	功績(공적) 6급II 4급	留級(유급) 4급II 6급	落第(낙제) 5급 6급II	著姓(저성) 3급II 7급II	名族(명족) 7급II 6급
旅館(여관) 5급II 3급II	客舍(객사) 5급II 4급II	遊離(유리) 4급 4급	漂泊(표박) 3급 3급	沮害(저해) 2급 5급II	障礙(장애) 4급II 2급
燃眉(연미) 4급 3급	焦眉(초미) 2급 3급	維新(유신) 3급 6급II	革新(혁신) 4급 6급II	摘出(적출) 3급II 7급	摘發(적발) 3급II 6급II
逆轉(역전) 4급II 4급	反轉(반전) 6급II 4급	遺址(유지) 4급 2급[名]	舊址(구지) 5급II 2급[名]	轉居(전거) 4급 4급	移轉(이전) 4급II 4급
戀歌(연가) 3급II 7급	情歌(정가) 5급II 7급	幼稚(유치) 3급II 3급II	未熟(미숙) 4급II 3급II	專決(전결) 4급 5급II	獨斷(독단) 5급II 4급II
鍊磨(연마) 3급II 3급II	鍛鍊(단련) 2급 3급II	倫理(윤리) 3급II 6급II	道德(도덕) 7급II 5급II	轉變(전변) 4급 5급II	變化(변화) 5급II 5급II
然否(연부) 7급 4급	與否(여부) 4급 4급	潤文(윤문) 3급II 7급	改稿(개고) 5급 3급II	漸漸(점점) 3급II 3급II	次次(차차) 4급II 4급II
廉價(염가) 3급 5급II	低價(저가) 4급II 5급II	潤澤(윤택) 3급II 3급II	豊富(풍부) 4급II 4급II	精讀(정독) 4급II 6급II	熟讀(숙독) 3급II 6급II
零落(영락) 3급 5급	衰落(쇠락) 3급II 5급	應辯(응변) 4급II 4급	隨機(수기) 3급II 4급	情勢(정세) 5급II 4급II	狀況(상황) 4급II 4급
永眠(영면) 6급 3급II	他界(타계) 5급 6급II	利潤(이윤) 6급II 3급II	利文(이문) 6급II 7급	情趣(정취) 5급II 4급	風情(풍정) 6급II 5급II
領域(영역) 5급 4급	分野(분야) 6급II 6급	移葬(이장) 4급II 3급II	遷墓(천묘) 3급II 4급	操心(조심) 5급 7급	注意(주의) 6급II 6급II
領土(영토) 5급 8급	版圖(판도) 3급II 6급II	認可(인가) 4급II 5급	許可(허가) 5급 5급	尊稱(존칭) 4급II 4급	敬稱(경칭) 5급II 4급

拙稿(졸고) 3급 3급Ⅱ	愚稿(우고) 3급Ⅱ 3급Ⅱ	焦思(초사) 2급 5급	苦心(고심) 6급 7급	抱負(포부) 3급 4급	雄志(웅지) 5급 4급Ⅱ
卒壽(졸수) 5급Ⅱ 3급Ⅱ	凍梨(동리) 3급Ⅱ 3급	招請(초청) 4급 4급Ⅱ	招待(초대) 4급 6급	暴政(폭정) 4급Ⅱ 4급Ⅱ	虐政(학정) 2급 4급Ⅱ
從心(종심) 4급 7급	稀壽(희수) 3급Ⅱ 3급Ⅱ	秋毫(추호) 7급 3급	毫末(호말) 3급 5급	漂流(표류) 3급 5급Ⅱ	漂泊(표박) 3급 3급
座下(좌하) 4급 7급Ⅱ	硯北(연북) 2급 8급	出荷(출하) 7급 3급Ⅱ	積出(적출) 4급 7급	風燈(풍등) 6급Ⅱ 4급Ⅱ	累卵(누란) 3급Ⅱ 4급
駿馬(준마) 2급[名] 5급	駿足(준족) 2급[名] 7급Ⅱ	治粧(치장) 4급Ⅱ 3급Ⅱ	裝飾(장식) 4급 3급Ⅱ	下技(하기) 7급Ⅱ 5급	末藝(말예) 5급 4급Ⅱ
峻刑(준형) 2급[名] 4급	酷刑(혹형) 2급 4급	寢床(침상) 4급 4급Ⅱ	寢臺(침대) 4급 3급Ⅱ	閑居(한거) 4급 4급	燕息(연식) 3급Ⅱ 4급Ⅱ
仲介(중개) 3급Ⅱ 3급Ⅱ	居間(거간) 4급 7급Ⅱ	託送(탁송) 2급 4급Ⅱ	傳送(전송) 5급Ⅱ 4급Ⅱ	抗爭(항쟁) 4급 5급	抗戰(항전) 4급 6급Ⅱ
贈與(증여) 3급 4급	贈呈(증정) 3급 2급	脫獄(탈옥) 4급 3급Ⅱ	破獄(파옥) 4급Ⅱ 3급Ⅱ	海外(해외) 7급Ⅱ 8급	異域(이역) 4급 4급
知命(지명) 5급Ⅱ 7급	艾年(애년) 2급[名] 8급	奪胎(탈태) 3급Ⅱ 2급	換骨(환골) 3급Ⅱ 4급	獻供(헌공) 3급Ⅱ 3급Ⅱ	獻納(헌납) 3급Ⅱ 4급
遲參(지참) 3급 5급Ⅱ	晩到(만도) 3급Ⅱ 5급Ⅱ	耽美(탐미) 2급[名] 6급	唯美(유미) 3급 6급	革新(혁신) 4급 6급Ⅱ	鼎新(정신) 2급[名] 6급Ⅱ
進步(진보) 4급Ⅱ 4급Ⅱ	向上(향상) 6급 7급Ⅱ	吐說(토설) 3급Ⅱ 5급Ⅱ	實吐(실토) 5급Ⅱ 3급Ⅱ	顯職(현직) 4급 4급Ⅱ	達官(달관) 4급Ⅱ 4급Ⅱ
進退(진퇴) 4급Ⅱ 4급Ⅱ	去就(거취) 5급 4급	痛感(통감) 4급 6급	切感(절감) 5급Ⅱ 6급	脅迫(협박) 3급Ⅱ 3급Ⅱ	威脅(위협) 4급 3급Ⅱ
贊反(찬반) 3급Ⅱ 6급Ⅱ	可否(가부) 5급 4급	統率(통솔) 4급Ⅱ 3급Ⅱ	統領(통령) 4급Ⅱ 5급	螢窓(형창) 3급 6급Ⅱ	學窓(학창) 8급 6급Ⅱ
贊助(찬조) 3급Ⅱ 4급Ⅱ	協贊(협찬) 4급Ⅱ 3급Ⅱ	特酒(특주) 6급 4급	名酒(명주) 7급Ⅱ 4급	護國(호국) 4급Ⅱ 8급	衛國(위국) 4급Ⅱ 8급
蒼空(창공) 3급Ⅱ 7급Ⅱ	碧空(벽공) 3급Ⅱ 7급Ⅱ	破産(파산) 4급Ⅱ 5급Ⅱ	倒産(도산) 3급Ⅱ 5급Ⅱ	忽變(홀변) 3급Ⅱ 5급Ⅱ	突變(돌변) 3급Ⅱ 5급Ⅱ
尺土(척토) 3급Ⅱ 8급	寸土(촌토) 8급 8급	霸者(패자) 2급 6급	王者(왕자) 8급 6급	鴻業(홍업) 3급 6급Ⅱ	鴻績(홍적) 3급 4급
天地(천지) 7급 7급	乾坤(건곤) 3급Ⅱ 3급	遍歷(편력) 3급 5급Ⅱ	轉歷(전력) 4급 5급Ⅱ	鴻圖(홍도) 3급 6급Ⅱ	丕圖(비도) 2급[名] 6급Ⅱ
天地(천지) 7급 7급	覆載(부재) 3급Ⅱ 3급Ⅱ	評論(평론) 4급 4급Ⅱ	批評(비평) 4급 4급	和顔(화안) 6급Ⅱ 3급Ⅱ	怡顔(이안) 2급[名] 3급Ⅱ
淸濁(청탁) 6급Ⅱ 3급	好惡(호오) 4급Ⅱ 5급Ⅱ	平凡(평범) 7급Ⅱ 3급Ⅱ	尋常(심상) 3급 4급Ⅱ	皇恩(황은) 3급Ⅱ 4급Ⅱ	皇澤(황택) 3급Ⅱ 3급Ⅱ
滯拂(체불) 3급Ⅱ 3급Ⅱ	滯納(체납) 3급Ⅱ 4급	抱腹(포복) 3급 3급Ⅱ	絶倒(절도) 4급Ⅱ 3급Ⅱ	會得(회득) 6급Ⅱ 4급Ⅱ	理解(이해) 6급Ⅱ 4급Ⅱ

回覽(회람)		轉照(전조)	凶報(흉보)		哀啓(애계)	喜樂(희락)		喜悅(희열)
4급II 4급		4급 3급II	5급II 4급II		3급II 3급II	4급 6급II		4급 3급II
劃一(획일)		一律(일률)	欽慕(흠모)		悅慕(열모)	稀姓(희성)		僻姓(벽성)
3급II 8급		8급 4급II	2급[名] 3급II		3급II 3급II	3급II 7급II		2급 7급II
訓戒(훈계)		勸戒(권계)	興亡(흥망)		盛衰(성쇠)			
6급 4급		4급 4급	4급II 5급		4급II 3급II			

懇親會(간친회)		親睦會(친목회)	交通業(교통업)		運輸業(운수업)
3급II 6급 6급II		6급 3급II 6급II	6급 6급 6급II		6급 3급II 6급II
改良種(개량종)		育成種(육성종)	極上品(극상품)		最上品(최상품)
5급 5급II 5급II		7급 6급II 5급II	4급II 7급II 5급II		5급 7급II 5급II
開催者(개최자)		主催者(주최자)	金蘭契(금란계)		魚水親(어수친)
6급 3급II 6급		7급 3급II 6급	8급 3급II 3급II		5급 8급 6급
車同軌(거동궤)		書同文(서동문)	禁足令(금족령)		杜門令(두문령)
7급II 7급II 3급		6급II 7급 7급	4급II 7급II 5급		2급 8급 5급
巨細事(거세사)		大小事(대소사)	騎馬術(기마술)		乘馬術(승마술)
4급 4급II 7급II		8급 8급 7급II	3급II 5급 6급II		3급II 5급 6급II
儉約家(검약가)		節約家(절약가)	都大體(도대체)		大關節(대관절)
4급 5급II 7급II		5급II 5급II 7급II	5급 8급 6급II		8급 5급II 5급II
揭示板(게시판)		案內板(안내판)	桃源境(도원경)		理想鄕(이상향)
2급 5급 5급		5급 7급II 5급	3급II 4급 4급II		6급II 4급II 4급II
景勝地(경승지)		名勝地(명승지)	毒舌家(독설가)		險口家(험구가)
5급 6급 7급		7급 6급 7급	4급II 4급 7급II		4급 7급 7급II
經驗談(경험담)		體驗談(체험담)	模造紙(모조지)		白上紙(백상지)
4급II 4급II 5급		6급II 4급II 5급	4급 4급II 7급		8급 7급II 7급
姑息策(고식책)		彌縫策(미봉책)	貿易國(무역국)		通商國(통상국)
3급II 4급II 3급II		2급[名] 2급 3급II	3급II 4급 8급		6급 5급II 8급
孤兒院(고아원)		保育院(보육원)	未開人(미개인)		野蠻人(야만인)
4급 5급II 5급		4급II 7급 5급	4급II 6급 8급		6급 2급 8급
高潮線(고조선)		滿潮線(만조선)	未曾有(미증유)		破天荒(파천황)
6급II 4급 6급II		4급II 4급 6급II	4급II 3급II 7급		4급II 7급 3급II
空想家(공상가)		夢想家(몽상가)	放浪者(방랑자)		流浪者(유랑자)
7급II 4급II 7급II		3급II 4급II 7급II	6급 3급II 6급		5급 3급II 6급
共通點(공통점)		同一點(동일점)	訪問記(방문기)		探訪記(탐방기)
6급II 6급 4급		7급 8급 4급	4급II 7급 7급II		4급 4급II 7급II
傀安夢(괴안몽)		南柯夢(남가몽)	別乾坤(별건곤)		別天地(별천지)
2급 7급II 3급II		8급 2급[名] 3급II	6급 3급II 3급		6급 7급 7급
敎鍊場(교련장)		訓鍊場(훈련장)	普遍性(보편성)		一般性(일반성)
8급 3급II 7급II		6급 3급II 7급II	4급 3급 5급II		8급 3급II 5급II
交通網(교통망)		道路網(도로망)	本土種(본토종)		在來種(재래종)
6급 6급 2급		7급II 6급 2급	6급 8급 5급II		6급 7급 5급II

浮浪者(부랑자) 3급II 3급II 6급	無賴漢(무뢰한) 5급 3급II 7급II	雲雨樂(운우락) 5급II 5급II 6급II	薦枕石(천침석) 3급 3급 6급
不具者(불구자) 7급II 5급II 6급	障礙人(장애인) 4급II 2급 8급	月旦評(월단평) 8급 3급II 4급	月朝評(월조평) 8급 6급 4급
不老草(불로초) 7급II 7급 7급	不死藥(불사약) 7급II 6급 6급II	潤筆料(윤필료) 3급II 5급II 5급	揮毫料(휘호료) 4급 3급 5급
比翼鳥(비익조) 5급 3급II 4급II	連理枝(연리지) 4급II 6급II 3급II	雜所得(잡소득) 4급 7급 4급II	雜收入(잡수입) 4급 4급II 7급
私有地(사유지) 4급 7급 7급	民有地(민유지) 8급 7급 7급	再構成(재구성) 5급 4급 6급II	再編成(재편성) 5급 3급II 6급II
相思病(상사병) 5급II 5급 6급	花風病(화풍병) 7급 6급II 6급	精米所(정미소) 4급II 6급 7급	製粉所(제분소) 4급II 4급 7급
喪布契(상포계) 3급II 4급II 3급II	爲親契(위친계) 4급II 6급 3급II	周遊家(주유가) 4급 4급 7급II	旅行家(여행가) 5급II 6급 7급II
設計圖(설계도) 4급 6급II 6급II	靑寫眞(청사진) 8급 5급 4급II	紙物商(지물상) 7급 7급II 5급II	紙物鋪(지물포) 7급 7급II 2급
所有物(소유물) 7급 7급 7급	掌中物(장중물) 3급II 8급 7급II	地方色(지방색) 7급 7급II 7급	鄕土色(향토색) 4급II 8급 7급
瞬息間(순식간) 3급II 4급II 7급II	轉瞬間(전순간) 4급 3급II 7급II	推定量(추정량) 4급 6급 5급	想定量(상정량) 4급II 6급 5급
瞬息間(순식간) 3급II 4급II 7급II	一刹那(일찰나) 8급 2급 3급	軸馬力(축마력) 2급 5급 7급II	實馬力(실마력) 5급II 5급 7급II
新年辭(신년사) 6급 8급 4급	年頭辭(연두사) 8급 6급 4급	通俗物(통속물) 6급 4급II 7급II	大衆物(대중물) 8급 4급II 7급II
伸縮性(신축성) 3급 4급 5급II	融通性(융통성) 2급 6급 5급II	合法性(합법성) 6급 5급II 5급II	適法性(적법성) 4급 5급II 5급II
愛酒家(애주가) 6급 4급 7급II	好酒家(호주가) 4급II 4급 7급II	香味料(향미료) 4급II 4급II 5급	香味劑(향미제) 4급II 4급II 2급
藥劑室(약제실) 6급II 2급 8급	調劑室(조제실) 5급II 2급 8급	鄕愁病(향수병) 4급II 3급II 6급	懷鄕病(회향병) 3급II 4급II 6급
魚水親(어수친) 5급 8급 6급	知音人(지음인) 5급II 6급II 8급	紅一點(홍일점) 4급 8급 4급	一點紅(일점홍) 8급 4급 4급
力不足(역부족) 7급II 7급II 7급II	力不及(역불급) 7급II 7급II 3급II	休耕地(휴경지) 7급 3급II 7급	休閑地(휴한지) 7급 4급 7급
永久性(영구성) 6급 3급II 5급II	恒久性(항구성) 3급II 3급II 5급II	街談巷說(가담항설) 4급II 5급 3급 5급II	道聽塗說(도청도설) 7급II 4급 3급 5급II
隷屬物(예속물) 3급 4급 7급II	從屬物(종속물) 4급 4급 7급II	刻骨難忘(각골난망) 4급 4급 4급II 3급	結草報恩(결초보은) 5급II 7급 4급II 4급II
宇宙船(우주선) 3급II 3급II 5급	衛星船(위성선) 4급II 4급II 5급	各樣各色(각양각색) 6급II 4급 6급II 7급	形形色色(형형색색) 6급II 6급II 7급 7급

刻舟求劍(각주구검) 4급 3급 4급Ⅱ 3급Ⅱ	守株待兔(수주대토) 4급Ⅱ 3급 6급 3급Ⅱ	金蘭之契(금란지계) 8급 3급Ⅱ 3급Ⅱ 3급Ⅱ	水魚之交(수어지교) 8급 5급 3급Ⅱ 6급
千城之材(간성지재) 4급 4급Ⅱ 3급Ⅱ 5급Ⅱ	棟梁之器(동량지기) 2급 3급Ⅱ 3급Ⅱ 4급Ⅱ	金城湯池(금성탕지) 8급 4급Ⅱ 3급Ⅱ 3급Ⅱ	難攻不落(난공불락) 4급Ⅱ 4급 7급Ⅱ 5급
千城之材(간성지재) 4급 4급Ⅱ 3급Ⅱ 5급Ⅱ	命世之才(명세지재) 7급 7급Ⅱ 3급Ⅱ 6급Ⅱ	琴瑟相和(금슬상화) 3급Ⅱ 2급[名] 5급Ⅱ 6급Ⅱ	琴瑟之樂(금슬지락) 3급Ⅱ 2급[名] 3급Ⅱ 6급Ⅱ
甲男乙女(갑남을녀) 4급 7급Ⅱ 3급Ⅱ 8급	張三李四(장삼이사) 4급 8급 6급 8급	難伯難仲(난백난중) 4급Ⅱ 3급Ⅱ 4급Ⅱ 3급Ⅱ	難兄難弟(난형난제) 4급Ⅱ 8급 4급Ⅱ 8급
擊壤之歌(격양지가) 4급 3급Ⅱ 3급Ⅱ 7급	鼓腹擊壤(고복격양) 3급Ⅱ 3급Ⅱ 4급 3급Ⅱ	南柯一夢(남가일몽) 8급 2급[名] 8급 3급Ⅱ	盧生之夢(노생지몽) 2급[名] 8급 3급Ⅱ 3급Ⅱ
見利思義(견리사의) 5급Ⅱ 6급Ⅱ 5급 4급Ⅱ	見危受命(견위수명) 5급Ⅱ 4급 4급Ⅱ 7급	盧生之夢(노생지몽) 2급[名] 8급 3급Ⅱ 3급Ⅱ	榮枯一炊(영고일취) 4급Ⅱ 3급 8급 2급
犬兔之爭(견토지쟁) 4급 3급Ⅱ 3급Ⅱ 5급	漁夫之利(어부지리) 5급 7급 3급Ⅱ 6급Ⅱ	累卵之危(누란지위) 3급Ⅱ 4급 3급Ⅱ 4급	風前燈火(풍전등화) 6급Ⅱ 7급Ⅱ 4급Ⅱ 8급
傾國之色(경국지색) 4급 8급 3급Ⅱ 7급	雪膚花容(설부화용) 6급Ⅱ 2급 7급 4급Ⅱ	斷金之交(단금지교) 4급Ⅱ 8급 3급Ⅱ 6급	膠漆之交(교칠지교) 2급 3급Ⅱ 3급Ⅱ 6급
傾國之色(경국지색) 4급 8급 3급Ⅱ 7급	月態花容(월태화용) 8급 4급Ⅱ 7급 4급Ⅱ	淡水之交(담수지교) 3급Ⅱ 8급 3급Ⅱ 6급	莫逆之友(막역지우) 3급Ⅱ 4급Ⅱ 3급Ⅱ 5급Ⅱ
高閣大樓(고각대루) 6급Ⅱ 3급Ⅱ 8급 3급Ⅱ	高臺廣室(고대광실) 6급Ⅱ 3급Ⅱ 5급Ⅱ 8급	大海一滴(대해일적) 8급 7급Ⅱ 8급 3급	九牛一毛(구우일모) 8급 5급 8급 4급Ⅱ
孤立無援(고립무원) 4급 7급Ⅱ 5급 4급	四面楚歌(사면초가) 8급 7급 2급[名] 7급	道不拾遺(도불습유) 7급Ⅱ 7급Ⅱ 3급Ⅱ 4급	太平聖代(태평성대) 6급 7급Ⅱ 4급Ⅱ 6급Ⅱ
高山流水(고산유수) 6급Ⅱ 8급 5급Ⅱ 8급	淡水之交(담수지교) 3급Ⅱ 8급 3급Ⅱ 6급	同病相憐(동병상련) 7급 6급 5급Ⅱ 3급	草綠同色(초록동색) 7급 6급 7급 7급
高山流水(고산유수) 6급Ⅱ 8급 5급Ⅱ 8급	芝蘭之交(지란지교) 2급[名] 3급Ⅱ 3급Ⅱ 6급	東山高臥(동산고와) 8급 8급 6급Ⅱ 3급	悠悠自適(유유자적) 3급Ⅱ 3급Ⅱ 7급Ⅱ 4급
姑息之計(고식지계) 3급Ⅱ 4급Ⅱ 3급Ⅱ 6급Ⅱ	凍足放尿(동족방뇨) 3급Ⅱ 7급Ⅱ 6급Ⅱ 2급	馬耳東風(마이동풍) 5급 5급 8급 6급Ⅱ	吾不關焉(오불관언) 3급 7급Ⅱ 5급Ⅱ 3급
姑息之計(고식지계) 3급Ⅱ 4급Ⅱ 3급Ⅱ 6급Ⅱ	臨時方便(임시방편) 3급Ⅱ 7급Ⅱ 7급Ⅱ 7급	莫上莫下(막상막하) 3급Ⅱ 7급Ⅱ 3급Ⅱ 7급Ⅱ	伯仲之間(백중지간) 3급Ⅱ 3급Ⅱ 3급Ⅱ 7급Ⅱ
骨肉之親(골육지친) 4급 4급Ⅱ 3급Ⅱ 6급	血肉之親(혈육지친) 4급Ⅱ 4급Ⅱ 3급Ⅱ 6급	麥秀之歎(맥수지탄) 3급Ⅱ 4급 3급Ⅱ 4급	亡國之恨(망국지한) 5급 8급 3급Ⅱ 4급
口蜜腹劍(구밀복검) 7급 3급 3급Ⅱ 3급Ⅱ	笑裏藏刀(소리장도) 4급Ⅱ 3급 3급Ⅱ 3급Ⅱ	孟母斷機(맹모단기) 3급Ⅱ 8급 4급Ⅱ 4급	三遷之教(삼천지교) 8급 3급Ⅱ 3급Ⅱ 8급
九牛一毛(구우일모) 8급 5급 8급 4급Ⅱ	滄海一粟(창해일속) 2급 7급Ⅱ 8급 3급	面壁九年(면벽구년) 7급 4급Ⅱ 8급 8급	積塵成山(적진성산) 4급 2급 6급Ⅱ 8급
近墨者黑(근묵자흑) 6급 3급Ⅱ 6급 5급	近朱者赤(근주자적) 6급 4급 6급 5급	面從腹背(면종복배) 7급 4급 3급Ⅱ 4급Ⅱ	陽奉陰違(양봉음위) 6급 5급Ⅱ 4급Ⅱ 3급
金蘭之契(금란지계) 8급 3급Ⅱ 3급Ⅱ 3급Ⅱ	膠漆之交(교칠지교) 2급 3급Ⅱ 3급Ⅱ 6급	目不識丁(목불식정) 6급 7급Ⅱ 5급Ⅱ 4급	魚魯不辨(어로불변) 5급 2급 7급Ⅱ 3급

傍若無人(방약무인) 3급 3급Ⅱ 5급 8급	_	眼下無人(안하무인) 4급Ⅱ 7급Ⅱ 5급 8급	一場春夢(일장춘몽) 8급 7급Ⅱ 7급 3급Ⅱ	_	一炊之夢(일취지몽) 8급 2급 3급Ⅱ 3급Ⅱ

傍若無人(방약무인) 3급 3급Ⅱ 5급 8급 _ 眼下無人(안하무인) 4급Ⅱ 7급Ⅱ 5급 8급

一場春夢(일장춘몽) 8급 7급Ⅱ 7급 3급Ⅱ _ 一炊之夢(일취지몽) 8급 2급 3급Ⅱ 3급Ⅱ

百年河淸(백년하청) 7급 8급 5급 6급Ⅱ _ 何待歲月(하대세월) 3급Ⅱ 6급 5급 8급

臨時方便(임시방편) 3급Ⅱ 7급Ⅱ 7급Ⅱ 7급 _ 目前之計(목전지계) 6급 7급Ⅱ 3급Ⅱ 6급Ⅱ

比翼連理(비익연리) 5급 3급Ⅱ 4급Ⅱ 6급Ⅱ _ 二姓之樂(이성지락) 8급 7급Ⅱ 3급Ⅱ 6급Ⅱ

轉禍爲福(전화위복) 4급 3급Ⅱ 4급Ⅱ 5급Ⅱ _ 塞翁之馬(새옹지마) 3급Ⅱ 3급 3급Ⅱ 5급

山海珍味(산해진미) 8급 7급Ⅱ 4급 4급Ⅱ _ 龍味鳳湯(용미봉탕) 4급 4급Ⅱ 3급Ⅱ 3급Ⅱ

指呼之間(지호지간) 4급Ⅱ 4급Ⅱ 3급Ⅱ 7급Ⅱ _ 一衣帶水(일의대수) 8급 6급 4급Ⅱ 8급

上石下臺(상석하대) 7급Ⅱ 6급 7급Ⅱ 3급Ⅱ _ 姑息之計(고식지계) 3급Ⅱ 4급Ⅱ 3급Ⅱ 6급Ⅱ

借廳入室(차청입실) 3급Ⅱ 4급 7급 8급 _ 借廳借閨(차청차규) 3급Ⅱ 4급 3급Ⅱ 2급

盛者必衰(성자필쇠) 4급Ⅱ 6급 5급Ⅱ 3급Ⅱ _ 月盈則食(월영즉식) 8급 2급[名] 5급 7급Ⅱ

天方地方(천방지방) 7급 7급Ⅱ 7급 7급Ⅱ _ 天方地軸(천방지축) 7급 7급Ⅱ 7급 2급

孫康映雪(손강영설) 6급 4급Ⅱ 4급 6급Ⅱ _ 車胤聚螢(차윤취형) 7급Ⅱ 2급[名] 2급[名] 3급

天壤之差(천양지차) 7급 3급Ⅱ 3급Ⅱ 4급 _ 雲泥之差(운니지차) 5급Ⅱ 3급Ⅱ 3급Ⅱ 4급

首丘初心(수구초심) 5급Ⅱ 3급Ⅱ 5급 7급 _ 胡馬望北(호마망북) 3급Ⅱ 5급 5급Ⅱ 8급

靑出於藍(청출어람) 8급 7급 3급 2급 _ 出藍之譽(출람지예) 7급 2급 3급Ⅱ 3급Ⅱ

水魚之交(수어지교) 8급 5급 3급Ⅱ 6급 _ 芝蘭之交(지란지교) 2급[名] 3급Ⅱ 3급Ⅱ 6급

沈魚落雁(침어낙안) 3급Ⅱ 5급 5급 3급 _ 丹脣皓齒(단순호치) 3급Ⅱ 3급 2급[名] 4급Ⅱ

宿虎衝鼻(숙호충비) 5급Ⅱ 3급Ⅱ 3급Ⅱ 5급 _ 打草驚蛇(타초경사) 5급 7급 4급 3급Ⅱ

沈魚落雁(침어낙안) 3급Ⅱ 5급 5급 3급 _ 天下絶色(천하절색) 7급 7급Ⅱ 4급Ⅱ 7급

脣亡齒寒(순망치한) 3급 5급 4급 5급 _ 輔車相依(보거상의) 2급 7급Ⅱ 5급Ⅱ 4급

通俗歌謠(통속가요) 6급 4급Ⅱ 7급 4급Ⅱ _ 大衆歌謠(대중가요) 8급 4급Ⅱ 7급 4급Ⅱ

心心相印(심심상인) 7급 7급 5급Ⅱ 4급Ⅱ _ 以心傳心(이심전심) 5급Ⅱ 7급 5급Ⅱ 7급

風前燈火(풍전등화) 6급Ⅱ 7급Ⅱ 4급Ⅱ 8급 _ 危機一髮(위기일발) 4급 4급 8급 4급

羊頭狗肉(양두구육) 4급Ⅱ 6급 3급 4급Ⅱ _ 表裏不同(표리부동) 6급Ⅱ 3급Ⅱ 7급Ⅱ 7급

匹夫匹婦(필부필부) 3급 7급 3급 4급Ⅱ _ 甲男乙女(갑남을녀) 4급 7급Ⅱ 3급Ⅱ 8급

連理比翼(연리비익) 4급Ⅱ 6급Ⅱ 5급 3급Ⅱ _ 琴瑟相和(금슬상화) 3급Ⅱ 2급[名] 5급Ⅱ 6급Ⅱ

咸興差使(함흥차사) 3급 4급Ⅱ 4급 6급 _ 終無消息(종무소식) 5급 5급 6급Ⅱ 4급Ⅱ

五車之書(오거지서) 8급 7급Ⅱ 3급Ⅱ 6급Ⅱ _ 汗牛充棟(한우충동) 3급Ⅱ 5급 5급Ⅱ 2급

虎死留皮(호사유피) 3급Ⅱ 6급 4급Ⅱ 3급Ⅱ _ 人死留名(인사유명) 8급 6급 4급Ⅱ 7급Ⅱ

愚公移山(우공이산) 3급Ⅱ 6급Ⅱ 4급Ⅱ 8급 _ 積小成大(적소성대) 4급 8급 6급Ⅱ 8급

紅顔薄命(홍안박명) 4급 3급Ⅱ 3급Ⅱ 7급 _ 佳人薄命(가인박명) 3급Ⅱ 8급 3급Ⅱ 7급

愚公移山(우공이산) 3급Ⅱ 6급Ⅱ 4급Ⅱ 8급 _ 積塵成山(적진성산) 4급 2급 6급Ⅱ 8급

花容月態(화용월태) 7급 4급Ⅱ 8급 4급Ⅱ _ 皓齒丹脣(호치단순) 2급 4급Ⅱ 3급Ⅱ 3급

類類相從(유유상종) 5급Ⅱ 5급Ⅱ 5급 4급 _ 草綠同色(초록동색) 7급 6급 7급 7급

黃狗乳臭(황구유취) 6급 3급 4급 3급 _ 口尙乳臭(구상유취) 7급 3급Ⅱ 4급 3급

因果應報(인과응보) 5급 6급Ⅱ 4급Ⅱ 4급Ⅱ _ 種豆得豆(종두득두) 5급Ⅱ 4급Ⅱ 4급Ⅱ 4급Ⅱ

興亡盛衰(흥망성쇠) 4급Ⅱ 5급 4급Ⅱ 3급Ⅱ _ 榮枯盛衰(영고성쇠) 4급Ⅱ 3급 4급Ⅱ 3급Ⅱ

一擧兩得(일거양득) 8급 5급 4급Ⅱ 4급Ⅱ _ 一石二鳥(일석이조) 8급 6급 8급 4급Ⅱ

약자(略字)

假	_	仮	缺	_	欠	句	_	勾
거짓 가:		4급II	이지러질 결		4급II	글귀 구		4급II

假 _ 仮
거짓 가: 4급II

價 _ 価
값 가 5급II

覺 _ 覚
깨달을 각 4급

鑑 _ 鑑
거울 감 3급II

減 _ 減
덜 감 4급II

監 _ 監
볼 감 4급II

蓋 _ 盖
덮을 개(:) 3급II

個 _ 个
낱 개(:) 4급II

槪 _ 槪
대개 개 3급II

慨 _ 慨
슬퍼할 개: 3급

據 _ 拠
근거 거: 4급

擧 _ 挙, 舉
들 거: 5급

儉 _ 倹
검소할 검: 4급

劍 _ 剣
칼 검: 3급II

檢 _ 検
검사할 검: 4급II

擊 _ 撃
칠[打] 격 4급

堅 _ 堅
굳을 견 4급

缺 _ 欠
이지러질 결 4급II

徑 _ 径
지름길/길 경 3급II

經 _ 経
지날/글 경 4급II

輕 _ 軽
가벼울 경 5급

繼 _ 継
이을 계: 4급

繫 _ 繋
맬 계: 3급

穀 _ 穀
곡식 곡 4급

寬 _ 寛
너그러울 관 3급II

觀 _ 观, 覌, 観
볼 관 5급II

關 _ 関
관계할 관 5급II

館 _ 舘
집 관 3급II

廣 _ 広
넓을 광: 5급II

鑛 _ 鉱
쇳돌 광: 4급

壞 _ 壊
무너질 괴: 3급II

區 _ 区
구분할/지경 구 6급

歐 _ 欧
구라파/칠 구 2급

舊 _ 旧
예 구: 5급II

句 _ 勾
글귀 구 4급II

龜 _ 亀
거북 구
거북 귀 3급
터질 균

國 _ 国
나라 국 8급

勸 _ 欢
권할 권: 4급

權 _ 权, 権
권세 권 4급II

歸 _ 帰
돌아갈 귀: 4급

旣 _ 既
이미 기 3급

棄 _ 弃
버릴 기 3급

氣 _ 気
기운 기 7급II

器 _ 器
그릇 기 4급II

緊 _ 緊
긴할 긴 3급II

寧 _ 寍, 寧
편안 녕 3급II

惱 _ 悩
번뇌할 뇌 3급

腦 _ 脳
골/뇌수 뇌 3급II

單 _ 単
홑 단 4급II

團 _ 団
둥글 단 5급II

斷 _ 断
끊을 단: 4급II

擔 _ 担
멜 담 4급II

膽 _ 胆
쓸개 담: 2급

當 _ 当
마땅 당 5급II

黨 _ 党
무리 당 4급II

對 _ 対
대할 대: 6급II

臺 _ 台, 基
대 대 3급II

德 _ 德
큰 덕 5급II

圖 _ 図
그림 도 6급II

燾 _ 焘
비칠 도 2급[名]

獨 _ 独
홀로 독 5급II

讀 _ 読
읽을 독
구절 두 6급II

毒 _ 毒
독 독 4급II

燈 _ 灯
등 등 4급II

樂 _ 楽
즐길 락
노래 악 6급II
좋아할 요

亂 _ 乱
어지러울 란: 4급

濫 _ 澟	爐 _ 炉	墨 _ 墨	寫 _ 写,写,寫
넘칠 람: 3급	화로 로 3급II	먹 묵 3급II	베낄 사 5급
藍 _ 蓝	蘆 _ 芦	默 _ 黙	師 _ 师
쪽 람 2급	갈대 로 2급[名]	잠잠할 묵 3급II	스승 사 4급II
覽 _ 覧,覧	錄 _ 录	彌 _ 弥	辭 _ 辞
볼 람 4급	기록할 록 4급II	미륵/오랠 미 2급[名]	말씀 사 4급
來 _ 来	龍 _ 竜	迫 _ 廹	殺 _ 殺
올 래(:) 7급	용 룡 4급	핍박할 박 3급II	죽일 살/ 감할/빠를 쇄: 4급II
兩 _ 両	籠 _ 篭	發 _ 発	插 _ 挿
두 량: 4급II	대바구니 롱(:) 2급	필 발 6급II	꽂을 삽 2급
輛 _ 輌	樓 _ 楼	輩 _ 輩	嘗 _ 嘗
수레 량: 2급	다락 루 3급II	무리 배 3급II	맛볼 상 3급
涼 _ 凉	淚 _ 涙	拜 _ 拝	桑 _ 桒
서늘할 량 3급II	눈물 루: 3급	절 배: 4급II	뽕나무 상 3급II
勵 _ 励	離 _ 难	繁 _ 繁	狀 _ 状
힘쓸 려: 3급II	떠날 리 4급	번성할 번 3급II	형상 상 문서 장 4급II
廬 _ 庐	臨 _ 临	變 _ 変	敍 _ 叙
농막집 려 2급[名]	임할 림 3급II	변할 변 5급II	펼 서: 3급
麗 _ 麗	滿 _ 満	邊 _ 辺,边	緒 _ 緒
고울 려 4급II	찰 만(:) 4급II	가[側] 변 4급II	실마리 서: 3급II
戀 _ 恋	灣 _ 湾	屛 _ 屛	釋 _ 釈
그리워할/ 그릴 련: 3급II	물굽이 만 2급	병풍 병(:) 3급	풀 석 3급II
聯 _ 联	蠻 _ 蛮	倂 _ 倂	船 _ 舩
연이을 련 3급II	오랑캐 만 2급	아우를 병: 2급	배 선 5급
練 _ 練	萬 _ 万	竝 _ 並	禪 _ 禅
익힐 련: 5급II	일만 만 8급	나란히 병: 3급	선 선 3급II
鍊 _ 錬	賣 _ 売	寶 _ 宝	纖 _ 纖
쇠불릴 련: 단련할 련: 3급II	팔 매(:) 5급	보배 보 4급II	가늘 섬 2급
獵 _ 猟	麥 _ 麦	富 _ 冨	攝 _ 摂
사냥 렵 3급	보리 맥 3급II	부자 부 4급II	다스릴/잡을 섭 3급
靈 _ 灵,霊	貌 _ 皃	敷 _ 勇	燮 _ 変
신령 령 3급II	모양 모 3급II	펼 부(:) 2급	불꽃 섭 2급[名]
禮 _ 礼	夢 _ 梦	佛 _ 仏	聲 _ 声
예도 례: 6급	꿈 몽 3급II	부처 불 4급II	소리 성 4급II
勞 _ 労	廟 _ 庿,庙	拂 _ 払	歲 _ 岁,崴
일할 로 5급II	사당 묘 3급	떨칠 불 3급	해 세 5급II

燒 _ 燒 사를 소 　3급Ⅱ	兒 _ 児 아이 아 　5급Ⅱ	鹽 _ 塩 소금 염 　3급Ⅱ	隱 _ 隠,隐 숨을 은 　4급
屬 _ 属 붙일 속 　4급	惡 _ 悪 악할 악 미워할 오 　5급	榮 _ 栄 영화 영 　4급Ⅱ	應 _ 応 응할 응: 　4급Ⅱ
續 _ 続 이을 속 　4급Ⅱ	巖 _ 岩 바위 암 　3급Ⅱ	營 _ 営 경영할 영 　4급	宜 _ 冝 마땅 의 　3급
壽 _ 寿 목숨 수 　3급Ⅱ	壓 _ 圧 누를 압 　4급Ⅱ	藝 _ 芸,藝 재주 예: 　4급Ⅱ	醫 _ 医 의원 의 　6급
收 _ 収 거둘 수 　4급Ⅱ	礙 _ 碍 거리낄 애: 　2급	譽 _ 誉 기릴/명예 예: 　3급Ⅱ	貳 _ 弍,弐 두/갖은두 이: 　2급
數 _ 数 셈 수: 　7급	藥 _ 薬 약 약 　6급Ⅱ	豫 _ 予 미리 예: 　4급	壹 _ 壱 한/갖은한 일 　2급
獸 _ 獣 짐승 수 　3급Ⅱ	壤 _ 壌 흙덩이 양: 　3급Ⅱ	溫 _ 温 따뜻할 온 　6급	者 _ 者 놈 자 　6급
隨 _ 随 따를 수 　3급Ⅱ	孃 _ 嬢 아가씨 양 　2급	穩 _ 穏,穏 편안할 온 　2급	殘 _ 残 남을 잔 　4급
帥 _ 帅 장수 수 　3급Ⅱ	讓 _ 譲 사양할 양: 　3급Ⅱ	堯 _ 尭 요임금 요 　2급[名]	蠶 _ 蚕 누에 잠 　2급
搜 _ 捜 찾을 수 　3급	嚴 _ 厳 엄할 엄 　4급	謠 _ 謡 노래 요 　4급Ⅱ	雜 _ 雑 섞일 잡 　4급
肅 _ 甫,肃 엄숙할 숙 　4급	與 _ 与 더불/줄 여: 　4급	遙 _ 遥 멀 요 　3급	壯 _ 壮 장할 장: 　4급
濕 _ 湿 젖을 습 　3급Ⅱ	餘 _ 余 남을 여 　4급Ⅱ	搖 _ 揺 흔들 요 　3급	將 _ 将 장수 장(:) 　4급Ⅱ
乘 _ 乗 탈 승 　3급Ⅱ	譯 _ 訳 번역할 역 　3급Ⅱ	鬱 _ 欝 답답할 울 　2급	蔣 _ 蒋 성 장 　2급[名]
繩 _ 縄 노끈 승 　2급[名]	驛 _ 駅 역 역 　3급Ⅱ	員 _ 貟 인원 원 　4급Ⅱ	莊 _ 荘 씩씩할 장 　3급Ⅱ
腎 _ 肾 콩팥 신: 　2급	淵 _ 渊,渊 못 연 　2급[名]	遠 _ 遠 멀 원: 　6급	裝 _ 装 꾸밀 장 　4급
實 _ 実 열매 실 　5급Ⅱ	硏 _ 研 갈 연 　4급Ⅱ	僞 _ 偽 거짓 위 　3급Ⅱ	奬 _ 奨,獎 장려할 장(:) 　4급
雙 _ 双 두/쌍 쌍 　3급Ⅱ	姸 _ 妍 고울 연: 　2급[名]	圍 _ 囲 에워쌀 위 　4급	臟 _ 臓 오장 장 　3급Ⅱ
亞 _ 亜 버금 아(:) 　3급Ⅱ	鉛 _ 鈆 납 연 　4급	爲 _ 為 하/할 위(:) 　4급Ⅱ	藏 _ 蔵 감출 장 　3급Ⅱ

哉	㦲	縱	縦	參	参	齒	歯
어조사 재	3급	세로 종	3급Ⅱ	참여할 참/석 삼	5급Ⅱ	이 치	4급Ⅱ
爭	争	晝	昼	慘	惨	稱	称
다툴 쟁	5급	낮 주	6급	참혹할 참	3급	일컬을 칭	4급
傳	伝	鑄	鋳	處	処	墮	堕
전할 전	5급Ⅱ	쇠불릴 주	3급Ⅱ	곳 처:	4급Ⅱ	떨어질 타:	3급
戰	战,戦	準	準	淺	浅	彈	弾
싸움 전:	6급Ⅱ	준할 준	4급Ⅱ	얕을 천:	3급Ⅱ	탄알 탄:	4급
轉	転	卽	即	賤	賎	兌	兊
구를 전:	4급	곧 즉	3급Ⅱ	천할 천:	3급Ⅱ	바꿀/기쁠 태	2급[名]
錢	銭	增	増	踐	践	擇	択
돈 전:	4급	더할 증	4급Ⅱ	밟을 천:	3급Ⅱ	가릴 택	4급
竊	窃	曾	曽	遷	迁	澤	沢
훔칠 절	3급	일찍 증	3급Ⅱ	옮길 천:	3급Ⅱ	못 택	3급Ⅱ
節	節	蒸	烝	鐵	鉄	兎	兎
마디 절	5급Ⅱ	찔 증	3급Ⅱ	쇠 철	5급	토끼 토	3급Ⅱ
點	点,㸃	證	証	廳	庁	霸	覇
점 점(:)	4급	증거 증	4급	관청 청	4급	으뜸 패:	2급
靜	静	遲	遅	聽	聴	廢	廃
고요할 정	4급	더딜 지 늦을 지	3급	들을 청	4급	폐할 폐: 버릴 폐:	3급Ⅱ
淨	浄	珍	珎	體	体	學	学
깨끗할 정	3급Ⅱ	보배 진	4급	몸 체	6급Ⅱ	배울 학	8급
定	㝎	盡	尽	遞	逓	艦	艦
정할 정	6급	다할 진:	4급	갈릴 체	3급	큰 배 함:	2급
劑	剤	質	貭	觸	触	鄕	郷
약제 제	2급	바탕 질	5급Ⅱ	닿을 촉	3급Ⅱ	시골 향	4급Ⅱ
濟	済	徵	徴	總	総,緫	虛	虚
건널 제:	4급Ⅱ	부를 징	3급Ⅱ	다[皆] 총:	4급Ⅱ	빌 허	4급Ⅱ
齊	斉	贊	賛	聰	聡,聰	獻	献
가지런할 제	3급Ⅱ	도울 찬:	3급Ⅱ	귀밝을 총	3급	드릴 헌:	3급Ⅱ
條	条	讚	讃	沖	冲	險	険
가지 조	4급	기릴 찬:	4급	화할 충	2급	험할 험:	4급
卒	卆	瓚	瓒	蟲	虫	驗	験
마칠 졸	5급Ⅱ	옥잔 찬	2급[名]	벌레 충	4급Ⅱ	시험 험:	4급Ⅱ
從	从,従	鑽	鑚	醉	酔	縣	県
좇을 종(:)	4급	뚫을 찬:	2급[名]	취할 취:	3급Ⅱ	고을 현:	3급

賢	_	賢	惠	_	恵	懷	_	懷
어질 현		4급Ⅱ	은혜 혜		4급Ⅱ	품을 회		3급Ⅱ
顯	_	顕	號	_	号	會	_	会
나타날 현:		4급	이름 호(:)		6급	모일 회:		6급Ⅱ
峽	_	峡	畫	_	画	曉	_	暁
골짜기 협		2급	그림 화: 그을 획(劃)		6급	새벽 효		3급
陜	_	陕	擴	_	拡	效	_	効
좁을 협/ 땅이름 합		2급[名]	넓힐 확		3급	본받을 효		5급Ⅱ
螢	_	蛍	歡	_	欢, 歓	勳	_	勲
반딧불 형		3급	기쁠 환		4급	공 훈		2급

黑	_	黒
검을 흑		5급
興	_	兴
일[盛] 흥(:)		4급Ⅱ
戲	_	戯, 戱
놀이 희		3급Ⅱ

한자능력검정시험
2급 예상문제
(1~10회)

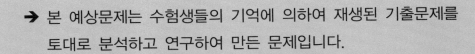

- 예상문제(1~10회)
- 정답(161p~164p)

➔ 본 예상문제는 수험생들의 기억에 의하여 재생된 기출문제를 토대로 분석하고 연구하여 만든 문제입니다.

01 다음 漢字語의 讀音을 쓰시오. (1~45)

1 泥炭 [   ]   2 潭邊 [   ]

3 負戴 [   ]   4 謄本 [   ]

5 被拉 [   ]   6 鳥籠 [   ]

7 療養 [   ]   8 魔窟 [   ]

9 坑殺 [   ]   10 灣溪 [   ]

11 閥閱 [   ]   12 祿俸 [   ]

13 雪膚 [   ]   14 聘禮 [   ]

15 傘伐 [   ]   16 修繕 [   ]

17 憩泊 [   ]   18 魅惑 [   ]

19 赦例 [   ]   20 纖細 [   ]

21 把握 [   ]   22 障礙 [   ]

23 惹起 [   ]   24 歪曲 [   ]

25 雇傭 [   ]   26 膽氣 [   ]

27 挿架 [   ]   28 硯滴 [   ]

29 雌雄 [   ]   30 遮燈 [   ]

31 託宣 [   ]   32 夢幻 [   ]

33 侮蔑 [   ]   34 僻村 [   ]

35 瑞兆 [   ]   36 厭症 [   ]

37 偵探 [   ]   38 締盟 [   ]

39 覇權 [   ]   40 怖畏 [   ]

41 匪徒 [   ]   42 辛酸 [   ]

43 穩健 [   ]   44 彫琢 [   ]

45 慙愧 [   ]

02 다음 漢字의 訓과 音을 쓰시오. (46~72)

46 喉 [   ]   47 揭 [   ]

48 弦 [   ]   49 溺 [   ]

50 隻 [   ]   51 悼 [   ]

52 窒 [   ]   53 輛 [   ]

54 梧 [   ]   55 摩 [   ]

56 矛 [   ]   57 腎 [   ]

58 搬 [   ]   59 網 [   ]

60 翰 [   ]   61 抛 [   ]

62 軸 [   ]   63 駐 [   ]

64 憾 [   ]   65 尉 [   ]

66 諮 [   ]   67 滄 [   ]

68 炊 [   ]   69 塵 [   ]

70 妖 [   ]   71 升 [   ]

72 唆 [   ]

03 다음 각 漢字語 중 첫 音節이 長音인 單語를 찾아 그 번호를 쓰시오. (73~77)

73 ① 羅列 ② 裸木 ③ 洛水 ④ 落葉 [   ]

74 ① 明朝 ② 鳴聲 ③ 綿絲 ④ 免除 [   ]

75 ① 間接 ② 簡單 ③ 幹部 ④ 簡素 [   ]

76 ① 強力 ② 剛氣 ③ 降等 ④ 降伏 [   ]

77 ① 責務 ② 債務 ③ 業務 ④ 政務 [   ]

04 다음의 訓과 音으로 연결된 單語를 漢字(正字)로 쓰시오. (78~85)

78 벼리 기 - 벼리 강 [   ][   ]

79 늙을 로 - 늙은이 옹 [   ][   ]

80 번역할 번 - 번역할 역 [   ][   ]

81 기울 보 - 도울 좌 [   ][   ]

82 호소할 소 - 송사할 송 [   ][   ]

83 자주 빈 - 번성할 번 [   ][   ]

84 영화 영 - 기릴 예 [   ][   ]

85 막을 저 - 겨룰 항 [   ][   ]

05 다음 각 글자에 同訓字를 연결하여 單語를 完成하시오. (86~95)

86 裝 [　　] 　　87 [　　] 勵

88 崩 [　　] 　　89 [　　] 篤

90 傲 [　　] 　　91 [　　] 壓

92 嫌 [　　] 　　93 [　　] 謬

94 詐 [　　] 　　95 [　　] 稅

06 다음 글자와 意味上 對立되는 漢字를 적어 實用性 있는 單語를 만드시오. (96~105)

96 深 [　　] 　　97 [　　] 晩

98 添 [　　] 　　99 [　　] 退

100 縱 [　　] 　　101 [　　] 富

102 愛 [　　] 　　103 [　　] 給

104 賞 [　　] 　　105 [　　] 急

07 다음 四字成語가 完成되도록 (　) 속의 말을 漢字로 고쳐 쓰시오. (106~110)

106 (고식)之計 　　[　　　　　]

107 斯文(난적) 　　[　　　　　]

108 (멸사)奉公 　　[　　　　　]

109 風餐(노숙) 　　[　　　　　]

110 (지록)爲馬 　　[　　　　　]

08 다음 각 單語의 同音異義語를 漢字로 쓰되, 미리 提示된 뜻에 맞추시오. (111~115)

111 (凍屍) : 아동의 정서를 읊은 자유시

　　　　　　　　　　　　　　[　　　　]

112 (團長) : 낮고 작은 담 　　[　　　　]

113 (謀士) : 사물을 형체 그대로 그림 [　　　　]

114 (美觀) : 보잘것없는 낮은 벼슬자리

　　　　　　　　　　　　　　[　　　　]

115 (補助) : 여러 사람의 걸음걸이의 속도나 모양

　　　　　　　　　　　　　　[　　　　]

09 다음 漢字의 部首를 쓰시오. (116~120)

116 勝 [　　　　]

117 徹 [　　　　]

118 貢 [　　　　]

119 獨 [　　　　]

120 蝶 [　　　　]

10 다음 漢字 中 略字는 正字로 바꾸고, 正字는 略字로 고쳐 쓰시오. (121~125)

121 窈 [　　　　]

122 圍 [　　　　]

123 双 [　　　　]

124 龜 [　　　　]

125 鑛 [　　　　]

11 다음 (　) 속의 단어를 漢字로 바꾸어 쓰시오. (126~130)

126 (두발) : 머리털 　　　　　[　　　　]

127 (긍의) : 수긍하는 생각 　[　　　　]

128 (강녕) : 몸이 건강하고 마음이 편안함

　　　　　　　　　　　　　[　　　　]

129 (맹수) : 사나운 짐승 　　[　　　　]

130 (명계) : 마음에 간직하여 경계함 [　　　　]

12 다음에 提示된 뜻과 같은 四字成語를 漢字로 쓰시오. (131~135)

131 [　][　] : 그릇된 의견과 길을 버리고 바른 길을 드러냄

132 [　][　] : 이리 저리 어수선하게 흩어져 체계를 세우거나 갈피를 잡을 수 없이 됨

133 [　][　] : 겉으로 보기에는 부드럽고 순하나 속은 꿋꿋하고 곧음

134 [　][　] : 영리한 새는 나무를 가려서 앉는다.

135 [　][　] : 결점을 고치려다가 지나쳐서 도리어 일을 그르침

⓭ 다음 각 文章의 밑줄 친 單語 중 한글로 表記된 것은 漢字로 고치고, 漢字로 表記된 것에는 그 讀音을 쓰시오. (136~150)

극단[136]으로 對立되는 思想이나 집단[137]일지라도 그 사이에 유사성[138]이 全無한 경우는 찾아볼 수 없고, 그 출발 근거[139]나 목표하는 바 등이 90%의 공통성과 10%의 상위성[140]을 함께 지닐 때, 이 10%의 차이에 전체의 가치를 부여[141]함으로써 초래[142]되는 葛藤[143]이었음을 無數히 확인할 수 있다. 다시 말하면 兩者의 공통성을 논리[144]의 기반[145]으로 하고 對立되는 兩面을 同時 관찰[146]하여 서로 補完하려는 것이 아니라, 더 크고 중요한 동질성의 기반은 무시한 채 작은 이질성[147]에 논의의 焦點[148]을 맞추고 兩者 擇一의 배타적[149] 태도[150]를 취함으로써 많은 잘못을 범하여 온 것이다.

136 [   ] 137 [   ]

138 [   ] 139 [   ]

140 [   ] 141 [   ]

142 [   ] 143 [   ]

144 [   ] 145 [   ]

146 [   ] 147 [   ]

148 [   ] 149 [   ]

150 [   ]

제2회

(社) 한국어문회 주관・한국한자능력검정회 시행

한자능력검정시험 2급 예상문제

문 항 수 : 150문항
합격문항 : 105문항
제한시간 : 60분

01 다음 漢字語의 讀音을 쓰시오. (1~45)

1 琢磨 [   ]   2 窒礙 [   ]

3 繕寫 [   ]   4 仰瞻 [   ]

5 抑沮 [   ]   6 欽慕 [   ]

7 耽溺 [   ]   8 腐爛 [   ]

9 誤謬 [   ]   10 解雇 [   ]

11 購販 [   ]   12 捕捉 [   ]

13 敎唆 [   ]   14 師傅 [   ]

15 傲慢 [   ]   16 疲弊 [   ]

17 裸麥 [   ]   18 燦然 [   ]

19 煉獄 [   ]   20 硫酸 [   ]

21 霸權 [   ]   22 抛棄 [   ]

23 怖懼 [   ]   24 艦艇 [   ]

25 杏壇 [   ]   26 鑄型 [   ]

27 炯眼 [   ]   28 扈衛 [   ]

29 酷虐 [   ]   30 幻惑 [   ]

31 輪廻 [   ]   32 勳閥 [   ]

33 遺憾 [   ]   34 揭載 [   ]

35 干戈 [   ]   36 膠漆 [   ]

37 魔窟 [   ]   38 採掘 [   ]

39 闕漏 [   ]   40 借款 [   ]

41 鍛鍊 [   ]   42 哀悼 [   ]

43 惇德 [   ]   44 棟梁 [   ]

45 亮察 [   ]

02 다음 漢字의 訓과 音을 쓰시오. (46~72)

46 柯 [   ]   47 濃 [   ]

48 玲 [   ]   49 矛 [   ]

50 舶 [   ]   51 潭 [   ]

52 蓼 [   ]   53 惹 [   ]

54 雌 [   ]   55 杰 [   ]

56 旌 [   ]   57 隻 [   ]

58 膽 [   ]   59 伽 [   ]

60 麟 [   ]   61 綜 [   ]

62 疆 [   ]   63 坌 [   ]

64 癌 [   ]   65 蠶 [   ]

66 耆 [   ]   67 蘆 [   ]

68 杆 [   ]   69 旻 [   ]

70 沐 [   ]   71 硯 [   ]

72 葛 [   ]

03 첫 音節이 長音인 漢字語를 가려 그 번호를 쓰시오. (73~77)

73 ① 賀禮 ② 揮毫 ③ 升鑑 ④ 謙讓 [   ]

74 ① 茶菓 ② 懲毖 ③ 迷夢 ④ 棋譜 [   ]

75 ① 胡桃 ② 賜藥 ③ 素材 ④ 飼養 [   ]

76 ① 玄妙 ② 梧桐 ③ 藤菊 ④ 鍵盤 [   ]

77 ① 雉岳 ② 魏徵 ③ 假橋 ④ 空欄 [   ]

04 다음 漢字와 意味上 反對(또는 相對)되는 漢字를 써넣어 漢字語를 완성하시오. (78~82)

78 乾 ↔ [   ]

79 伸 ↔ [   ]

80 添 ↔ [   ]

81 衆 ↔ [   ]

82 雅 ↔ [   ]

05 다음 漢字語와 意味上 反對(또는 相對)되는 漢字語를 漢字로 쓰시오. (83~87)

83 降臨 ↔ [   ][   ]

84 具體 ↔ [   ][   ]

85 放免 ↔ [   ][   ]

86 嚴格 ↔ [　][　]

87 隆興 ↔ [　][　]

06 다음 (　) 안에 漢字를 써 넣어 四字成語를 완성하시오. (88~92)

88 焦[　]之[　]

89 靑[　][　]藍

90 滄[　]一[　]

91 塵[　][　]山

92 [　][　]皓齒

07 다음 提示된 뜻과 같은 四字成語를 漢字로 쓰시오. (93~97)

93 [　][　][　][　] : 이리저리 마구 찌르고 부딪침

94 [　][　][　][　] : 들어갈수록 점점 경치가 좋음

95 [　][　][　][　] : 이제까지 그 누구도 밟아보지 못한 곳

96 [　][　][　][　] : 출세하여 이름을 세상에 떨침

97 [　][　][　][　] : 날이 오래고 달이 깊어감

08 다음 漢字의 部首를 쓰시오. (98~102)

98 瓜 [　]

99 邱 [　]

100 燾 [　]

101 粲 [　]

102 赦 [　]

09 다음 漢字와 意味上 통하는 漢字를 써 넣어 漢字語를 완성하시오. (103~109)

103 冀[　] 　　104 痲[　]

105 勉[　] 　　106 辭[　]

107 [　]膽

10 미리 提示된 다음 각 單語의 同音異義語를 주어진 뜻에 맞게 漢字로 쓰시오. (108~112)

108 (環帶) : 반기어 후하게 접대함　[　]

109 (轉運) : 전쟁이 벌어지려는 살기 띤 형세 [　]

110 (英偉) : 일을 경영함　[　]

111 (系圖) : 계발하고 지도함　[　]

112 (早起) : 조의를 표하는 검은 기　[　]

11 다음 漢字語의 뜻을 쓰시오. (113~117)

113 慘變　[　]

114 殆半　[　]

115 壽宴　[　]

116 頻發　[　]

117 招聘　[　]

12 다음 漢字의 略字를 쓰시오. (118~120)

118 監 [　]

119 寶 [　]

120 巖 [　]

13 다음 글을 읽고 밑줄 친 漢字語의 漢字를 正字로 쓰시오. (121~141)

국제적인 교섭[121]에서는 투철[122]한 주장, 적절한 지연[123]술, 위장[124], 작전, 긴장[125]상태[126] 조성, 촉박[127]한 일정 설정, 극적[128]인 타협[129]등 여러 가지 비장[130]의 협상 술이 활용된다.

한국 조선[131]산업을 위협[132]적으로 맹추격[133]하고 있는 나라를 견제[134]하기 위해 업체들이 힘을 모아 고 부가[135]가치[136]선박 건조에 주력하기로 했다.

지구 온난[137]화로 인한 강수량 감소[138]는 농사에는 재앙[139]이다. 지난 해 가뭄으로 세계 곡물[140]값은 폭등[141]했다.

121 [　　　　] 　122 [　　　　]

123 [　　　　] 　124 [　　　　]

125 [　　　　] 　126 [　　　　]

127 [　　　　] 　128 [　　　　]

129 [　　　　] 　130 [　　　　]

131 [　　　　] 　132 [　　　　]

133 [　　　　] 　134 [　　　　]

135 [　　　　] 　136 [　　　　]

137 [　　　　] 　138 [　　　　]

139 [　　　　] 　140 [　　　　]

141 [　　　　]

⑭ 다음의 訓과 音으로 연결된 單語를 漢字(正字)로 쓰시오. (142~150)

142 살필 심 – 조사할 사 : [　　][　　]

143 꾈 유 – 이를 치 : [　　][　　]

144 깃 우 – 날개 익 : [　　][　　]

145 가벼울 경 – 엷을 박 : [　　][　　]

146 미리 예 – 헤아릴 측 : [　　][　　]

147 모래 사 – 넓을 막 : [　　][　　]

148 근심 우 – 근심 환 : [　　][　　]

149 비석 비 – 새길 명 : [　　][　　]

150 싫어할 혐 – 의심할 의 : [　　][　　]

수험번호 □□□-□□-□□□□　　　　**성명** □□□□□

생년월일 □□□□□□□

※ 유성 싸인펜, 붉은색 필기구 사용 불가.

※ 답안지는 컴퓨터로 처리되므로 구기거나 더럽히지 마시고, 정답 칸 안에만 쓰십시오. 글씨가 채점란으로 들어오면 오답처리가 됩니다.

제　　회 전국한자능력검정시험 2급 답안지(1)　(시험시간 60분)

번호	정답 (답안란)	1검	2검	번호	정답 (답안란)	1검	2검	번호	정답 (답안란)	1검	2검
1				24				47			
2				25				48			
3				26				49			
4				27				50			
5				28				51			
6				29				52			
7				30				53			
8				31				54			
9				32				55			
10				33				56			
11				34				57			
12				35				58			
13				36				59			
14				37				60			
15				38				61			
16				39				62			
17				40				63			
18				41				64			
19				42				65			
20				43				66			
21				44				67			
22				45				68			
23				46				69			

	감독위원	채점위원(1)		채점위원(2)		채점위원(3)	
	(서명)	(득점)	(서명)	(득점)	(서명)	(득점)	(서명)

※ 뒷면으로 이어짐

※ 답안지는 컴퓨터로 처리되므로 구기거나 더럽히지 마시고, 정답 칸 안에만 쓰십시오. 글씨가 채점란으로 들어오면 오답처리가 됩니다.

제   회 전국한자능력검정시험 2급 답안지(2)

번호	정답	1검	2검	번호	정답	1검	2검	번호	정답	1검	2검
70				97				124			
71				98				125			
72				99				126			
73				100				127			
74				101				128			
75				102				129			
76				103				130			
77				104				131			
78				105				132			
79				106				133			
80				107				134			
81				108				135			
82				109				136			
83				110				137			
84				111				138			
85				112				139			
86				113				140			
87				114				141			
88				115				142			
89				116				143			
90				117				144			
91				118				145			
92				119				146			
93				120				147			
94				121				148			
95				122				149			
96				123				150			

수험번호 □□□-□□-□□□□　　　성명 □□□□□

생년월일 □□□□□□□

※ 유성 싸인펜, 붉은색 필기구 사용 불가.

※ 답안지는 컴퓨터로 처리되므로 구기거나 더럽히지 마시고, 정답 칸 안에만 쓰십시오. 글씨가 채점란으로 들어오면 오답처리가 됩니다.

제　　회 전국한자능력검정시험 2급 답안지(1)　 (시험시간 60분)

번호	정답	1검	2검	번호	정답	1검	2검	번호	정답	1검	2검
1				24				47			
2				25				48			
3				26				49			
4				27				50			
5				28				51			
6				29				52			
7				30				53			
8				31				54			
9				32				55			
10				33				56			
11				34				57			
12				35				58			
13				36				59			
14				37				60			
15				38				61			
16				39				62			
17				40				63			
18				41				64			
19				42				65			
20				43				66			
21				44				67			
22				45				68			
23				46				69			

감독위원	채점위원(1)		채점위원(2)		채점위원(3)	
(서명)	(득점)	(서명)	(득점)	(서명)	(득점)	(서명)

※ 뒷면으로 이어짐

※ 답안지는 컴퓨터로 처리되므로 구기거나 더럽히지 마시고, 정답 칸 안에만 쓰십시오. 글씨가 채점란으로 들어오면 오답처리가 됩니다.

제　　회 전국한자능력검정시험 2급 답안지(2)

번호	정답	1검	2검	번호	정답	1검	2검	번호	정답	1검	2검
70				97				124			
71				98				125			
72				99				126			
73				100				127			
74				101				128			
75				102				129			
76				103				130			
77				104				131			
78				105				132			
79				106				133			
80				107				134			
81				108				135			
82				109				136			
83				110				137			
84				111				138			
85				112				139			
86				113				140			
87				114				141			
88				115				142			
89				116				143			
90				117				144			
91				118				145			
92				119				146			
93				120				147			
94				121				148			
95				122				149			
96				123				150			

01 다음 漢字語의 讀音을 쓰시오. (1~45)

1 戴冠 [   ]   2 僻巷 [   ]
3 耽溺 [   ]   4 茅廬 [   ]
5 靺鞨 [   ]   6 蟾眼 [   ]
7 憩息 [   ]   8 佾舞 [   ]
9 塵埃 [   ]   10 疆宇 [   ]
11 匪賊 [   ]   12 鑄鐵 [   ]
13 播遷 [   ]   14 締盟 [   ]
15 畢竟 [   ]   16 掘穴 [   ]
17 酷似 [   ]   18 坑陷 [   ]
19 厭離 [   ]   20 誕妄 [   ]
21 隻步 [   ]   22 盈滿 [   ]
23 惹端 [   ]   24 隔隣 [   ]
25 惇惠 [   ]   26 炊煙 [   ]
27 怖畏 [   ]   28 搜索 [   ]
29 衷懷 [   ]   30 覆蓋 [   ]
31 抛棄 [   ]   32 狂奔 [   ]
33 障礙 [   ]   34 屍臭 [   ]
35 魅惑 [   ]   36 慙愧 [   ]
37 激勵 [   ]   38 兢懼 [   ]
39 愚弄 [   ]   40 濫獲 [   ]
41 淡然 [   ]   42 誤謬 [   ]
43 膽弱 [   ]   44 款項 [   ]
45 閨怨 [   ]

02 다음 漢字의 訓과 音을 쓰시오. (46~72)

46 噫 [   ]   47 杆 [   ]
48 杜 [   ]   49 灣 [   ]
50 紹 [   ]   51 晢 [   ]
52 餐 [   ]   53 窒 [   ]
54 鼎 [   ]   55 睿 [   ]
56 銖 [   ]   57 升 [   ]
58 紡 [   ]   59 珏 [   ]
60 雇 [   ]   61 尼 [   ]
62 藍 [   ]   63 昴 [   ]
64 鉢 [   ]   65 唆 [   ]
66 璇 [   ]   67 纖 [   ]
68 鴨 [   ]   69 彦 [   ]
70 汪 [   ]   71 沮 [   ]
72 滄 [   ]

03 다음 각 漢字語 중 첫 音節이 長音인 單語를 골라 그 번호를 쓰시오. (73~77)

73 ① 家屋 ② 假睡 ③ 歌謠 ④ 街路樹 [   ]
74 ① 埋葬 ② 妹夫 ③ 賣上 ④ 賣買 [   ]
75 ① 動作 ② 同一 ③ 銅鏡 ④ 東西 [   ]
76 ① 元素 ② 圓形 ③ 源流 ④ 遠近 [   ]
77 ① 財物 ② 災殃 ③ 再審 ④ 材木 [   ]

04 다음의 訓과 音으로 연결된 單語를 漢字(正字)로 쓰시오. (78~85)

78 목마를 갈 - 중세 증 : [   ][   ]
79 말씀 사 - 사양할 양 : [   ][   ]
80 훔칠 절 - 도둑 도 : [   ][   ]
81 자세할 상 - 가늘 세 : [   ][   ]
82 여러 루 - 쌓을 적 : [   ][   ]
83 응할 응 - 모을 모 : [   ][   ]
84 말씀 변 - 논할 론 : [   ][   ]
85 베풀 선 - 날릴 양 : [   ][   ]

05 다음 각 글자에 同訓字를 적어 널리 쓰이는 單語를 만드시오. (86~95)

86 報 [　　]　　　87 [　　] 去

88 徒 [　　]　　　89 [　　] 瑞

90 終 [　　]　　　91 [　　] 還

92 廣 [　　]　　　93 [　　] 策

94 嫌 [　　]　　　95 [　　] 客

06 다음 글자에 反義字 또는 意味上 對立되는 漢字를 적어 널리 쓰이는 單語를 만드시오. (96~105)

96 開 [　　]　　　97 [　　] 薄

98 盛 [　　]　　　99 [　　] 橫

100 尊 [　　]　　101 [　　] 悲

102 取 [　　]　　103 [　　] 沈

104 早 [　　]　　105 [　　] 益

07 다음 四字成語가 完成되도록 (　) 속의 말을 漢字로 고치시오. (106~110)

106 (상전)碧海　　　[　　　　　]

107 孤掌(난명)　　　[　　　　　]

108 (멸사)奉公　　　[　　　　　]

109 空前(절후)　　　[　　　　　]

110 目不(인견)　　　[　　　　　]

08 다음 뜻에 맞는 同音異義語를 漢字로 쓰시오. (硬軟音, 長短音의 차이는 무시함) (111~115)

111 (讀音) : 혼자서 시가 등을 읊음 [　　　　]

112 (消極) : 익살과 웃음거리를 주로 하여 관중을 웃게 하는 연극 [　　　　]

113 (更張) : 홀가분하게 차린 차림새 [　　　　]

114 (推問) : 아름답지 못한 소문 [　　　　]

115 (間性) : 간곡하고 성실함 [　　　　]

09 다음 漢字의 部首를 쓰시오. (116~120)

116 稻 [　　　　]

117 看 [　　　　]

118 畓 [　　　　]

119 照 [　　　　]

120 頂 [　　　　]

10 다음 漢字 中 略字는 正字로, 正字는 略字로 바꾸어 쓰시오. (121~125)

121 岩 [　　　　]

122 台 [　　　　]

123 辺 [　　　　]

124 獵 [　　　　]

125 擴 [　　　　]

11 다음(　) 속의 單語를 漢字로 쓰시오. (126~135)

126 (위로) : 수고를 치사하여 마음을 즐겁게 함 [　　　　]

127 (작량) : 짐작하여 헤아림 [　　　　]

128 (규찰) : 죄상 등을 캐물어 자세히 밝힘 [　　　　]

129 (산만) : 걷잡을 수 없이 어수선하게 흩어져 퍼져 있음 [　　　　]

130 (최루) : 눈물을 나오게 함 [　　　　]

131 (폭서) : 혹독하게 사나운 더위 [　　　　]

132 (탄금) : 거문고 가야금 등을 탐 [　　　　]

133 (헌배) : 술잔을 드림 [　　　　]

134 (축송) : 쫓아 보냄 [　　　　]

135 (질서) : 사물의 조리, 또는 그 순서 [　　　　]

⓬ 다음에 提示된 뜻을 지닌 四字成語가 完成되도록 (   ) 속의 말을 漢字로 쓰시오. (136~140)

136 (역지)思之 : 처지를 바꾸어서 생각함

[   ]

137 同病(상련) : 어려운 처지에 있는 사람끼리 동정하고 도움 [   ]

138 (무실)力行 : 참되고 실속 있도록 힘써 실행함

[   ]

139 龍頭(사미) : 처음은 성하나 끝이 부진한 형상을 비유한 말 [   ]

140 (호사)多魔 : 좋은 일에는 흔히 괴이한 장애가 들기 쉬움 [   ]

⓭ 다음 각 문장의 밑줄 친 單語 중 한글로 기록된 것은 漢字로 바꾸고, 漢字로 기록된 것에는 그 讀音을 쓰고, (   ) 속에는 적당한 말을 쓰시오. (141~150)

(가) '滑'字는 "미끄러울 활"과 "익살스러울 (   )[141]"로 읽히는 글자이고, '辰'字는 "별 진"과 "(_____)[142]신"으로 읽히는 글자이다.

(나) 권력자는 面從腹背[143]하는 아첨배를 경계[144]해야 한다.

(다) 14세기 영국 시인 초오서(Chaucer)가 "기사는 언제나 진실과 명예[145]와 예의범절[146]과 기사도[147]를 사랑했다."고 한 대목이 있다. 오늘날의 선비나 인텔리는 옛 기사들과 같은 조직[148]을 갖지 못했을 뿐, 개명한 사회의 기사임에 틀림없다.

(라) '돈독[149]'은 "인정이 두텁다"는 뜻이요, '(   )(   )[150]報恩'은 "죽어서도 은혜를 갚는다"는 뜻이다.

141 [   ] **142** [   ]

143 [   ] **144** [   ]

145 [   ] **146** [   ]

147 [   ] **148** [   ]

149 [   ] **150** [   ]

(社) 한국어문회 주관·한국한자능력검정회 시행

한자능력검정시험 2급 예상문제

문 항 수 : 150문항
합격문항 : 105문항
제한시간 : 60분

01 다음 漢字語의 讀音을 쓰시오. (1~45)

1 膠着 [　　　] 　 2 抛棄 [　　　]

3 錯覺 [　　　] 　 4 揭揚 [　　　]

5 甄陶 [　　　] 　 6 雇傭 [　　　]

7 忌避 [　　　] 　 8 推戴 [　　　]

9 封鎖 [　　　] 　 10 蠻勇 [　　　]

11 魅醉 [　　　] 　 12 冕服 [　　　]

13 矛盾 [　　　] 　 14 運搬 [　　　]

15 俸祿 [　　　] 　 16 師傅 [　　　]

17 硫酸 [　　　] 　 18 挿話 [　　　]

19 明哲 [　　　] 　 20 碩座 [　　　]

21 暹羅 [　　　] 　 22 赤裸裸 [　　　　]

23 專賣 [　　　] 　 24 歸巢 [　　　]

25 娩痛 [　　　] 　 26 紊亂 [　　　]

27 琴瑟 [　　　] 　 28 飢餓 [　　　]

29 障礙 [　　　] 　 30 屍身 [　　　]

31 郁馥 [　　　] 　 32 蹊嶺 [　　　]

33 敷衍 [　　　] 　 34 竊盜 [　　　]

35 診察 [　　　] 　 36 斬殺 [　　　]

37 聚穀 [　　　] 　 38 杜隔 [　　　]

39 彰德 [　　　] 　 40 泌尿 [　　　]

41 厭症 [　　　] 　 42 進陟 [　　　]

43 鼎銘 [　　　] 　 44 藝苑 [　　　]

45 弦矢 [　　　]

02 위의 漢字語(1~20) 가운데에서 첫 음절이 장음인 한자어의 번호를 차례대로 다섯만 쓰시오. (46~50)

46 [　　] 　　　　 47 [　　]

48 [　　] 　　　　 49 [　　]

50 [　　]

03 다음 漢字의 訓과 音을 쓰시오. (51~77)

51 軻 [　　　] 　 52 伽 [　　　]

53 葛 [　　　] 　 54 憾 [　　　]

55 岡 [　　　] 　 56 憩 [　　　]

57 炅 [　　　] 　 58 購 [　　　]

59 旭 [　　　] 　 60 濃 [　　　]

61 悼 [　　　] 　 62 膽 [　　　]

63 瑗 [　　　] 　 64 煉 [　　　]

65 謬 [　　　] 　 66 枚 [　　　]

67 釣 [　　　] 　 68 紡 [　　　]

69 旌 [　　　] 　 70 旨 [　　　]

71 刹 [　　　] 　 72 耀 [　　　]

73 佑 [　　　] 　 74 怡 [　　　]

75 晶 [　　　] 　 76 遮 [　　　]

77 爀 [　　　]

04 다음 글 가운데 밑줄 친 漢字語를 正字로 쓰시오. (78~107)

(가) 수하[78]물이 분실[79]되어 찾고 있는데, 안내원이 지체[80]할 수 없다고 최촉[81]한다. 차로에서는 질주[82]하는 차들의 매연으로 호흡[83]이 힘들어 곤욕[84]을 치렀다.

(나) 후보[85] 연루[86]의혹[87]의 증거[88]물 은폐[89]로 수사[90]발표는 혼선[91]을 겪고 있다.

(다) 위장[92]분식[93]회계로 휴대[94]전화 요금 횡령[95] 등 확인[96]할 내용이 많아 격분[97]한 당국이 간사[98]최측근[99]을 불렀다.

(라) 적진[100]에서 도발[101]하는 경우[102]에는 흉모[103]를 철저[104]히 격파[105]하고 재발 억제[106]를 위한 계획[107]을 세워야 한다.

78 [   ]   79 [   ]

80 [   ]   81 [   ]

82 [   ]   83 [   ]

84 [   ]   85 [   ]

86 [   ]   87 [   ]

88 [   ]   89 [   ]

90 [   ]   91 [   ]

92 [   ]   93 [   ]

94 [   ]   95 [   ]

96 [   ]   97 [   ]

98 [   ]   99 [   ]

100 [   ]   101 [   ]

102 [   ]   103 [   ]

104 [   ]   105 [   ]

106 [   ]   107 [   ]

05 다음 漢字와 意味가 비슷한 漢字를 적어 單語를 完成하시오. (108~112)

108 覆 [   ]   109 閨 [   ]

110 鍛 [   ]   111 勉 [   ]

112 詐 [   ]

06 다음 漢字語와 反對 또는 相對되는 漢字語를 쓰시오. (113~122)

113 冷却 ↔ [   ][   ]

114 富貴 ↔ [   ][   ]

115 民卑 ↔ [   ][   ]

116 需要 ↔ [   ][   ]

117 白髮 ↔ [   ][   ]

118 深愛 ↔ [   ][   ]

119 投降 ↔ [   ][   ]

120 銳利 ↔ [   ][   ]

121 冒頭 ↔ [   ][   ]

122 怨恨 ↔ [   ][   ]

07 다음 漢字의 略字를 쓰시오. (123~125)

123 雙 [   ]

124 歡 [   ]

125 觸 [   ]

08 다음에 제시된 뜻에 맞는 同音異義 漢字語를 正字로 쓰시오. (126~130)

126 告廟 – [   ][   ] : 옛무덤

127 功名 – [   ][   ] : 텅 빈 하늘

128 棋壇 – [   ][   ] : 거의 성질이 같은 공기 덩어리

129 端石 – [   ][   ] : 아침과 저녁

130 早霜 – [   ][   ] : 문상을 하다

09 다음 빈 칸에 漢字를 써 넣어 四字成語를 完成하시오. (131~140)

131 畫 [   ] 添 [   ]

132 [   ] 定 [   ] 省

133 飽 [   ] 暖 [   ]

134 千 [   ] 萬 [   ]

135 [   ] 令 [   ] 改

136 [   ] 風 [   ] 月

137 烏 [   ] 梨 [   ]

138 [   ] 禍 [   ] 福

139 五 [   ] 霧 [   ]

140 四 [   ] 無 [   ]

10 다음 漢字의 部首를 쓰시오. (141~145)

141 兼 [   ]

142 魯 [   ]

143 腹 [   ]

144 頂 [   ]

145 被 [   ]

⓫ 다음 漢字語의 뜻을 우리말(고유어)로 쓰시오.

(146~150)

146 姑婦   [   ]

147 耐火   [   ]

148 望士   [   ]

149 築港   [   ]

150 幻影   [   ]

수험번호 □□□-□□-□□□□　　　성명 □□□□□

생년월일 □□□□□□□

※ 유성 싸인펜, 붉은색 필기구 사용 불가.

※ 답안지는 컴퓨터로 처리되므로 구기거나 더럽히지 마시고, 정답 칸 안에만 쓰십시오. 글씨가 채점란으로 들어오면 오답처리가 됩니다.

제　회 전국한자능력검정시험 2급 답안지(1)　(시험시간 60분)

번호	정답	1검	2검	번호	정답	1검	2검	번호	정답	1검	2검
	답안란	채점란			답안란	채점란			답안란	채점란	
1				24				47			
2				25				48			
3				26				49			
4				27				50			
5				28				51			
6				29				52			
7				30				53			
8				31				54			
9				32				55			
10				33				56			
11				34				57			
12				35				58			
13				36				59			
14				37				60			
15				38				61			
16				39				62			
17				40				63			
18				41				64			
19				42				65			
20				43				66			
21				44				67			
22				45				68			
23				46				69			

	감독위원	채점위원(1)		채점위원(2)		채점위원(3)	
	(서명)	(득점)	(서명)	(득점)	(서명)	(득점)	(서명)

※ 뒷면으로 이어짐

※ 답안지는 컴퓨터로 처리되므로 구기거나 더럽히지 마시고, 정답 칸 안에만 쓰십시오. 글씨가 채점란으로 들어오면 오답처리가 됩니다.

제　　　회 전국한자능력검정시험 2급 답안지(2)

번호	정답	1검	2검	번호	정답	1검	2검	번호	정답	1검	2검
70				97				124			
71				98				125			
72				99				126			
73				100				127			
74				101				128			
75				102				129			
76				103				130			
77				104				131			
78				105				132			
79				106				133			
80				107				134			
81				108				135			
82				109				136			
83				110				137			
84				111				138			
85				112				139			
86				113				140			
87				114				141			
88				115				142			
89				116				143			
90				117				144			
91				118				145			
92				119				146			
93				120				147			
94				121				148			
95				122				149			
96				123				150			

수험번호 □□□-□□-□□□□　　　　　성명 □□□□□

생년월일 □□□□□□□

※ 유성 싸인펜, 붉은색 필기구 사용 불가.

※ 답안지는 컴퓨터로 처리되므로 구기거나 더럽히지 마시고, 정답 칸 안에만 쓰십시오. 글씨가 채점란으로 들어오면 오답처리가 됩니다.

제　　회 전국한자능력검정시험 2급 답안지(1)　(시험시간 60분)

번호	답안란 정답	채점란 1검	2검	번호	답안란 정답	채점란 1검	2검	번호	답안란 정답	채점란 1검	2검
1				24				47			
2				25				48			
3				26				49			
4				27				50			
5				28				51			
6				29				52			
7				30				53			
8				31				54			
9				32				55			
10				33				56			
11				34				57			
12				35				58			
13				36				59			
14				37				60			
15				38				61			
16				39				62			
17				40				63			
18				41				64			
19				42				65			
20				43				66			
21				44				67			
22				45				68			
23				46				69			

	감독위원	채점위원(1)		채점위원(2)		채점위원(3)	
	(서명)	(득점)	(서명)	(득점)	(서명)	(득점)	(서명)

※ 뒷면으로 이어짐

※ 답안지는 컴퓨터로 처리되므로 구기거나 더럽히지 마시고, 정답 칸 안에만 쓰십시오. 글씨가 채점란으로 들어오면 오답처리가 됩니다.

제　　회 전국한자능력검정시험 2급 답안지(2)

번호	정답	1검	2검	번호	정답	1검	2검	번호	정답	1검	2검
70				97				124			
71				98				125			
72				99				126			
73				100				127			
74				101				128			
75				102				129			
76				103				130			
77				104				131			
78				105				132			
79				106				133			
80				107				134			
81				108				135			
82				109				136			
83				110				137			
84				111				138			
85				112				139			
86				113				140			
87				114				141			
88				115				142			
89				116				143			
90				117				144			
91				118				145			
92				119				146			
93				120				147			
94				121				148			
95				122				149			
96				123				150			

01 다음 漢字語의 讀音을 쓰시오. (1~45)

1 敷衍 [   ]　　2 瑞兆 [   ]

3 茅屋 [   ]　　4 盈滿 [   ]

5 麒麟 [   ]　　6 沮喪 [   ]

7 鴨獵 [   ]　　8 瞻望 [   ]

9 耽溺 [   ]　　10 馨香 [   ]

11 偏狂 [   ]　　12 欽遵 [   ]

13 雉兔 [   ]　　14 駿逸 [   ]

15 旌顯 [   ]　　16 炊湯 [   ]

17 葛藤 [   ]　　18 膠泥 [   ]

19 淚管 [   ]　　20 蓬頭 [   ]

21 療飢 [   ]　　22 闕焉 [   ]

23 蠻俗 [   ]　　24 籠絡 [   ]

25 磨墨 [   ]　　26 賠償 [   ]

27 巢窟 [   ]　　28 縫針 [   ]

29 鬱寂 [   ]　　30 令胤 [   ]

31 疆界 [   ]　　32 淮河 [   ]

33 弦月 [   ]　　34 誕辰 [   ]

35 彰著 [   ]　　36 峻嶺 [   ]

37 肩把 [   ]　　38 壞損 [   ]

39 網膜 [   ]　　40 奔騰 [   ]

41 纖度 [   ]　　42 飛禽 [   ]

43 糧穀 [   ]　　44 閨房 [   ]

45 滯積 [   ]

02 다음 漢字의 訓과 音을 쓰시오. (46~72)

46 匈 [   ]　　47 匈 [   ]

48 託 [   ]　　49 怖 [   ]

50 撤 [   ]　　51 瑾 [   ]

52 釣 [   ]　　53 那 [   ]

54 閻 [   ]　　55 熹 [   ]

56 洛 [   ]　　57 晢 [   ]

58 唆 [   ]　　59 丕 [   ]

60 旻 [   ]　　61 崙 [   ]

62 礪 [   ]　　63 燉 [   ]

64 玖 [   ]　　65 楞 [   ]

66 娩 [   ]　　67 鉢 [   ]

68 瑄 [   ]　　69 闋 [   ]

70 艾 [   ]　　71 扁 [   ]

72 楸 [   ]

03 다음 漢字語 중 첫 音節이 長音인 單語를 골라 그 번호를 쓰시오. (73~77)

73 ① 康寧　② 講義　③ 強力　④ 江村　[   ]

74 ① 問題　② 文法　③ 紋樣　④ 門戶　[   ]

75 ① 同一　② 東西　③ 銅鏡　④ 動線　[   ]

76 ① 材木　② 災殃　③ 再會　④ 財貨　[   ]

77 ① 數理　② 隨筆　③ 秀麗　④ 修養　[   ]

04 다음의 訓과 음으로 연결된 單語를 漢字(正字)로 쓰시오. (78~85)

78 청렴할 렴 - 값 가　　[   ][   ]

79 무릅쓸 모 - 험할 험　　[   ][   ]

80 얼음 빙 - 숯 탄　　[   ][   ]

81 넓힐 확 - 흩을 산　　[   ][   ]

82 밀 추 - 천거할 천　　[   ][   ]

83 징계할 징 - 경계할 계　　[   ][   ]

84 권할 권 - 장려할 장　　[   ][   ]

85 알 인 - 알 식　　[   ][   ]

05 다음 각 글자에 同訓字를 넣어 널리 쓰이는 單語를 만드시오. (86~95)

86 跳 [   ]   87 [   ] 瑟

88 將 [   ]   89 [   ] 綱

90 裝 [   ]   91 [   ] 勵

92 殘 [   ]   93 [   ] 在

94 組 [   ]   95 [   ] 謠

06 다음 글자에 反義字 또는 意味上 對立되는 漢字를 적어 널리 쓰이는 單語를 만드시오. (96~105)

96 順 [   ]   97 [   ] 重

98 添 [   ]   99 [   ] 迎

100 愛 [   ]   101 [   ] 陽

102 明 [   ]   103 [   ] 豊

104 動 [   ]   105 [   ] 枯

07 다음 四字成語가 完成되도록 (   ) 속의 말을 漢字로 바꾸어 쓰시오. (106~110)

106 刻骨(난망)   [   ]

107 (남부)女戴   [   ]

108 信賞(필벌)   [   ]

109 (지리)滅裂   [   ]

110 豪言(장담)   [   ]

08 다음 뜻에 맞는 同音異義語를 漢字로 쓰시오. (硬軟音, 長短音의 차이는 무시함) (111~115)

111 (敬請) : 귀를 기울이고 주의하여 들음

[   ]

112 (史記) : 요망스럽고 간악한 기운 [   ]

113 (所願) : 정분이 성기어 사이가 탐탁하지 아니하고 멂   [   ]

114 (優勝) : 어리석은 중   [   ]

115 (定性) : 참되고 성실한 마음   [   ]

09 다음 漢字의 部首를 쓰시오. (116~120)

116 鳴 [   ]

117 庫 [   ]

118 徐 [   ]

119 載 [   ]

120 硏 [   ]

10 다음 漢字 중 略字는 正字로, 正字는 略字로 고쳐 쓰시오. (121~125)

121 繼 [   ]

122 庁 [   ]

123 辭 [   ]

124 県 [   ]

125 譯 [   ]

11 다음 (   ) 속의 單語를 漢字로 쓰시오. (126~135)

126 (보무) : 활발하고 버젓하게 걷는 걸음

[   ]

127 (순력) : 각처로 돌아다니며 구경함

[   ]

128 (장상) : 장수와 재상   [   ]

129 (양도) : 물건을 남에게 넘겨줌   [   ]

130 (고배) : 쓴 술잔. 쓰라린 경험   [   ]

131 (견실) : 튼튼하고 충실함   [   ]

132 (표리) : 속과 겉   [   ]

133 (탁오) : 흐리고 더러움   [   ]

134 (정직) : 징계 처분의 하나. 직무 정지

[   ]

135 (열병) : 군대를 정렬시켜 놓고 검열함

[   ]

⑫ 다음에 提示된 뜻을 지닌 四字成語가 完成되도록 ( ) 속의 말을 漢字로 쓰시오. (136~140)

136 佳人(박명) : 용모가 아름다운 여자는 수명이 짧음 [   ]

137 (능지)處斬 : 머리·손·발 그리고 몸을 토막치던 극형 [   ]

138 是非(곡직) : 옳고 그름과 굽고 곧음 [   ]

139 (솔선)垂範 : 앞장서서 착한 일로 모든 사람의 모범이 되게 함 [   ]

140 養虎(유환) : 화근을 길러 근심을 산다는 말 [   ]

⑬ 다음 각 문장의 밑줄 친 單語 중 한글로 기록된 것은 漢字로 바꾸고, 漢字로 기록된 것에는 그 讀音을 쓰고, ( ) 속에는 적당한 말을 쓰시오. (141~150)

(가) '( )( )[141]添花'와 의미상 대립되는 成語로 '雪上( )( )[142]'을 찾을 수 있다.

(나) '성찰[143]'은 "지난 일을 반성하여 살핀다"는 뜻이요, '赤手( )( )[144]'은 "아무 것도 가진 것이 없음"을 뜻한다.

(다) '沈' 字는 "잠길 침"과 "성 ( )[145]"으로 읽히는 글자이고, '莞' 字는 "빙그레할 ( )[146]"과 "( )[147] ( )[148]"으로 읽히는 글자이다.

(라) 한국어는 고유[149]어와 한자어가 절묘[150]한 調和를 이루고 있다.

141 [   ] 142 [   ]

143 [   ] 144 [   ]

145 [   ] 146 [   ]

147 [   ] 148 [   ]

149 [   ] 150 [   ]

제6회

(社) 한국어문회 주관·한국한자능력검정회 시행

한자능력검정시험 2급 예상문제

문 항 수 : 150문항
합격문항 : 105문항
제한시간 : 60분

01 다음 漢字語의 讀音을 쓰시오. (1~45)

1	頻伽 [　　]	2	釜鼎 [　　]
3	瓜葛 [　　]	4	邊疆 [　　]
5	款誠 [　　]	6	傀奇 [　　]
7	膠沙 [　　]	8	掘穴 [　　]
9	度揆 [　　]	10	兢戒 [　　]
11	厭忌 [　　]	12	焦燥 [　　]
13	排尿 [　　]	14	堤塘 [　　]
15	董督 [　　]	16	磨礪 [　　]
17	廉纖 [　　]	18	魔鬼 [　　]
19	蠻貊 [　　]	20	鬱冒 [　　]
21	翰墨 [　　]	22	蒼旻 [　　]
23	舶賈 [　　]	24	托鉢 [　　]
25	盈滿 [　　]	26	濬潭 [　　]
27	彬蔚 [　　]	28	胃酸 [　　]
29	紹介 [　　]	30	柴炭 [　　]
31	硯滴 [　　]	32	鎔范 [　　]
33	翼戴 [　　]	34	懷妊 [　　]
35	沮抑 [　　]	36	呈訴 [　　]
37	競艇 [　　]	38	耆儒 [　　]
39	險峻 [　　]	40	卷軸 [　　]
41	遺址 [　　]	42	蒙塵 [　　]
43	斬伐 [　　]	44	謄抄 [　　]
45	遮蔽 [　　]		

02 위 (1~20)번까지의 漢字語 가운데 첫 音節이 長音인 漢字語의 번호를 차례대로 5개만 쓰시오. (46~50)

46 [　] 47 [　]
48 [　] 49 [　]
50 [　]

03 다음 漢字의 訓과 音을 쓰시오. (51~72)

51	銖 [　　]	52	龐 [　　]
53	睿 [　　]	54	蟾 [　　]
55	穆 [　　]	56	閣 [　　]
57	悼 [　　]	58	逝 [　　]
59	忐 [　　]	60	尼 [　　]
61	彦 [　　]	62	痲 [　　]
63	艾 [　　]	64	巢 [　　]
65	醴 [　　]	66	冀 [　　]
67	拉 [　　]	68	戈 [　　]
69	唆 [　　]	70	岳 [　　]
71	俸 [　　]	72	屍 [　　]

04 다음 문장에서 밑줄 친 漢字語의 漢字를 正字로 쓰시오. (73~97)

73 그는 그녀에게 다시 한 번 기회를 달라고 <u>간청</u>하였다. [　　]

74 통신과 정보 수단의 발달은 지역 간의 <u>격차</u>를 줄였다. [　　]

75 그 아이는 몸집도 좋은데다가 <u>과묵</u>해서 나이보다 어른스럽게 보였다. [　　]

76 양국이 경제 분야에서 <u>긴밀</u>히 협조하기로 합의했다. [　　]

77 그는 자신의 연주에 <u>도취</u>하여 멈출 줄을 몰랐다. [　　]

78 어머님의 <u>격려</u>는 나의 자신감을 더해 주었다. [　　]

79 멀리서 기적 소리가 <u>희미</u>하게 들렸다. [　　]

80 그 가수는 아이들에게 <u>우상</u>적인 존재이다. [　　]

81 몸길이가 30cm가 넘는 <u>월척</u>을 낚았다.

　　　　　　　　　　　　　　[　　　　]

82 선생님은 나에게 법대 진학을 <u>권유</u>하셨다.

　　　　　　　　　　　　　　[　　　　]

83 이 아파트는 서민들에게 <u>임대</u>될 것입니다.

　　　　　　　　　　　　　　[　　　　]

84 영의정은 허리를 굽혀 임금께 배사하고 <u>어전</u>에서 나왔다.　　　　[　　　　]

85 정부는 재해민에게 <u>조세</u>를 감면해 주었다.

　　　　　　　　　　　　　　[　　　　]

86 실내에서는 실내악이 은은하게 <u>연주</u>되고 있었다.

　　　　　　　　　　　　　　[　　　　]

87 피아간에 많은 사상자만 내고 폭동은 허망하게 <u>진압</u>되었다.　　　　[　　　　]

88 지진이 잦은 지역이라 <u>내진</u>할 수 있도록 건물의 기초 공사를 튼튼히 한다.　[　　　　]

89 꿈에 본 사람을 실제로 만난 것 같은 <u>착각</u>이 든다.　　　　　　　[　　　　]

90 행사 일정이 너무 <u>촉박</u>하게 잡혀 많은 준비를 하지 못했다.　　　　[　　　　]

91 길 한가운데에서 화물차가 버스와 <u>충돌</u>하였다.

　　　　　　　　　　　　　　[　　　　]

92 멸구가 벼 속에 <u>침투</u>해 벼농사에 해를 입혔다.

　　　　　　　　　　　　　　[　　　　]

93 선비들이 서원을 근거 삼아 행하는 <u>폐단</u>은 여간이 아니었다.　　　　[　　　　]

94 선창에는 화물선이 막 도착해 인부들이 부산하게 화물을 <u>하역</u>하고 있었다.　[　　　　]

95 기압골의 <u>영향</u>으로 한차례 비가 내릴 것으로 예상된다.　　　　　[　　　　]

96 두 나라 간에 어업 협정이 주요 <u>현안</u>으로 대두되었다.　　　　　　[　　　　]

97 이번 조치로 적지 않은 사람들이 <u>혜택</u>을 보게 될 전망이다.　　　　[　　　　]

05 다음의 '訓'과 '音'으로 연결된 漢字語를 正字로 쓰시오. (98~107)

98 거울 경 – 거울 감　　　　　[　　　　]

99 벼리 기 – 벼리 강　　　　　[　　　　]

100 보낼 수 – 보낼 송　　　　　[　　　　]

101 깨끗할 결 – 깨끗할 정　　　[　　　　]

102 높을 융 – 높을 숭　　　　　[　　　　]

103 언덕 구 – 언덕 릉　　　　　[　　　　]

104 잡을 체 – 잡을 포　　　　　[　　　　]

105 삼갈 근 – 삼갈 신　　　　　[　　　　]

106 터럭 호 – 터럭 발　　　　　[　　　　]

107 어릴 유 – 어릴 치　　　　　[　　　　]

06 다음 왼쪽의 뜻을 참고하여 (　　)속에 漢字(正字)를 써 넣어 四字(故事)成語를 完成하시오. (108~117)

108 얼굴이 예쁜 여자는 팔자가 사나운 경우가 많음을 이르는 말 : 紅[　　][　　]命

109 간과 쓸개를 내놓고 서로에게 내보인다는 뜻으로 서로 마음을 터놓고 친밀히 사귐을 이르는 말 : [　　]膽相[　　]

110 한 가지 일에만 얽매여 발전을 모르는 어리석은 사람을 비유적으로 이르는 말 :
守[　　]待[　　]

111 배를 두드리고 발을 구르며 흥겨워한다는 뜻으로 매우 살기 좋은 시절을 이르는 말 :
[　　][　　]擊壤

112 맛이 썩 좋은 음식 : 龍味[　　][　　]

113 몹시 분하여 이를 갈면서 속을 썩임 :
切[　　][　　]心

114 남을 교묘히 속이는 술책 : [　　][　　]術數

115 우물에 앉아 하늘을 본다는 뜻으로, 견문이 좁아 세상 물정을 너무 모름을 이르는 말 :
[　　][　　]觀天

116 남편이 주장하고 아내가 이에 잘 따름 :
夫唱[　　][　　]

117 굳게 참고 견디어 마음이 흔들리지 않음 :

　　　[　]忍不[　]

⑦ 다음에서 對立되는 漢字를 넣어 漢字語를 完成하시오.
　(118~127)

118 眞 ↔ [　]　　　119 添 ↔ [　]

120 [　] ↔ 坤　　　121 聚 ↔ [　]

122 飢 ↔ [　]　　　123 [　] ↔ 敏

124 早 ↔ [　]　　　125 任 ↔ [　]

126 尊 ↔ [　]　　　127 [　] ↔ 橫

⑧ 다음에서 비슷한 뜻을 가진 漢字를 넣어 漢字語를 完成
　하시오. (128~132)

128 [　] – 愁

129 佑 – [　]

130 [　] – 客

131 [　] – 溺

132 [　] – 匹

⑨ 다음 각 單語의 同音異義語를 漢字로 쓰되, 미리 제시
　된 뜻에 맞추시오. (133~137)

133 誤落 : 쉬는 시간에 여러 가지 방법으로 기분
　　　　　을 즐겁게 하는 일　　　[　　　]

134 固持 : 말라 죽은 나뭇가지　　[　　　]

135 憾怨 : 사람의 수를 줄임　　　[　　　]

136 奴婢 : 노동자를 부린 비용　　[　　　]

137 沼池 : 땅을 씀　　　　　　　[　　　]

⑩ 다음 漢字의 뜻을 고유어로 쓰시오. (138~142)

138 驅步　　　　　[　　　　]

139 寄贈　　　　　[　　　　]

140 路肩　　　　　[　　　　]

141 愚弄　　　　　[　　　　]

142 殘留　　　　　[　　　　]

⑪ 다음 漢字의 略字를 쓰시오. (143~145)

143 獻 [　　　　]

144 竊 [　　　　]

145 觸 [　　　　]

⑫ 다음 漢字의 部首를 쓰시오. (146~150)

146 克 [　　　　]

147 幕 [　　　　]

148 叛 [　　　　]

149 衰 [　　　　]

150 喜 [　　　　]

수험번호 □□□-□□-□□□□　　　　**성명** □□□□□

생년월일 □□□□□□□

※ 유성 싸인펜, 붉은색 필기구 사용 불가.

※ 답안지는 컴퓨터로 처리되므로 구기거나 더럽히지 마시고, 정답 칸 안에만 쓰십시오. 글씨가 채점란으로 들어오면 오답처리가 됩니다.

제　　회 전국한자능력검정시험 2급 답안지(1)　(시험시간 60분)

번호	정답	1검	2검	번호	정답	1검	2검	번호	정답	1검	2검
1				24				47			
2				25				48			
3				26				49			
4				27				50			
5				28				51			
6				29				52			
7				30				53			
8				31				54			
9				32				55			
10				33				56			
11				34				57			
12				35				58			
13				36				59			
14				37				60			
15				38				61			
16				39				62			
17				40				63			
18				41				64			
19				42				65			
20				43				66			
21				44				67			
22				45				68			
23				46				69			

	감독위원	채점위원(1)		채점위원(2)		채점위원(3)	
	(서명)	(득점)	(서명)	(득점)	(서명)	(득점)	(서명)

※ 뒷면으로 이어짐

※ 답안지는 컴퓨터로 처리되므로 구기거나 더럽히지 마시고, 정답 칸 안에만 쓰십시오. 글씨가 채점란으로 들어오면 오답처리가 됩니다.

제　　회 전국한자능력검정시험 2급 답안지(2)

번호	정답	1검	2검	번호	정답	1검	2검	번호	정답	1검	2검
70				97				124			
71				98				125			
72				99				126			
73				100				127			
74				101				128			
75				102				129			
76				103				130			
77				104				131			
78				105				132			
79				106				133			
80				107				134			
81				108				135			
82				109				136			
83				110				137			
84				111				138			
85				112				139			
86				113				140			
87				114				141			
88				115				142			
89				116				143			
90				117				144			
91				118				145			
92				119				146			
93				120				147			
94				121				148			
95				122				149			
96				123				150			

수험번호 □□□-□□-□□□□   성명 □□□□□

생년월일 □□□□□□□

※ 유성 싸인펜, 붉은색 필기구 사용 불가.

※ 답안지는 컴퓨터로 처리되므로 구기거나 더럽히지 마시고, 정답 칸 안에만 쓰십시오. 글씨가 채점란으로 들어오면 오답처리가 됩니다.

제 　 회 전국한자능력검정시험 2급 답안지(1) (시험시간 60분)

번호	정답 (답안란)	1검	2검	번호	정답 (답안란)	1검	2검	번호	정답 (답안란)	1검	2검
1				24				47			
2				25				48			
3				26				49			
4				27				50			
5				28				51			
6				29				52			
7				30				53			
8				31				54			
9				32				55			
10				33				56			
11				34				57			
12				35				58			
13				36				59			
14				37				60			
15				38				61			
16				39				62			
17				40				63			
18				41				64			
19				42				65			
20				43				66			
21				44				67			
22				45				68			
23				46				69			

감독위원	채점위원(1)		채점위원(2)		채점위원(3)	
(서명)	(득점)	(서명)	(득점)	(서명)	(득점)	(서명)

※ 뒷면으로 이어짐

※ 답안지는 컴퓨터로 처리되므로 구기거나 더럽히지 마시고, 정답 칸 안에만 쓰십시오. 글씨가 채점란으로 들어오면 오답처리가 됩니다.

제　　회 전국한자능력검정시험 2급 답안지(2)

번호	정답	1검	2검	번호	정답	1검	2검	번호	정답	1검	2검
70				97				124			
71				98				125			
72				99				126			
73				100				127			
74				101				128			
75				102				129			
76				103				130			
77				104				131			
78				105				132			
79				106				133			
80				107				134			
81				108				135			
82				109				136			
83				110				137			
84				111				138			
85				112				139			
86				113				140			
87				114				141			
88				115				142			
89				116				143			
90				117				144			
91				118				145			
92				119				146			
93				120				147			
94				121				148			
95				122				149			
96				123				150			

01 다음 漢字語의 讀音을 쓰시오. (1~45)

1 滋弊 [ ]	2 敏麗 [ ]
3 坡岸 [ ]	4 徽琴 [ ]
5 鞠鼓 [ ]	6 燾育 [ ]
7 頓牟 [ ]	8 醴泉 [ ]
9 旬役 [ ]	10 貊弓 [ ]
11 鉢器 [ ]	12 關逢 [ ]
13 灘響 [ ]	14 怖懼 [ ]
15 疇昔 [ ]	16 昴宿 [ ]
17 璇閨 [ ]	18 瞻戴 [ ]
19 鮑尺 [ ]	20 雉湯 [ ]
21 佾舞 [ ]	22 繩繫 [ ]
23 毘輔 [ ]	24 崙菌 [ ]
25 扈衛 [ ]	26 柯葉 [ ]
27 鷹揚 [ ]	28 蟾兔 [ ]
29 遮蔽 [ ]	30 瑟縮 [ ]
31 董攝 [ ]	32 礪石 [ ]
33 絃索 [ ]	34 怡穆 [ ]
35 纖腰 [ ]	36 締姻 [ ]
37 瘋醉 [ ]	38 沖靜 [ ]
39 沮喪 [ ]	40 繕寫 [ ]
41 虐疾 [ ]	42 庾積 [ ]
43 巢穴 [ ]	44 窒礙 [ ]
45 升華 [ ]	

02 다음 漢字의 訓과 音을 쓰시오. (46~72)

46 嬅 [ ]	47 洄 [ ]
48 岬 [ ]	49 彭 [ ]
50 驥 [ ]	51 兌 [ ]
52 盈 [ ]	53 溺 [ ]
54 椿 [ ]	55 潭 [ ]

56 峴 [ ]	57 抛 [ ]
58 彌 [ ]	59 唆 [ ]
60 丕 [ ]	61 艾 [ ]
62 楸 [ ]	63 爀 [ ]
64 价 [ ]	65 瑄 [ ]
66 禎 [ ]	67 紡 [ ]
68 岡 [ ]	69 昺 [ ]
70 珥 [ ]	71 瀅 [ ]
72 紳 [ ]	

03 다음 漢字語 중 첫 音節이 長音인 單語를 골라 그 번호를 쓰시오. (73~77)

73 ① 簡略 ② 間食 ③ 簡素 ④ 簡單 [ ]
74 ① 來日 ② 來年 ③ 來歷 ④ 來賓 [ ]
75 ① 米穀 ② 迷兒 ③ 美術 ④ 美國 [ ]
76 ① 賣上 ② 賣買 ③ 妹夫 ④ 埋沒 [ ]
77 ① 手段 ② 受賞 ③ 受講 ④ 數理 [ ]

04 다음의 訓과 音으로 연결된 單語를 漢字(正字)로 쓰시오. (78~85)

78 지날 경 - 씨 위 [ ][ ]
79 샐 루 - 들을 문 [ ][ ]
80 재앙 화 - 액 액 [ ][ ]
81 새벽 신 - 닭 계 [ ][ ]
82 조 속 - 밥 반 [ ][ ]
83 헐 훼 - 덜 손 [ ][ ]
84 저 피 - 이 차 [ ][ ]
85 찔 증 - 더울 서 [ ][ ]

05 다음 각 글자에 同訓字를 넣어 널리 쓰이는 單語를 만드시오. (86~95)

86 迷 [   ]   87 [   ] 踏

88 崩 [   ]   89 [   ] 斜

90 遙 [   ]   91 [   ] 謬

92 抱 [   ]   93 [   ] 僻

94 廣 [   ]   95 [   ] 慢

06 다음 각 글자에 反義字 또는 意味上 對立되는 漢字를 적어 널리 쓰이는 單語를 만드시오. (96~105)

96 [   ] 沈   97 飢 [   ]

98 [   ] 削   99 陟 [   ]

100 [   ] 續   101 勤 [   ]

102 [   ] 柔   103 叔 [   ]

104 [   ] 顯   105 取 [   ]

07 다음 四字成語가 完成되도록 ( ) 속의 말을 漢字로 바꾸어 쓰시오. (106~110)

106 路柳(장화)   [   ]

107 (종묘)社稷   [   ]

108 肝膽(상조)   [   ]

109 (이전)鬪狗   [   ]

110 綠衣(홍상)   [   ]

08 다음 뜻에 맞는 同音異義語를 漢字로 쓰시오. 〈硬軟音, 長短音의 차이는 무시함〉 (111~115)

111 (上上) : 마음속으로 그리며 미루어 생각함
                                  [   ]

112 (玉詞) : 감옥으로 쓰이는 건물 [   ]

113 (朝旨) : 어려서부터 지혜가 있음 [   ]

114 (短期) : 어떤 단을 상징하는 기 [   ]

115 (工大) : 공손하게 대접함   [   ]

09 다음 漢字의 部首를 쓰시오. (116~120)

116 廊 [   ]

117 殆 [   ]

118 脚 [   ]

119 羅 [   ]

120 祕 [   ]

10 다음 漢字 중 略字는 正字로, 正字는 略字로 고쳐 쓰시오. (121~125)

121 柒 [   ]

122 獻 [   ]

123 龜 [   ]

124 鹽 [   ]

125 処 [   ]

11 다음 ( ) 속의 單語를 漢字로 쓰시오. (126~135)

126 (윤상) : 인류의 상도   [   ]

127 (경환) : 가벼운 질환   [   ]

128 (낭송) : 소리를 내어 글을 욈   [   ]

129 (단서) : 일의 처음. 실마리   [   ]

130 (운무) : 구름과 안개   [   ]

131 (돈독) : 인정이 두터움   [   ]

132 (모람) : 버릇없이 웃어른에게 덤빔
                                  [   ]

133 (방사) : 아주 비슷름함   [   ]

134 (사장) : 개인이 사사로이 감추어 두거나 간직하여 둠
                                  [   ]

135 (준거) : 전례나 명령 등을 좇아 의거함
                                  [   ]

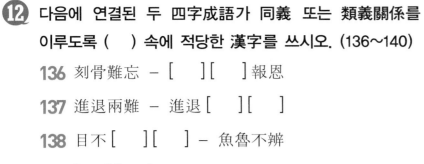

⑫ 다음에 연결된 두 四字成語가 同義 또는 類義關係를 이루도록 ( ) 속에 적당한 漢字를 쓰시오. (136~140)

136 刻骨難忘 – [　　][　　] 報恩

137 進退兩難 – 進退 [　　][　　]

138 目不 [　　][　　] – 魚魯不辨

139 [　　][　　] 爲福 – 塞翁之馬

140 四面楚歌 – 孤立 [　　][　　]

⑬ 다음 각 문장의 밑줄 친 單語 중 한글로 기록된 것은 漢字로 고치고, 漢字로 기록된 것에는 그 讀音을 쓰고, (＿＿) 속에는 적당한 말을 쓰시오. (141~150)

> (가) '亢龍[141]'은 "썩 높은 지위", '扁舟[142]'는 "작은 배"란 뜻이다.
>
> (나) '埃墨[143]'은 "검은 티끌", '柴草[144]'는 "땔나무로 쓰는 마른 풀"의 뜻이다.
>
> (다) '용렬[145]'과 '우둔[146]'은 항상 이웃하는 법이다.
>
> (라) '비속어[147]'의 '횡행[148]'은 문화의 저속화를 부른다.
>
> (마) '馮'은 "탈(乘) 빙"과 "성(姓) (　　)[149]"으로 쓰이는 글자요, '度'는 "법도 도"와 "(　　)[150]"으로 읽히는 글자이다.

141 [　　　　]　　**142** [　　　　]

143 [　　　　]　　**144** [　　　　]

145 [　　　　]　　**146** [　　　　]

147 [　　　　]　　**148** [　　　　]

149 [　　　　]　　**150** [　　　　]

01 다음 漢字語의 讀音을 쓰시오. (1~45)

1 絹膠 [ ]		2 敍勳 [ ]	
3 卿輔 [ ]		4 坤軸 [ ]	
5 鎔鑛 [ ]		6 愧沮 [ ]	
7 慘虐 [ ]		8 傳貰 [ ]	
9 謹呈 [ ]		10 兢懼 [ ]	
11 掛錫 [ ]		12 懲窒 [ ]	
13 融液 [ ]		14 魅了 [ ]	
15 糾繩 [ ]		16 斥倭 [ ]	
17 厭忌 [ ]		18 療飢 [ ]	
19 豚脂 [ ]		20 鼓膜 [ ]	
21 屯聚 [ ]		22 腎闕 [ ]	
23 冥佑 [ ]		24 纖眉 [ ]	
25 返翰 [ ]		26 翻謄 [ ]	
27 備聘 [ ]		28 捨撤 [ ]	
29 掘削 [ ]		30 昭穆 [ ]	
31 堤塘 [ ]		32 亢燥 [ ]	
33 扁舟 [ ]		34 叛衍 [ ]	
35 妖邪 [ ]		36 豫託 [ ]	
37 憐悼 [ ]		38 鴨獵 [ ]	
39 鹿苑 [ ]		40 陵遲 [ ]	
41 魏徵 [ ]		42 盈虛 [ ]	
43 汪茫 [ ]		44 匪徒 [ ]	
45 搬移 [ ]			

02 위 (1~20)번까지의 漢字語 가운데 첫 音節이 長音인 漢字語의 번호를 5개만 차례대로 쓰시오. (46~50)

46 [ ]	47 [ ]
48 [ ]	49 [ ]
50 [ ]	

03 다음 漢字의 訓과 音을 쓰시오. (51~77)

51 銃 [ ]		52 疇 [ ]	
53 翊 [ ]		54 雉 [ ]	
55 磁 [ ]		56 繕 [ ]	
57 沖 [ ]		58 藍 [ ]	
59 倂 [ ]		60 鋪 [ ]	
61 盾 [ ]		62 琢 [ ]	
63 諺 [ ]		64 峽 [ ]	
65 殖 [ ]		66 喉 [ ]	
67 娩 [ ]		68 皇 [ ]	
69 拉 [ ]		70 韋 [ ]	
71 惇 [ ]		72 睿 [ ]	
73 扈 [ ]		74 膚 [ ]	
75 偵 [ ]		76 衷 [ ]	
77 蟾 [ ]			

04 다음 문장에서 밑줄 친 漢字語의 漢字를 正字로 쓰시오. (78~97)

78 멀리서 기적 소기가 <u>희미</u>하게 들렸다.

[ ]

79 무분별한 개발로 농촌의 <u>황폐</u>가 극심한 지경에 이르렀다. [ ]

80 몇몇 포로들은 자국으로의 <u>송환</u>을 거부했다.

[ ]

81 수요와 공급이 <u>균형</u>적으로 이루어졌다.

[ ]

82 강도의 <u>협박</u>에 못 이겨 금품을 내주었다.

[ ]

83 문 위에 <u>현판</u>을 가로걸었다. [ ]

84 그는 <u>헌혈</u> 운동에 동참했다. [ ]

85 박 서기가 재빨리 첫 번째 <u>조항</u>을 읽었다.

[   ]

86 선창에는 인부들이 부산하게 화물을 <u>하역</u>하고 있었다. [   ]

87 이번 홍수로 <u>피해</u> 입은 수재민을 구하기 위한 모금 운동을 펼쳤다. [   ]

88 이런 옷은 매일 <u>세탁</u>을 해야 한다. [   ]

89 그 사람은 예의와 <u>염치</u>에 어긋나는 행동을 했다.

[   ]

90 그의 행위가 선거법에 <u>저촉</u>되는지 검토하였다.

[   ]

91 큰 지진이 있고 얼마 후 <u>여진</u>이 발생하였다.

[   ]

92 약소민족들은 힘이 강한 강대국들에 의해 <u>정벌</u> 되었다. [   ]

93 장티푸스가 아이들에게 <u>전염</u>되지 않도록 주의 해야 한다. [   ]

94 썰물이 되어 배가 <u>연안</u>으로 들어갈 수가 없었다.

[   ]

95 순간의 실책으로 상대 팀에게 <u>석패</u>하고 말았다.

[   ]

05 다음 ( ) 속의 單語를 漢字로 쓰시오. (96~105)

96 (혼수) : 정신없이 잠이 듦 [   ]

97 (해박) : 여러 방면으로 학식이 넓음

[   ]

98 (부표) : 물 위에 떠서 이리저리 마구 떠돌아 다님 [   ]

99 (포옹) : 사람을 또는 사람끼리 품에 껴안음

[   ]

100 (통촉) : 윗사람이 아랫사람의 사정이나 형편 따위를 깊이 헤아려 살핌

[   ]

101 (치졸) : 유치하고 졸렬함 [   ]

102 (필적) : 글씨의 모양이나 솜씨 [   ]

103 (알묘) : 종묘나 사당에 배알함 [   ]

104 (수색) : 구석구석 뒤지어 찾음 [   ]

105 (소반) : 변변하지 아니한 음식 [   ]

06 다음에 연결된 두 四字成語가 同義 또는 類義關係를 이루도록 ( ) 속에 적당한 漢字를 쓰시오. (106~115)

106 刻 [   ][   ] 忘 – **107** 結草 [   ][   ]

108 累 [   ] 之 [   ] – **109** [   ] 前 [   ] 火

110 [   ] 虎 [   ] 鼻 – **111** [   ] 草 [   ] 蛇

112 [   ] 息之 [   ] – **113** [   ] 足 [   ] 尿

114 花 [   ] 月 [   ] – **115** [   ] 屑皓 [   ]

07 다음에서 對立되는 漢字를 넣어 漢字語를 完成하시오. (116~125)

116 [   ] ↔ 戈

117 奴 ↔ [   ]

118 任 ↔ [   ]

119 鈍 ↔ [   ]

120 [   ] ↔ 背

121 需 ↔ [   ]

122 [   ] ↔ 濕

123 哀 ↔ [   ]

124 經 ↔ [   ]

125 寒 ↔ [   ]

08 다음에서 비슷한 뜻을 가진 漢字를 넣어 漢字語를 完成 하시오. (126~130)

126 裝 – [   ]

127 吟 – [   ]

128 催 – [   ]

129 [   ] – 壓

130 將 – [   ]

09 다음 각 單語의 同音異義語를 漢字로 쓰되, 미리 제시된 뜻에 맞추시오. (131~135)

131 耕具 : 앞을 다투어 말을 몲　　　[　　　　]

132 肝膽 : 서로 정답게 이야기를 주고받음

　　　　　　　　　　　　　　[　　　　]

133 硫酸 : 죽은 사람이 남겨 놓은 재산

　　　　　　　　　　　　　　[　　　　]

134 每場 : 시체나 유골 따위를 땅속에 묻음

　　　　　　　　　　　　　　[　　　　]

135 優秀 : 근심과 걱정을 아울러 이르는 말

　　　　　　　　　　　　　　[　　　　]

10 다음 漢字語의 뜻을 고유어로 쓰시오. (136~140)

136 巢蜜　　　　　　[　　　　　]

137 巡廻　　　　　　[　　　　　]

138 硯池　　　　　　[　　　　　]

139 播種　　　　　　[　　　　　]

140 乘換　　　　　　[　　　　　]

11 다음 漢字의 略字를 쓰시오. (141~145)

141 蓋 [　　　　]

142 淺 [　　　　]

143 勵 [　　　　]

144 醉 [　　　　]

145 拂 [　　　　]

12 다음 漢字의 部首를 쓰시오. (146~150)

146 騰 [　　　　]

147 喪 [　　　　]

148 善 [　　　　]

149 焉 [　　　　]

150 垂 [　　　　]

수험번호 □□□-□□-□□□□　　　　성명 □□□□□

생년월일 □□□□□□

※ 유성 싸인펜, 붉은색 필기구 사용 불가.

※ 답안지는 컴퓨터로 처리되므로 구기거나 더럽히지 마시고, 정답 칸 안에만 쓰십시오. 글씨가 채점란으로 들어오면 오답처리가 됩니다.

제　　회 전국한자능력검정시험 2급 답안지(1)　(시험시간 60분)

번호	정답	1검	2검	번호	정답	1검	2검	번호	정답	1검	2검
1				24				47			
2				25				48			
3				26				49			
4				27				50			
5				28				51			
6				29				52			
7				30				53			
8				31				54			
9				32				55			
10				33				56			
11				34				57			
12				35				58			
13				36				59			
14				37				60			
15				38				61			
16				39				62			
17				40				63			
18				41				64			
19				42				65			
20				43				66			
21				44				67			
22				45				68			
23				46				69			

	감독위원	채점위원(1)		채점위원(2)		채점위원(3)	
	(서명)	(득점)	(서명)	(득점)	(서명)	(득점)	(서명)

※ 뒷면으로 이어짐

※ 답안지는 컴퓨터로 처리되므로 구기거나 더럽히지 마시고, 정답 칸 안에만 쓰십시오. 글씨가 채점란으로 들어오면 오답처리가 됩니다.

제　　회 전국한자능력검정시험 2급 답안지(2)

번호	정답	1검	2검	번호	정답	1검	2검	번호	정답	1검	2검
70				97				124			
71				98				125			
72				99				126			
73				100				127			
74				101				128			
75				102				129			
76				103				130			
77				104				131			
78				105				132			
79				106				133			
80				107				134			
81				108				135			
82				109				136			
83				110				137			
84				111				138			
85				112				139			
86				113				140			
87				114				141			
88				115				142			
89				116				143			
90				117				144			
91				118				145			
92				119				146			
93				120				147			
94				121				148			
95				122				149			
96				123				150			

수험번호 □□□-□□-□□□□   **성명** □□□□□

생년월일 □□□□□□□

※ 유성 싸인펜, 붉은색 필기구 사용 불가.

※ 답안지는 컴퓨터로 처리되므로 구기거나 더럽히지 마시고, 정답 칸 안에만 쓰십시오. 글씨가 채점란으로 들어오면 오답처리가 됩니다.

제   회 전국한자능력검정시험 2급 답안지(1) (시험시간 60분)

번호	정답	1검	2검	번호	정답	1검	2검	번호	정답	1검	2검
	답안란	채점란			답안란	채점란			답안란	채점란	
1				24				47			
2				25				48			
3				26				49			
4				27				50			
5				28				51			
6				29				52			
7				30				53			
8				31				54			
9				32				55			
10				33				56			
11				34				57			
12				35				58			
13				36				59			
14				37				60			
15				38				61			
16				39				62			
17				40				63			
18				41				64			
19				42				65			
20				43				66			
21				44				67			
22				45				68			
23				46				69			

감독위원	채점위원(1)		채점위원(2)		채점위원(3)	
(서명)	(득점)	(서명)	(득점)	(서명)	(득점)	(서명)

※ 뒷면으로 이어짐

※ 답안지는 컴퓨터로 처리되므로 구기거나 더럽히지 마시고, 정답 칸 안에만 쓰십시오. 글씨가 채점란으로 들어오면 오답처리가 됩니다.

제   회 전국한자능력검정시험 2급 답안지(2)

번호	정답	1검	2검	번호	정답	1검	2검	번호	정답	1검	2검
70				97				124			
71				98				125			
72				99				126			
73				100				127			
74				101				128			
75				102				129			
76				103				130			
77				104				131			
78				105				132			
79				106				133			
80				107				134			
81				108				135			
82				109				136			
83				110				137			
84				111				138			
85				112				139			
86				113				140			
87				114				141			
88				115				142			
89				116				143			
90				117				144			
91				118				145			
92				119				146			
93				120				147			
94				121				148			
95				122				149			
96				123				150			

한자능력검정시험 2급 예상문제

01 다음 漢字語의 讀音을 쓰시오. (1~45)

1 傭聘 [   ]   2 弦琴 [   ]

3 耽溺 [   ]   4 覇權 [   ]

5 窒息 [   ]   6 隻騎 [   ]

7 鷹擊 [   ]   8 甄拔 [   ]

9 負戴 [   ]   10 陟方 [   ]

11 怡穆 [   ]   12 矛戈 [   ]

13 耆蒙 [   ]   14 薰育 [   ]

15 醴泉 [   ]   16 纖眉 [   ]

17 倪焉 [   ]   18 鵬翼 [   ]

19 疇輩 [   ]   20 蟾眼 [   ]

21 遮額 [   ]   22 兌契 [   ]

23 怖懼 [   ]   24 扈從 [   ]

25 炊湯 [   ]   26 升華 [   ]

27 雌伏 [   ]   28 璿派 [   ]

29 遼隔 [   ]   30 紹絶 [   ]

31 枚卜 [   ]   32 冀願 [   ]

33 藍碧 [   ]   34 蠻夷 [   ]

35 潘潭 [   ]   36 龐錯 [   ]

37 祜休 [   ]   38 瑞兆 [   ]

39 尼姑 [   ]   40 鉢器 [   ]

41 鼎銘 [   ]   42 灘響 [   ]

43 槐膠 [   ]   44 踰越 [   ]

45 兢戒 [   ]

02 다음 漢字의 訓과 音을 쓰시오. (46~72)

46 彬 [   ]   47 尋 [   ]

48 措 [   ]   49 弼 [   ]

50 扁 [   ]   51 尢 [   ]

52 昂 [   ]   53 筏 [   ]

54 槿 [   ]   55 杰 [   ]

56 巢 [   ]   57 侑 [   ]

58 鑽 [   ]   59 杏 [   ]

60 銖 [   ]   61 崙 [   ]

62 昺 [   ]   63 柯 [   ]

64 湍 [   ]   65 彭 [   ]

66 謬 [   ]   67 獐 [   ]

68 冕 [   ]   69 芬 [   ]

70 閤 [   ]   71 敞 [   ]

72 昊 [   ]

03 다음 漢字語 중 첫 音節이 長音인 單語를 골라 그 번호를 쓰시오. (73~77)

73 ① 分家 ② 分外 ③ 奔走 ④ 奔忙 [   ]

74 ① 素朴 ② 素材 ③ 燒紙 ④ 燒失 [   ]

75 ① 鎭壓 ② 眞情 ③ 珍景 ④ 珍味 [   ]

76 ① 家計 ② 家屋 ③ 街路樹 ④ 街道 [   ]

77 ① 冬眠 ② 冬至 ③ 同音 ④ 同異 [   ]

04 다음의 訓과 音으로 연결된 單語를 漢字(正字)로 쓰시오. (78~82)

78 몰 구 – 쫓을 축   [   ][   ]

79 학교 교 – 바로잡을 정   [   ][   ]

80 간절할 간 – 정성 성   [   ][   ]

81 물따라갈 연 – 언덕 안   [   ][   ]

82 베개 침 – 가 변   [   ][   ]

05 다음 각 글자에 同訓字를 연결하여 널리 쓰이는 單語를 만드시오. (83~87)

83 傲 [   ]   84 [   ] 愼

85 配 [   ]   86 [   ] 端

87 洗 [   ]

06 다음 漢字語의 뜻을 풀이하시오. (88~92)

88 敷衍 [   ]

89 妖邪 [   ]

90 沮止 [   ]

91 峙積 [   ]

92 夢幻 [   ]

07 다음 각 글자에 反義字, 또는 意味上 對立되는 漢字를 적어 널리 쓰이는 單語를 完成하시오. (93~102)

93 京 [   ]   94 [   ] 益

95 勤 [   ]   96 [   ] 削

97 斷 [   ]   98 [   ] 借

99 縱 [   ]   100 [   ] 易

101 深 [   ]   102 [   ] 辱

08 다음 四字成語가 完成되도록 (   ) 속의 말을 漢字로 쓰시오. (103~107)

103 (고진)甘來 [   ]

104 龍頭(사미) [   ]

105 (오비)梨落 [   ]

106 騷人(묵객) [   ]

107 (단순)皓齒 [   ]

09 다음 뜻에 맞는 同音異義語를 漢字로 쓰시오. (단, 硬軟音, 長短音의 差異는 무시함) (108~112)

108 (牛島) : 반란을 꾀하는 무리 [   ]

109 (秋天) : 인재를 천거함 [   ]

110 (電報) : 다른 관직에 보임됨 [   ]

111 (剛直) : 직위가 낮아짐 [   ]

112 (銅像) : 심한 추위로 피부가 얼어서 상하는 일

[   ]

10 다음 漢字의 部首를 쓰시오. (113~117)

113 朔 [   ]

114 攻 [   ]

115 磨 [   ]

116 藥 [   ]

117 昔 [   ]

11 다음 漢字 中 略字는 正字로, 正字는 略字로 바꾸어 쓰시오. (118~122)

118 拡 [   ]

119 龜 [   ]

120 竊 [   ]

121 寶 [   ]

122 触 [   ]

12 다음 (   ) 속의 單語를 漢字로 쓰시오. (123~132)

123 (조위) : 조문과 위문 [   ]

124 (휴대) : 손에 들거나 몸에 지님 [   ]

125 (인방) : 이웃 나라 [   ]

126 (답무) : 발장단을 맞추면서 춤을 춤

[   ]

127 (편력) : 널리 돌아다님 [   ]

128 (구고) : 전에 써 두었던 원고 [   ]

129 (초빈) : 손님을 부름 [   ]

130 (부존) : 지질학적 물체들이 지각 안에서 차지하는 공간적 위치 [   ]

131 (타협) : 두 편이 서로 좋도록 협의함

[   ]

132 (작량) : 짐작하여 헤아림 [   ]

⑬ 다음에 연결된 두 單語(俗談, 또는 四字成語)가 同義關係 또는 類義關係를 이루도록 (   ) 속에 적당한 漢字를 쓰시오. (133~137)

133 [   ][   ]風月 – 서당개 삼년이면 시가 읊는다.

134 四面楚歌 – 孤立[   ][   ]

135 同價[   ][   ] – 같은 값이면 다홍치마

136 刻骨難忘 – [   ][   ]報恩

137 目不[   ][   ] – 낫 놓고 ㄱ자도 모른다.

⑭ 다음 文章에서 밑줄 친 漢字語를 漢字(正字)로 쓰시오. (138~141)

138 '극기復禮'란 "지나친 욕심을 누르고 예의범절을 따른다"는 뜻으로 쓰인다.   [   ]

139 "평범한 사람 가운데의 뛰어난 사람"을 가리켜 '군계一鶴'이라 한다.   [   ]

140 '맹수'는 "사나운 짐승"이란 뜻이다.   [   ]

141 "아름답지 못한 소문"을 漢字語로 '추문'이라 한다.   [   ]

⑮ 다음 각 문장의 밑줄 친 단어 중 한글로 기록된 것은 漢字로 바꾸어 쓰고, 漢字로 기록된 것에는 그 讀音을 쓰고, (   ) 속에는 적당한 말(訓과 音)을 써 넣으시오. (142~150)

> (가) 漢字에는 一字多音字가 여럿 있으니, '洞'字는 "골동"과 "(   )[142]"으로 읽히며, '更' 字는 "(   )[143]"과 "(   )[144]"으로 읽혀 '更張[145]'과 '更新[146]'의 讀音이 다른 것이다.
>
> (나) '양금택목[147]'은 "영리한 새는 나무를 가려서 앉는다"는 말이요, '破邪현정[148]'은 "그릇된 의견과 길을 버리고 바른 길을 드러낸다"는 뜻이다.
>
> (다) '묵중[149]'이란 "말이 아주 적고 신중하다"는 뜻이요, "눈으로 차마 볼 수 없다"는 뜻으로 '目不인견[150]'이란 成語가 쓰인다.

142 [   ]   **143** [   ]

144 [   ]   **145** [   ]

146 [   ]   **147** [   ]

148 [   ]   **149** [   ]

150 [   ]

제10회
(社) 한국어문회 주관·한국한자능력검정회 시행
한자능력검정시험 2급 예상문제
문 항 수 : 150문항
합격문항 : 105문항
제한시간 : 60분

01 다음 漢字語의 讀音을 쓰시오. (1~45)

1 舒眉 [　　]		2 廉纖 [　　]	
3 捕繩 [　　]		4 窒酸 [　　]	
5 聚訟 [　　]		6 踰嶺 [　　]	
7 汎濫 [　　]		8 沼澤 [　　]	
9 震怖 [　　]		10 靈刹 [　　]	
11 巢穴 [　　]		12 鹿苑 [　　]	
13 蹴踏 [　　]		14 蟾輝 [　　]	
15 熊脂 [　　]		16 徵瑞 [　　]	
17 鬱郁 [　　]		18 溶融 [　　]	
19 僻幽 [　　]		20 傭聘 [　　]	
21 碩儒 [　　]		22 照耀 [　　]	
23 冗燥 [　　]		24 蜜劑 [　　]	
25 苗蔘 [　　]		26 蕢赦 [　　]	
27 趨迎 [　　]		28 肅穆 [　　]	
29 衷款 [　　]		30 釣艇 [　　]	
31 網羅 [　　]		32 顯旌 [　　]	
33 鵬翼 [　　]		34 偵諜 [　　]	
35 沮塞 [　　]		36 桑蠶 [　　]	
37 秉軸 [　　]		38 闕炊 [　　]	
39 蒼鷹 [　　]		40 殷鑑 [　　]	
41 韋編 [　　]		42 硯箱 [　　]	
43 緊託 [　　]		44 鑄幣 [　　]	
45 抛撤 [　　]			

02 위 (1~20)번까지의 漢字語 가운데 첫 音節이 長音인 漢字語의 번호를 5개만 차례대로 쓰시오. (46~50)

46 [　]　　47 [　]

48 [　]　　49 [　]

50 [　]

03 다음 漢字의 訓과 音을 쓰시오. (51~77)

51 疆 [　　]		52 喉 [　　]	
53 垈 [　　]		54 欽 [　　]	
55 价 [　　]		56 颱 [　　]	
57 痲 [　　]		58 雉 [　　]	
59 濃 [　　]		60 津 [　　]	
61 拉 [　　]		62 闇 [　　]	
63 筏 [　　]		64 升 [　　]	
65 瑟 [　　]		66 弁 [　　]	
67 艾 [　　]		68 娩 [　　]	
69 獐 [　　]		70 亮 [　　]	
71 陟 [　　]		72 藤 [　　]	
73 扁 [　　]		74 溺 [　　]	
75 耽 [　　]		76 柯 [　　]	
77 虐 [　　]			

04 다음 문장에서 밑줄 친 漢字語의 漢字를 正字로 쓰시오. (78~97)

78 시장에서 <u>건달</u> 셋이 상인들에게 행패를 부리고 있다. [　　　　]

79 그는 처음보다 일에 대한 열의가 <u>현격</u>히 떨어졌다. [　　　　]

80 그는 서너 가지 일을 <u>겸직</u>하고 있다. [　　　　]

81 쌀이 수재민들에게 충분히 <u>공급</u>되지 못하고 있다. [　　　　]

82 새벽 두 시를 알리는 <u>괘종시계</u> 소리가 들려왔다. [　　　　]

83 우리나라의 <u>유구</u>하게 흘러온 반만 년의 역사 [　　　　]

84 보건 당국은 수입 쇠고기에서 <u>세균</u>을 검출했다고 발표했다. [   ]

85 남의 은혜를 저버리는 사람은 <u>금수</u>만도 못하다. [   ]

86 우리 회사는 <u>기혼</u>, 미혼을 가리지 않고 직원을 채용한다. [   ]

87 한라산 등반에 또다시 <u>도전</u>했다. [   ]

88 우리가 탄 배는 <u>격랑</u>을 헤치며 나갔다. [   ]

89 그의 <u>독려</u>가 이번 훈련에 도움이 되었다. [   ]

90 그 업소는 장부에서 수입 금액을 <u>누락</u>했다. [   ]

91 신입 사원을 모집할 때 꼭 요구하는 서류가 <u>이력</u>서이다. [   ]

92 그는 직원을 <u>파면</u>할 수 있는 인사권을 가지고 있다. [   ]

93 전쟁은 적군과 아군 모두를 <u>파멸</u>로 몰아갔다. [   ]

94 법원은 탈옥을 꾀한 <u>죄수</u>에게 5년을 가형하였다. [   ]

95 법정에서 선서 후에 거짓말을 하면 <u>위증</u>죄로 처벌받는다. [   ]

05 다음 ( ) 속의 **單語**를 **漢字**로 쓰시오. (96~105)

96 (계옥) : 옥에 가둠 [   ]

97 (고갈) : 물이 말라서 없어짐 [   ]

98 (과묵) : 말이 적고 침착함 [   ]

99 (분규) : 이해나 주장이 뒤얽혀서 말썽이 많고 시끄러움 [   ]

100 (도장) : 도료를 칠하거나 바름 [   ]

101 (여례) : 하인(下人) [   ]

102 (오만) : 태도나 행동이 건방지거나 거만함 [   ]

103 (분망) : 매우 바쁨 [   ]

104 (혼수) : 의식을 잃고 인사불성이 되는 일 [   ]

105 (옹위) : 좌우에서 부축하며 지키고 보호함 [   ]

06 다음에 연결된 두 **四字成語**가 **相對** 또는 **對立關係**를 이루도록 ( ) 속에 적당한 **漢字**를 쓰시오. (106~115)

106 輕[ ][ ]動 ↔ **107** [ ][ ]自重

108 [ ][ ]百世 ↔ **109** [ ][ ]萬年

110 錦上[ ][ ] ↔ **111** [ ]上加[ ]

112 [ ][ ]一貫 ↔ **113** 龍頭[ ][ ]

114 高[ ][ ]室 ↔ **115** 一間[ ][ ]

07 다음에서 **對立**되는 **漢字**를 넣어 **漢字語**를 **完成**하시오. (116~120)

116 豊 ↔ [ ]

117 [ ] ↔ 涼

118 賢 ↔ [ ]

119 [ ] ↔ 賀

120 [ ] ↔ 速

08 다음에서 비슷한 뜻을 가진 **漢字**를 넣어 **漢字語**를 **完成**하시오. (121~130)

121 [ ] – 討   **122** 收 – [ ]

123 [ ] – 惑   **124** [ ] – 崇

125 徐 – [ ]   **126** 拙 – [ ]

127 루 – [ ]   **128** 淨 – [ ]

129 廢 – [ ]   **130** [ ] – 몸

09 다음 각 單語의 同音異義語를 漢字로 쓰되, 미리 제시된 뜻에 맞추시오. (131~135)

131 紡絲 : 매우 비슷함 [   ]

132 鴻雁 : 붉은 얼굴이라는 뜻으로, 젊어서 혈색이 좋은 얼굴을 이르는 말

[   ]

133 賠償 : 술잔처럼 생긴 모양새 [   ]

134 欺罔 : 빌고 바람 [   ]

135 放恣 : 꽃처럼 아름다운 자태 [   ]

10 다음 漢字의 뜻을 고유어로 쓰시오. (136~140)

136 輔弼 [   ]

137 阿膠 [   ]

138 追越 [   ]

139 獵師 [   ]

140 葉芽 [   ]

11 다음 漢字의 略字를 쓰시오. (141~145)

141 圍 [   ]

142 珍 [   ]

143 屬 [   ]

144 條 [   ]

145 螢 [   ]

12 다음 漢字의 部首를 쓰시오. (146~150)

146 盾 [   ]

147 雍 [   ]

148 釜 [   ]

149 韋 [   ]

150 膽 [   ]

수험번호 □□□-□□-□□□□　　　**성명** □□□□□

생년월일 □□□□□□□

※ 유성 싸인펜, 붉은색 필기구 사용 불가.

※ 답안지는 컴퓨터로 처리되므로 구기거나 더럽히지 마시고, 정답 칸 안에만 쓰십시오. 글씨가 채점란으로 들어오면 오답처리가 됩니다.

제　　회 전국한자능력검정시험 2급 답안지(1)　(시험시간 60분)

번호	정답	1검	2검	번호	정답	1검	2검	번호	정답	1검	2검
1				24				47			
2				25				48			
3				26				49			
4				27				50			
5				28				51			
6				29				52			
7				30				53			
8				31				54			
9				32				55			
10				33				56			
11				34				57			
12				35				58			
13				36				59			
14				37				60			
15				38				61			
16				39				62			
17				40				63			
18				41				64			
19				42				65			
20				43				66			
21				44				67			
22				45				68			
23				46				69			

	감독위원	채점위원(1)		채점위원(2)		채점위원(3)	
	(서명)	(득점)	(서명)	(득점)	(서명)	(득점)	(서명)

※ 뒷면으로 이어짐

※ 답안지는 컴퓨터로 처리되므로 구기거나 더럽히지 마시고, 정답 칸 안에만 쓰십시오. 글씨가 채점란으로 들어오면 오답처리가 됩니다.

제　　회 전국한자능력검정시험 2급 답안지(2)

번호	정답	1검	2검	번호	정답	1검	2검	번호	정답	1검	2검
70				97				124			
71				98				125			
72				99				126			
73				100				127			
74				101				128			
75				102				129			
76				103				130			
77				104				131			
78				105				132			
79				106				133			
80				107				134			
81				108				135			
82				109				136			
83				110				137			
84				111				138			
85				112				139			
86				113				140			
87				114				141			
88				115				142			
89				116				143			
90				117				144			
91				118				145			
92				119				146			
93				120				147			
94				121				148			
95				122				149			
96				123				150			

수험번호 □□□-□□-□□□□　　**성명** □□□□□

생년월일 □□□□□□□

※ 유성 싸인펜, 붉은색 필기구 사용 불가.

※ 답안지는 컴퓨터로 처리되므로 구기거나 더럽히지 마시고, 정답 칸 안에만 쓰십시오. 글씨가 채점란으로 들어오면 오답처리가 됩니다.

제   회 전국한자능력검정시험 2급 답안지(1)　(시험시간 60분)

번호	정답	1검	2검	번호	정답	1검	2검	번호	정답	1검	2검
1				24				47			
2				25				48			
3				26				49			
4				27				50			
5				28				51			
6				29				52			
7				30				53			
8				31				54			
9				32				55			
10				33				56			
11				34				57			
12				35				58			
13				36				59			
14				37				60			
15				38				61			
16				39				62			
17				40				63			
18				41				64			
19				42				65			
20				43				66			
21				44				67			
22				45				68			
23				46				69			

감독위원	채점위원(1)		채점위원(2)		채점위원(3)	
(서명)	(득점)	(서명)	(득점)	(서명)	(득점)	(서명)

※ 뒷면으로 이어짐

※ 답안지는 컴퓨터로 처리되므로 구기거나 더럽히지 마시고, 정답 칸 안에만 쓰십시오. 글씨가 채점란으로 들어오면 오답처리가 됩니다.

제　　회 전국한자능력검정시험 2급 답안지(2)

번호	정답	1검	2검	번호	정답	1검	2검	번호	정답	1검	2검
70				97				124			
71				98				125			
72				99				126			
73				100				127			
74				101				128			
75				102				129			
76				103				130			
77				104				131			
78				105				132			
79				106				133			
80				107				134			
81				108				135			
82				109				136			
83				110				137			
84				111				138			
85				112				139			
86				113				140			
87				114				141			
88				115				142			
89				116				143			
90				117				144			
91				118				145			
92				119				146			
93				120				147			
94				121				148			
95				122				149			
96				123				150			

한자능력검정시험 2급 예상문제 정답

【제1회】 예상문제(111p~113p)

1 이탄	2 답변	3 부대	4 등본
5 피랍	6 조롱	7 요양	8 마굴
9 갱살	10 만계	11 벌열	12 녹봉
13 설부	14 빙례	15 산별	16 수선
17 계박	18 매혹	19 사례	20 섬세
21 파악	22 장애	23 야기	24 왜곡
25 고용	26 담기	27 삽가	28 연적
29 자웅	30 차등	31 탁선	32 몽환
33 모멸	34 벽촌	35 서조	36 염증
37 정탐	38 체맹	39 패권	40 포외
41 비도	42 신산	43 온건	44 조탁
45 참괴	46 목구멍 후	47 걸 게	48 시위 현
49 빠질 닉	50 외짝 척	51 슬퍼할 도	52 막힐 질
53 수레 량	54 오동 오	55 문지를 마	56 창 모
57 콩팥 신	58 운반할 반	59 그물 망	60 편지 한
61 던질 포	62 굴대 축	63 머무를 주	64 섭섭할 감
65 벼슬 위	66 물을 자	67 큰바다 창	68 불땔 취
69 티끌 진	70 요사할 요	71 되 승	72 부추길 사
73 ② 裸木	74 ④ 免除	75 ① 間接	76 ③ 降等
77 ② 債務	78 紀綱	79 老翁	80 飜譯
81 補佐	82 訴訟	83 頻繁	84 榮譽
85 抵抗	86 飾	87 勉/獎	88 壞
89 敦	90 慢	91 抑/鎭	92 惡/忌
93 誤	94 欺	95 租	96 淺
97 早	98 削/減	99 進	100 橫
101 貧	102 憎	103 需	104 罰
105 緩	106 姑息	107 亂賊	108 滅私
109 露宿	110 指鹿	111 童詩	112 短墻
113 模寫	114 微官	115 步調	116 力
117 亻	118 貝	119 犭(犬)	120 虫
121 竊	122 囲	123 雙	124 龜
125 鑛	126 頭髮	127 肯意	128 康寧
129 猛獸	130 銘戒	131 破邪顯正	132 支離滅裂
133 外柔內剛	134 良禽擇木	135 矯角殺牛	136 極端
137 集團	138 類似性	139 根據	140 相違性
141 賦與/附與	142 招來	143 갈등	144 論理
145 基盤	146 觀察	147 異質性	148 초점
149 排他的	150 態度		

【제2회】 예상문제(114p~116p)

1 탁마	2 질애	3 선사	4 앙첨
5 억저	6 흠모	7 탐닉	8 부란
9 오류	10 해고	11 구판	12 포착
13 교사	14 사부	15 오만	16 피폐
17 나맥	18 찬연	19 연옥	20 유산
21 패권	22 포기	23 포구	24 함정
25 행단	26 주형	27 형안	28 호위
29 혹학	30 환혹	31 윤회	32 훈벌
33 유감	34 게재	35 간과	36 교칠
37 마굴	38 채굴	39 궐루	40 차관
41 단련	42 애도	43 돈덕	44 동량
45 양찰	46 가지 가	47 짙을 농	48 옥소리 령

제2단 (오른쪽 상단)

49 창 모	50 배 박	51 못 담	52 삼 삼
53 이끌 야	54 암컷 자	55 뛰어날 걸	56 기 정
57 외짝 척	58 베낄 등	59 절 가	60 기린 린
61 모을 종	62 지경 강	63 집터 대	64 암 암
65 누에 잠	66 늙을 기	67 갈대 로	68 몽둥이 간
69 하늘 민	70 머리감을 목	71 벼루 연	72 칡 갈
73 ① 賀禮	74 ③ 迷夢	75 ② 賜藥	76 ④ 鍵盤
77 ③ 假橋	78 坤	79 縮	80 削
81 寡	82 俗	83 昇天	84 抽象
85 拘束	86 寬大	87 滅亡	88 眉 急
89 出 於	90 海 粟	91 合 泰	92 丹脣/朱脣
93 左衝右突	94 漸入佳境	95 前人未踏	96 立身揚名
97 日久月深	98 瓜	99 邑	100 火
101 糸	102 赤	103 願	104 醉
105 勵	106 說	107 肝	108 歡待
109 戰雲	110 營爲	111 啓導	112 弔旗
113 참혹한 변	114 거의 절반	115 장수를 축하하는 잔치	
116 일이 자주 일어남		117 예를 갖추어 불러 맞아들임	
118 監	119 宝	120 岩	121 交涉
122 透徹	123 遲延	124 僞裝	125 緊張
126 狀態	127 促迫	128 劇的	129 妥協
130 祕(秘)藏	131 造船	132 威脅	133 追擊
134 牽制	135 附加	136 價値	137 溫暖
138 減少	139 災殃	140 穀物	141 暴騰
142 審査	143 誘致	144 羽翼	145 輕薄
146 豫測	147 沙(砂)漠	148 憂患	149 碑銘
150 嫌疑			

【제3회】 예상문제(121p~123p)

1 대관	2 벽항	3 탐닉	4 모려
5 말갈	6 섬안	7 게식	8 일무
9 진애	10 강우	11 비적	12 주철
13 파천	14 체맹	15 필경	16 굴혈
17 혹사	18 갱함	19 염리	20 탄망
21 척보	22 영만	23 야단	24 격린
25 돈혜	26 취연	27 포외	28 수색
29 충회	30 복개	31 포기	32 광분
33 장애	34 시취	35 매혹	36 참괴
37 격려	38 궁구	39 우롱	40 남획
41 담연	42 오류	43 담약	44 관항
45 규원	46 한숨쉴 희	47 몽둥이 간	48 막을 두
49 물굽이 만	50 이을 소	51 밝을 석	52 밥 찬
53 막힐 질	54 솥 정	55 슬기 예	56 저울눈 수
57 되 승	58 길쌈 방	59 쌍옥 각	60 품팔 고
61 여승 니	62 쪽 람	63 별이름 묘	64 바리때 발
65 부추길 사	66 옥 선	67 가늘 섬	68 오리 압
69 선비 언	70 넓을 왕	71 막을 저	72 큰바다 창
73 ② 假睡	74 ③ 賣上	75 ① 動作	76 ④ 遠近
77 ③ 再審	78 渴症	79 辭讓	80 竊盜
81 詳細	82 累積	83 應募	84 辯論
85 宣揚	86 償	87 逝	88 薰
89 祥	90 了(末/止)	91 返	92 漠
93 謀	94 惡(忌)	95 賓	96 閉

97 厚	98 衰	99 縱	100 卑
101 喜	102 捨	103 浮	104 晚
105 損	106 桑田	107 難鳴	108 滅私
109 絶後	110 忍見	111 獨吟	112 笑劇
113 輕裝	114 醜聞	115 懇誠	116 禾
117 目	118 田	119 火(灬)	120 頁
121 巖	122 臺	123 邊	124 猟
125 拡	126 慰勞	127 酌量	128 糾察
129 散漫	130 催淚	131 暴暑	132 彈琴
133 獻杯	134 逐送	135 秩序	136 易地
137 相憐	138 務實	139 蛇尾	140 好事
141 골	142 때	143 면종복배	144 警戒
145 名譽	146 禮儀凡節	147 騎士道	148 組織
149 敦篤	150 結草		

【제5회】 예상문제(131p~133p)

1 부연	2 서조	3 모옥	4 영만
5 기린	6 저상	7 압렵	8 첨망
9 탐닉	10 형향	11 편광	12 흠준
13 치토	14 준일	15 정현	16 취탕
17 갈등	18 교니	19 누관	20 봉두
21 요기	22 궐언	23 만속	24 농락
25 마묵	26 배상	27 소굴	28 봉침
29 울적	30 영윤	31 강계	32 회하
33 현월	34 탄신	35 창저	36 준령
37 견파	38 괴손	39 망막	40 분등
41 섬도	42 비금	43 양곡	44 규방
45 체적	46 경기 전	47 오랑캐 흉	48 부탁할 탁
49 두려워할 포	50 거둘 철	51 아름다운옥 근	52 낚을(낚시) 조
53 어찌 나	54 향기 은	55 비칠 도	56 물이름 락
57 밝을 석	58 부추길 사	59 클 비	60 하늘 민
61 산이름 륜	62 숫돌 려	63 불빛 돈	64 옥돌 구
65 네모질 릉	66 낳을 만	67 바리때 발	68 도리옥 선
69 막을 알	70 쑥 애	71 작을 편	72 가래 추
73 ② 講義	74 ① 問題	75 ④ 動線	76 ③ 再會
77 ① 數理	78 廉價	79 冒險	80 氷炭
81 擴散	82 推薦	83 懲戒	84 勸奬
85 認識	86 躍	87 琴	88 帥
89 紀	90 飾	91 勉	92 餘
93 存	94 織	95 歌	96 逆
97 輕	98 削(減)	99 送	100 憎
101 陰	102 暗	103 凶	104 靜
105 榮	106 難忘	107 男負	108 必罰
109 支離	110 壯談	111 傾聽	112 邪氣
113 疏遠(疎遠)	114 愚僧	115 精誠	116 鳥
117 广	118 彳	119 車	120 石
121 繼	122 廳	123 辭	124 縣
125 訳	126 步武	127 巡歷	128 將相
129 讓渡	130 苦杯	131 堅實	132 表裏
133 濁汚	134 停職	135 閱兵	136 薄命
137 陵遲	138 曲直	139 率先	140 遺患
141 錦上	142 加霜	143 省察	144 空拳
145 심	146 완	147 왕골	148 관
149 固有	150 絶妙		

【제4회】 예상문제(124p~126p)

1 교착	2 포기	3 착각	4 게양
5 견도	6 고용	7 기피	8 추대
9 봉쇄	10 만용	11 매취	12 면복
13 모순	14 운반	15 봉록	16 사부
17 유산	18 삽화	19 명석	20 석좌
21 섬라	22 적나라	23 전세	24 귀소
25 만통	26 문란	27 금슬/금실	28 기아
29 장애	30 시신	31 욱복	32 유령
33 부연	34 절도	35 진찰	36 참살
37 취곡	38 두격	39 창덕	40 비뇨
41 염증	42 진척	43 정명	44 예원
45 현시	46 [2] 抛棄	47 [4] 揭揚	48 [12] 冕服
49 [14] 運搬	50 [15] 俸祿	51 수레/사람이름 가	
52 절 가	53 칡 갈	54 섭섭할 감	55 산등성이 강
56 쉴 게	57 빛날 경	58 살 구	59 아침해 욱/빛날 욱
60 짙을 농	61 슬퍼할 도	62 베낄 등	63 구슬 원
64 달굴 련	65 그르칠 류	66 낱 매	67 낚시 조
68 길쌈 방	69 기 정	70 뜻 지	71 절 찰
72 빛날 요	73 도울 우	74 기쁠 이	75 맑을 정
76 가릴 차	77 불빛 혁	78 手荷	79 紛失
80 遲滯	81 催促	82 疾走	83 呼吸
84 困辱	85 候補	86 連累	87 疑惑
88 證據	89 隱蔽	90 搜査	91 混線
92 僞裝	93 粉飾	94 携帶	95 橫領
96 確認	97 激憤	98 幹事	99 側近
100 敵陣	101 挑發	102 境遇	103 凶謀
104 徹底	105 擊破	106 抑制	107 計劃
108 蓋	109 房	110 鍊	111 勵
112 欺	113 加熱	114 貪賤	115 官尊
116 供給	117 紅顔	118 憎惡	119 抵抗
120 鈍濁	121 末尾	122 恩惠	123 双
124 欢 歡	125 触	126 古墓	127 空冥
128 氣團	129 旦夕	130 弔喪	131 蛇足
132 昏晨	133 食衣	134 辛苦	135 朝暮
136 吟弄	137 飛落	138 遠召	139 里中
140 顧親	141 八	142 魚	143 肉(月)
144 頁	145 衣	146 시어머니와 며느리	
147 불의 뜨거움을 견딤	148 이름 높은 선비		
149 배 머무는 곳을 만듦	150 곡두		

【제6회】 예상문제(134p~136p)

1 빈가	2 부정	3 과갈	4 변강
5 관성	6 괴기	7 교사	8 굴혈
9 탁규	10 긍계	11 염기	12 초조
13 배뇨	14 제당	15 동독	16 마려
17 염섬	18 마귀	19 만맥	20 울모
21 한묵	22 창민	23 박고	24 탁발
25 영만	26 준담	27 빈울	28 위산
29 소개	30 시탄	31 연적	32 용범
33 익대	34 회임	35 저억	36 정소
37 경정	38 기유	39 험준	40 권축
41 유지	42 몽진	43 참벌	44 등초
45 차폐	46 [5] 款誠	47 [6] 傀奇	48 [10] 兢戒
49 [11] 厭忌	50 [15] 董督	51 저울눈 수	52 높은집 방
53 슬기 예	54 두꺼비 섬	55 화목할 목	56 마을 염

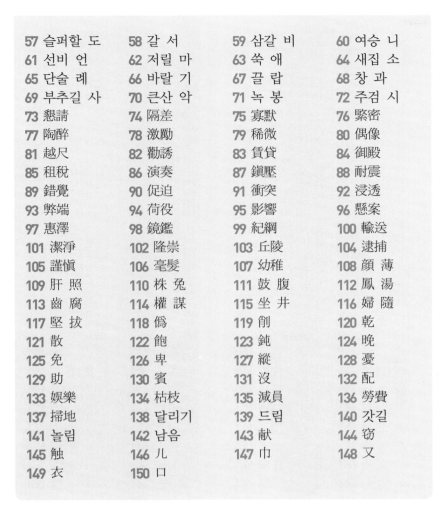

57 슬퍼할 도	58 갈 서	59 삼갈 비	60 여승 니
61 선비 언	62 저릴 마	63 쑥 애	64 새집 소
65 단술 례	66 바랄 기	67 끌 랍	68 창 과
69 부추길 사	70 큰산 악	71 녹 봉	72 주검 시
73 懇請	74 隔差	75 寡默	76 繁密
77 陶醉	78 激勵	79 稀微	80 偶像
81 越尺	82 勸誘	83 賃貸	84 御殿
85 租稅	86 演奏	87 鎭壓	88 耐震
89 錯覺	90 促迫	91 衝突	92 浸透
93 弊端	94 荷役	95 影響	96 懸案
97 惠澤	98 鏡鑑	99 紀綱	100 輸送
101 潔淨	102 隆崇	103 丘陵	104 逮捕
105 謹愼	106 毫髮	107 幼稚	108 顔 薄
109 肝 照	110 株 兔	111 鼓腹	112 鳳 湯
113 齒 腐	114 權謀	115 坐 井	116 婦 隨
117 堅 拔	118 僞	119 削	120 乾
121 散	122 飽	123 鈍	124 晩
125 免	126 卑	127 縱	128 憂
129 助	130 賓	131 沒	132 配
133 娛樂	134 枯枝	135 減員	136 勞費
137 掃地	138 달리기	139 드림	140 갓길
141 놀림	142 남음	143 献	144 窈
145 触	146 儿	147 巾	148 又
149 衣	150 口		

121 漆	122 献	123 龜	124 塩
125 處	126 倫常	127 輕患	128 朗誦
129 端緖	130 雲霧	131 敦篤	132 冒濫
133 做似	134 私藏	135 遵據	136 結草
137 維谷	138 識丁	139 轉禍	140 無援
141 항룡	142 편주	143 애묵	144 시초
145 庸劣	146 愚鈍	147 卑俗語	148 橫行
149 풍	150 헤아릴 탁		

【제8회】 예상문제(144p~146p)

1 견교	2 서훈	3 경보	4 곤축
5 용광	6 괴저	7 참학	8 전세
9 근정	10 긍구	11 괘석	12 징질
13 융액	14 매료	15 규승	16 척왜
17 염기	18 요기	19 돈지	20 고막
21 둔취	22 신궐	23 명우	24 섬미
25 반한	26 번등	27 용빙	28 사철
29 굴삭	30 소목	31 제당	32 항조
33 편주	34 반연	35 요사	36 예탁
37 연도	38 압렵	39 녹원	40 능지
41 위징	42 영허	43 왕망	44 비도
45 반이	46 [2] 敍勳	47 [6] 愧沮	48 [9] 謹呈
49 [10] 兢懼	50 [17] 厭忌	51 창 윤	52 이랑 주
53 도울 익	54 꿩 치	55 자석 자	56 기울 선
57 화할 충	58 쪽 람	59 아우를 병	60 펼/가게 포
61 방패 순	62 다듬을 탁	63 물을 자	64 골짜기 협
65 불릴 식	66 목구멍 후	67 낳을 만	68 언덕 고
69 끌 랍	70 가죽 위	71 도타울 돈	72 슬기 예
73 따를 호	74 살갗 부	75 염탐할 정	76 속마음 충
77 두꺼비 섬	78 稀微	79 荒廢	80 送還
81 均衡	82 脅迫	83 懸板	84 獻血
85 條項	86 荷役	87 被害	88 洗濯
89 廉恥	90 抵觸	91 餘震	92 征伐
93 傳染	94 沿岸	95 惜敗	96 昏睡
97 該博	98 浮漂	99 抱擁	100 洞燭
101 稚拙	102 筆跡	103 謁廟	104 搜索
105 蔬飯	106 骨, 難	107 報, 恩	108 卵, 危
109 風, 燈	110 宿, 衝	111 打, 驚	112 姑, 計
113 凍, 放	114 容, 態	115 丹, 齒	116 干
117 婢	118 免	119 利	120 胸
121 給	122 乾	123 慶	124 緯
125 屠	126 飾	127 詠	128 促
129 抑	130 帥	131 競驅	132 懇談
133 遺産	134 埋葬	135 憂愁	136 개꿀
137 돌아봄	138 벼루못	139 씨뿌리기	140 갈아타기
141 盖	142 浅	143 勵	144 醉
145 払	146 馬	147 口	148 口
149 火	150 土		

【제7회】 예상문제(141p~143p)

1 자폐	2 창려	3 파안	4 휘금
5 갈고	6 도육	7 돈모	8 예천
9 전역	10 맥궁	11 발기	12 알봉
13 탄향	14 포구	15 주석	16 묘수
17 선규	18 첨대	19 포적	20 치탕
21 일무	22 승계	23 비보	24 윤균
25 호위	26 가엽	27 응양	28 섬토
29 차폐	30 슬축	31 동섭	32 여석
33 현삭	34 이목	35 섭요	36 체인
37 마취	38 충정	39 저상	40 선사
41 학질	42 유적	43 소혈	44 질애
45 승화	46 탐스러울 화	47 참으로 순	48 곳 갑
49 성 팽	50 천리마 기	51 바꿀/기쁠 태	52 찰 영
53 빠질 닉	54 참죽나무 춘	55 못 담	56 고개 현
57 던질 포	58 미륵/오랠 미	59 부추길 사	60 클 비
61 쑥 애	62 가래 추	63 불빛 혁	64 클 개
65 도리옥 선	66 상서로울 정	67 길쌈 방	68 산등성이 강
69 밝을 병	70 귀고리 이	71 물맑을 형	72 띠 신
73 ② 間食	74 ④ 來賓	75 ③ 美術	76 ① 賣上
77 ④ 數理	78 經緯	79 漏聞	80 禍厄
81 晨鷄	82 粟飯	83 毀損	84 彼此
85 蒸暑	86 惑	87 踐	88 壞
89 傾	90 遠	91 誤	92 擁
93 偏	94 漠/博/衍/闊	95 傲慢	96 浮
97 飽	98 添	99 降	100 斷
101 怠	102 剛	103 姪	104 隱
105 捨	106 墙花	107 宗廟	108 相照
109 泥田	110 紅裳	111 想像	112 獄舍
113 早智/早知	114 團旗	115 恭待	116 广
117 歹	118 月(肉)	119 皿(网)	120 示

【제9회】 예상문제(151p~153p)

1 용빙	2 현금	3 탐닉	4 패권
5 질식	6 척기	7 응격	8 견발
9 부대	10 척방	11 이목	12 모과
13 기몽	14 도육	15 예천	16 섬미
17 면언	18 붕익	19 주배	20 섬안
21 차액	22 태계	23 포구	24 호종
25 취탕	26 승화	27 자복	28 선파
29 요격	30 소절	31 매복	32 기원
33 남벽	34 만이	35 준담	36 방착
37 호휴	38 서조	39 이고	40 발기
41 정명	42 탄향	43 괴교	44 유월
45 긍계	46 빛날 빈	47 찾을 심	48 둘 조
49 도울 필	50 작을 편	51 높을 항	52 별이름 묘
53 뗏목 벌	54 무궁화 근	55 뛰어날 걸	56 새집 소
57 줄춤 일	58 뚫을 찬	59 살구 행	60 저울눈 수
61 산이름 륜	62 밝을 병	63 가지 가	64 여울 단
65 성 팽	66 그르칠 류	67 노루 장	68 면류관 면
69 향기 분	70 마을 염	71 시원할 창	72 하늘 민
73 ② 分外	74 ③ 燒紙	75 ① 鎭壓	76 ④ 街道
77 ① 冬眠	78 驅逐	79 校訂	80 懇誠
81 沿岸	82 枕邊	83 慢	84 謹
85 偶(四)	86 尖(末)	87 濯(滌)	88 덧붙여서 자세한 설명을 늘어 놓음
89 요망하고 간사스러움	90 막아서 못하게 함	91 높이 쌓거나 쌓임	
92 헛된 생각, 덧없음	93 鄕	94 損	95 怠
96 添	97 續	98 貸	99 橫
100 難	101 淺	102 榮	103 苦盡
104 蛇尾	105 烏飛	106 墨客	107 丹脣
108 叛徒	109 推薦	110 轉補	111 降職
112 凍傷	113 月	114 攴, 攵	115 石
116 帅, ++	117 日	118 擴	119 龜
120 竊	121 宝	122 觸	123 弔慰
124 携帶	125 隣邦	126 踏舞	127 遍歷
128 舊稿	129 招賓	130 賦存	131 妥協
132 酌量	133 堂狗	134 無援	135 紅裳
136 結草	137 識丁	138 克己	139 群鷄
140 猛獸	141 醜聞	142 밝을 통	143 다시 갱
144 고칠 경	145 경장	146 갱신	147 良禽擇木
148 顯正	149 黙重	150 忍見	

【제10회】 예상문제(154p~156p)

1 서미	2 염섬	3 포승	4 질산
5 취송	6 유령	7 범람	8 소택
9 진포	10 영찰	11 소혈	12 녹원
13 축답	14 섬휘	15 웅지	16 징서
17 울욱	18 용용	19 벽유	20 용빙
21 석유	22 조요	23 항조	24 밀제
25 묘삼	26 세사	27 추영	28 숙목
29 충관	30 조정	31 망라	32 현정
33 붕익	34 정첩	35 저색	36 상잠
37 병축	38 궐취	39 창응	40 은감
41 위편	42 연상	43 긴탁	44 주폐
45 포철	46 [1] 舒眉	47 [3] 捕繩	48 [5] 聚訟
49 [7] 汎濫	50 [9] 震怖	51 지경 강	52 목구멍 후
53 집터 대	54 공경할 흠	55 클 개	56 태풍 태
57 저릴 마	58 꿩 치	59 짙을 농	60 나루 진
61 끌 랍	62 향기 은	63 뗏목 벌	64 되 승
65 큰거문고 슬	66 고깔 변	67 쑥 애	68 낮을 만
69 노루 장	70 밝을 량	71 오를 척	72 등나무 등
73 작을 편	74 빠질 닉	75 즐길 탐	76 가지 가
77 모질 학	78 乾達	79 懸隔	80 兼職
81 供給	82 掛鍾(鐘)	83 悠久	84 細菌
85 禽獸	86 旣婚	87 挑戰	88 激浪
89 督勵	90 漏落	91 履歷書	92 罷免
93 破滅	94 罪囚	95 僞證	96 繫獄
97 枯渴	98 寡默	99 紛糾	100 塗裝
101 興隷	102 傲慢	103 奔忙	104 昏睡
105 擁衛	106 擧妄	107 隱忍	108 流芳
109 遺臭	110 添花	111 雪霜	112 始終
113 蛇尾	114 臺廣	115 斗屋	116 凶
117 溫	118 愚	119 弔	120 遲
121 征	122 穫	123 迷	124 隆
125 緩	126 劣	127 速	128 潔
129 棄	130 獻	131 倣似	132 紅顔
133 杯狀	134 祈望	135 芳姿	136 도움
137 갖풀	138 앞지르기	139 사냥꾼	140 잎눈
141 囲	142 珎	143 属	144 条
145 蛍	146 目	147 隹	148 金
149 韋	150 言		

한자능력검정시험

2급 기출문제 (93~100회)

- 기출문제(93~100회)
- 정답(191p~193p)

➜ 본 기출문제는 수험생들의 기억에 의하여 재생된 문제입니다.

제93회
2021. 7. 10 시행
(社) 한국어문회 주관·한국한자능력검정회 시행
한자능력검정시험 2급 기출문제
문 항 수 : 150문항
합격문항 : 105문항
제한시간 : 60분

01 다음 문장에서 밑줄 친 漢字語의 讀音을 쓰시오. (1~20)

• 성인들은 [1]阿附하는 자를 [2]警戒하라 하였다.
• 전국 [3]蹴球대회에서 [4]霸權을 장악했다.
• 수도승은 [5]貪慾에서 벗어나 [6]無礙의 경지에 이르렀다.
• 그 연극은 [7]姑婦 간의 [8]葛藤을 그렸다.
• 법조인에게 [9]辯護를 [10]依賴하였다.
• 상대방을 [11]痛烈히 [12]攻擊하였다.
• 그들은 사건을 [13]隱蔽하여 [14]非難받았다.
• 지도층의 [15]腐敗와 [16]墮落은 지탄받아 마땅하다.
• 그의 공연은 [17]觀衆들을 [18]魅了시켰다.
• 그는 [19]竊盜의 혐의를 [20]否認했다.

1 [   ]   2 [   ]
3 [   ]   4 [   ]
5 [   ]   6 [   ]
7 [   ]   8 [   ]
9 [   ]   10 [   ]
11 [   ]   12 [   ]
13 [   ]   14 [   ]
15 [   ]   16 [   ]
17 [   ]   18 [   ]
19 [   ]   20 [   ]

02 다음 漢字語의 讀音을 쓰시오. (21~45)

21 琢磨 [   ]   22 範疇 [   ]
23 滑降 [   ]   24 啓蒙 [   ]
25 突破 [   ]   26 契機 [   ]
27 貢獻 [   ]   28 感泣 [   ]
29 猶豫 [   ]   30 辨償 [   ]
31 尖端 [   ]   32 稚拙 [   ]
33 賦與 [   ]   34 讓步 [   ]
35 嚴肅 [   ]   36 姻戚 [   ]
37 懷疑 [   ]   38 誘惑 [   ]
39 觸媒 [   ]   40 輔弼 [   ]
41 驅逐 [   ]   42 劃策 [   ]
43 蝶夢 [   ]   44 菜蔬 [   ]
45 醫院 [   ]

03 다음 漢字의 訓과 音을 쓰시오. (46~72)

46 筆 [   ]   47 哲 [   ]
48 飯 [   ]   49 蔘 [   ]
50 熙 [   ]   51 覺 [   ]
52 潔 [   ]   53 豈 [   ]
54 勞 [   ]   55 歷 [   ]
56 構 [   ]   57 刹 [   ]
58 祐 [   ]   59 鄕 [   ]
60 晳 [   ]   61 聚 [   ]
62 硯 [   ]   63 晝 [   ]
64 形 [   ]   65 釜 [   ]
66 而 [   ]   67 盾 [   ]
68 歡 [   ]   69 著 [   ]
70 融 [   ]   71 戀 [   ]
72 識 [   ]

04 다음 漢字語 中 첫음절이 長音으로 발음되는 것의 번호를 쓰시오. (73~77)

73 ① 賤待   ② 千代   [   ]
74 ① 郵政   ② 友情   [   ]
75 ① 救助   ② 九條   [   ]
76 ① 演技   ② 年期   [   ]
77 ① 諸寺   ② 祭祀   [   ]

05 다음 문장에서 밑줄 친 漢字語를 漢字(正字)로 쓰시오. (78~107)

- 한국은 세계 [78]최대의 [79]반도체 생산국이다.
- 조장희 [80]박사는 '한자와 뇌 기능과의 상관 [81]관계를 [82]연구'하는 학자이다.
- [83]지조란 순일한 [84]정신을 지키는 불타는 [85]신념이요 고귀한 [86]투쟁이기까지 하다. 조지훈의 〈지조론〉
- [87]기자는 사실을 [88]전달하고 그에 [89]기초하여 논평해야 한다.
- 경영인에게는 [90]도전 정신과 [91]위험을 감수하는 패기가 필요하다
- 국가를 창업한 [92]제왕들은 [93]충성되고 어진 사람을 [94]등용하였다.
- 그는 [95]교수로서 대학자의 [96]명망을 얻어 주위의 [97]칭송을 받았다
- 군대의 [98]장군은 [99]상벌 규정을 [100]명확히 해야 한다
- [101]통상 전문가들은 코로나19로 인해 디지털 [102]교역이 [103]급증할 것이라 하였다.
- 산사의 [104]석탑은 오랜 [105]세월 동안 [106]풍상을 견딘 모습이 역력하였다.
- '큰사전'의 [107]원고가 창고에서 발견되었다.

78 [   ]   79 [   ]
80 [   ]   81 [   ]
82 [   ]   83 [   ]
84 [   ]   85 [   ]
86 [   ]   87 [   ]
88 [   ]   89 [   ]
90 [   ]   91 [   ]
92 [   ]   93 [   ]
94 [   ]   95 [   ]
96 [   ]   97 [   ]
98 [   ]   99 [   ]
100 [   ]   101 [   ]

102 [   ]   103 [   ]
104 [   ]   105 [   ]
106 [   ]   107 [   ]

06 다음 漢字와 비슷한 뜻을 가진 漢字(正字)를 ( ) 안에 써서 문장에 적합한 漢字語가 되게 하시오. (108~112)

108 이 책은 무한한 價( )가 있다.

109 민족 說( )는 고유의 이야기이다.

110 의학이 인간의 壽( )을 늘렸다.

111 인생은 짧고 藝( )은 길다.

112 두 상품의 가격을 比( )하였다.

07 다음 漢字와 뜻이 反對 또는 相對되는 漢字(正字)를 ( ) 안에 써서 문장에 적합한 漢字語가 되게 하시오. (113~117)

113 교육이 국가의 興( )을 좌우한다.

114 그는 ( )退가 달린 결정을 하였다.

115 부동산 賣( )가 활발했다.

116 공무원은 ( )私가 분명해야 한다.

117 그는 表( )가 부동한 사람이다.

08 다음 漢字語의 反對語 또는 相對語를 2음절로 된 漢字(正字)로 쓰시오. (118~122)

118 消費 ↔ (   )

119 現實 ↔ (   )

120 放免 ↔ (   )

121 怨恨 ↔ (   )

122 平等 ↔ (   )

09 다음 漢字語의 同音異義語를 漢字(正字)로 쓰되 제시된 뜻에 맞는 것으로 하시오. (123~127)

123 祖先 - (   ) : 이성계가 세운 나라.

124 憂愁 - (   ) : 여럿 가운데 뛰어남.

125 上皇 - (   ) : 어떤 일의 형편이나 모양.

126 城池 - (   ) : 종교와 관련된 유적지.

127 造化 - (   ) : 잘 어울림.

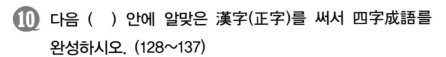
⑩ 다음 ( ) 안에 알맞은 漢字(正字)를 써서 四字成語를 완성하시오. (128~137)

128 修身齊( ) ; 몸과 마음을 닦고 집안을 다스림.

129 ( )世濟民 ; 세상을 다스리고 백성을 구제함.

130 富貴( )天 ; 부귀는 하늘에 달렸다는 말

131 苦盡甘( ) ; 쓴 것이 다하면 단 것이 온다는 뜻. 고생 끝에 즐거움이 온다는 말.

132 吉凶禍( ) ; 좋은 일과 나쁜 일 불행한 일과 행복한 일을 아울러 이르는 말.

133 美( )麗句 ; 아름다운 말로 듣기 좋게 꾸민 글귀.

134 溫故知( ) ; 옛것을 익혀 새로운 것을 앎.

135 自( )不息 ; 스스로 힘을 쓰고 쉬지 아니함.

136 螢( )之功 ; 반딧불과 흰 눈빛에 책을 읽어 성공함.

137 ( )怒哀樂 ; 기쁨과 노여움 슬픔과 즐거움이 라는 뜻으로 사람이 느끼는 네 가지 감정.

⑪ 다음 漢字의 部首를 쓰시오. (138~142)

138 永 [   ]

139 屑 [   ]

140 類 [   ]

141 喪 [   ]

142 左 [   ]

⑫ 다음 漢字의 略字를 쓰시오. (143~145)

143 舊 [   ]

144 黨 [   ]

145 應 [   ]

⑬ 다음 漢字語의 뜻을 쓰시오. (146~150)

146 田畓 [   ]

147 承繼 [   ]

148 超越 [   ]

149 配匹 [   ]

150 禽獸 [   ]

제94회
2021. 9. 11 시행

(社) 한국어문회 주관·한국한자능력검정회 시행

한자능력검정시험 2급 기출문제

문 항 수 : 150문항
합격문항 : 105문항
제한시간 : 60분

01 다음 문장에서 밑줄 친 漢字語의 讀音을 쓰시오. (1~20)

- [1]朝餐이지만, [2]療飢라도 하시지요.
- 그녀의 [3]纖細한 손가락이 피아노 [4]鍵盤 위를 미끄러지듯 움직인다.
- 모집 [5]要綱은 대학 진학 정보 센터 홈페이지에 [6]揭載한다.
- 해당 업체의 이용 [7]約款을 확인한 결과 결제 당일에 한해서만 취소와 [8]還拂이 가능했다.
- [9]穀類는 섬유소가 많아 [10]糖尿의 치료에 좋다.
- 그는 만성 [11]胃炎으로 [12]診斷받고 치료를 받고 있다.
- 마을 사람들은 군대의 [13]駐屯을 반대하는 [14]示威를 벌였다.
- [15]煉炭가스에 [16]窒息하였던 아내가 다행히 정신을 차렸다.
- 새로 구매한 [17]飼料는 단백질 성분이 [18]濃厚하다.
- 집 부근에 [19]砲彈이 떨어지는 바람에 왼쪽 [20]鼓膜이 터지는 부상을 당했다.

1 [   ]   2 [   ]
3 [   ]   4 [   ]
5 [   ]   6 [   ]
7 [   ]   8 [   ]
9 [   ]   10 [   ]
11 [   ]   12 [   ]
13 [   ]   14 [   ]
15 [   ]   16 [   ]
17 [   ]   18 [   ]
19 [   ]   20 [   ]

02 다음 漢字語의 讀音을 쓰시오. (21~45)

21 陽傘 [   ]   22 勉勵 [   ]
23 隻騎 [   ]   24 靈芝 [   ]
25 滄茫 [   ]   26 冀願 [   ]
27 魅了 [   ]   28 奴婢 [   ]
29 梧桐 [   ]   30 籠城 [   ]
31 蠻勇 [   ]   32 陵虐 [   ]
33 麒麟 [   ]   34 欽慕 [   ]
35 痲醉 [   ]   36 耆蒙 [   ]
37 運搬 [   ]   38 繁殖 [   ]
39 酸味 [   ]   40 嘗膽 [   ]
41 准尉 [   ]   42 避妊 [   ]
43 鬱寂 [   ]   44 洗劑 [   ]
45 折衷 [   ]

03 다음 漢字의 訓과 音을 쓰시오. (46~72)

46 照 [   ]   47 喉 [   ]
48 憩 [   ]   49 杜 [   ]
50 赦 [   ]   51 戈 [   ]
52 哨 [   ]   53 迷 [   ]
54 瞻 [   ]   55 尼 [   ]
56 穩 [   ]   57 潭 [   ]
58 刃 [   ]   59 槿 [   ]
60 蔘 [   ]   61 箱 [   ]
62 倂 [   ]   63 台 [   ]
64 蘆 [   ]   65 淳 [   ]
66 謨 [   ]   67 雇 [   ]
68 匈 [   ]   69 蹴 [   ]
70 芬 [   ]   71 岐 [   ]
72 舶 [   ]

04 다음 漢字語 중 첫음절이 長音으로 발음되는 것의 번호를 쓰시오. (73~77)

73 ① 享壽   ② 鄕愁 [   ]
74 ① 區域   ② 舊譯 [   ]

75 ① 徒衆　② 途中　[　　]

76 ① 友情　② 郵政　[　　]

77 ① 腎經　② 身硬　[　　]

05 다음 문장에서 밑줄 친 漢字語를 漢字(正字)로 쓰시오. (78~107)

- 공정하고 수준 높은 심사를 위해서는 [78]예심부터 [79]신중한 심사가 이루어져야 한다.
- [80]환경 [81]오염에 대한 대책이 없다면 엄청난 [82]재앙을 피할 수 없을 것이다.
- 이 사람은 3개년 간 학교에 [83]개근하였으므로 이 [84]상장을 [85]수여합니다.
- 그는 조 [86]후보가 후보를 [87]사퇴하자 자신이 [88]지지하는 사람이 없다며 [89]기권하였다.
- 그가 [90]긴박한 상황에도 불구하고 [91]침착하게 일을 처리해 내는 모습에 나는 완전히 [92]압도를 당하였다.
- 인삼 [93]재배 농가의 [94]격감으로 인삼 [95]가격이 [96]폭등하였다.
- [97]경찰이 교통 [98]소통을 위해 [99]노점을 [100]단속한다.
- [101]접영은 수영 선수에게도 [102]요통을 불러일으킬 수 있는 과격한 동작이다.
- [103]첨단 기술의 발달은 컴퓨터의 소형화를 [104]촉진시켰다.
- 요즘 주부들은 [105]농약을 사용하지 않고 재배한 [106]채소와 과일을 더 [107]선호한다.

78 [　　　]　　**79** [　　　]

80 [　　　]　　**81** [　　　]

82 [　　　]　　**83** [　　　]

84 [　　　]　　**85** [　　　]

86 [　　　]　　**87** [　　　]

88 [　　　]　　**89** [　　　]

90 [　　　]　　**91** [　　　]

92 [　　　]　　**93** [　　　]

94 [　　　]　　**95** [　　　]

96 [　　　]　　**97** [　　　]

98 [　　　]　　**99** [　　　]

100 [　　　]　　**101** [　　　]

102 [　　　]　　**103** [　　　]

104 [　　　]　　**105** [　　　]

106 [　　　]　　**107** [　　　]

06 다음 漢字와 비슷한 뜻을 가진 漢字(正字)를 (　) 안에 써서 문장에 적합한 漢字語가 되게 하시오. (108~112)

108 이 상품이 요즘 인기리에 (　)賣되는 상품입니다.

109 고인을 (　)悼하기 위해 온 조문객들이 줄을 이었다.

110 동생은 겁이 없어서 어떤 (　)怖 영화든지 간에 잘 봅니다.

111 다음에 또 聯(　)을 드리겠습니다.

112 주차 금지 구역에 주차한 차량을 牽(　)하였다.

07 다음 漢字와 뜻이 反對 또는 相對되는 漢字(正字)를 (　) 안에 써서 문장에 적합한 漢字語가 되게 하시오. (113~117)

113 일의 (　)急을 잘 조절하여 처리하시오.

114 이 바지는 (　)縮性이 좋아 활동하기 편하다.

115 바둑판은 縱(　)으로 각각 19줄이다.

116 많은 참고 문헌 중에 이 자료가 取(　)선택되었다.

117 순희는 얼마나 빨리 달려왔는지 呼(　)이 가빴다.

08 다음 漢字語의 反對語 또는 相對語를 2음절로 된 漢字(正字)로 쓰시오. (118~122)

118 卑俗 ↔ (　　　)

119 柔弱 ↔ (　　　)

120 公平 ↔ (　　　)

121 遲鈍 ↔ (　　　)

122 快勝 ↔ (　　　)

09 다음 漢字語의 同音異義語를 漢字(正字)로 쓰되, 제시된 뜻에 맞는 것으로 하시오. (128~127)

123 建造 – (　　) : 말라서 습기가 없음.

124 動轉 – (　　) : 구리로 만든 돈.

125 戶數 – (　　) : 땅이 우묵하게 들어가 물이 괴어 있는 곳.

126 葬式 – (　　) : 액세서리 따위로 치장함. 또는 그 꾸밈새.

127 幻影 – (　　) : 오는 사람을 기쁜 마음으로 반갑게 맞음.

10 다음 ( ) 안에 알맞은 漢字(正字)를 써서 四字成語를 완성하시오. (127~137)

128 指鹿( )馬 : 윗사람을 농락하여 권세를 마음대로 함.

129 堅忍不( ) : 굳게 참고 견디어 마음이 흔들리지 않음.

130 ( )食暖衣 : 배부르게 먹고 따뜻하게 입는다는 뜻으로, 의식이 넉넉하게 지냄.

131 矯角( )牛 : 소의 뿔을 바로잡으려다가 소를 죽인다는 뜻으로, 잘못된 점을 고치려다가 그 방법이나 정도가 지나쳐 오히려 일을 그르침.

132 虛( )聲勢 : 실속은 없으면서 큰소리치거나 허세를 부림.

133 ( )餘之策 : 궁한 나머지 생각다 못하여 짜낸 계책.

134 ( )脣皓齒 : 붉은 입술과 하얀 치아라는 뜻으로, 아름다운 여자를 이르는 말.

135 三( )草廬 : 인재를 맞아들이기 위하여 참을성 있게 노력함.

136 背( )忘德 : 남에게 입은 은덕을 저버리고 배신하는 태도가 있음.

137 宿虎( )鼻 : 자는 호랑이의 코를 찌른다는 뜻으로, 가만히 있는 사람을 공연히 건드려서 화를 입거나 일을 불리하게 만듦.

11 다음 漢字의 部首를 쓰시오. (138~142)

138 矛 [　　　]

139 毖 [　　　]

140 翰 [　　　]

141 楚 [　　　]

142 期 [　　　]

12 다음 漢字의 略字를 쓰시오. (143~145)

143 竊 [　　　]

144 縣 [　　　]

145 戀 [　　　]

13 다음 漢字語의 뜻을 쓰시오. (146~150)

146 艦艇 [　　　　　　]

147 脫帽 [　　　　　　]

148 紡織 [　　　　　　]

149 巡廻 [　　　　　　]

150 輔佐 [　　　　　　]

제95회
2021. 11. 20 시행
(社) 한국어문회 주관·한국한자능력검정회 시행
한자능력검정시험 2급 기출문제
문 항 수 : 150문항
합격문항 : 105문항
제한시간 : 60분

01 다음 문장에서 밑줄 친 漢字語의 讀音을 쓰시오. (1~20)

- 인간이 살아가다 보면 [1]疾病, [2]失職, 사망, [3]經濟·신체·사회적 곤경에 처하는 경우가 [4]許多하다. 이러한 경우 이웃이나 스스로 문제를 [5]解決할 수 없으면 이웃이나 국가 사회의 [6]協助를 받아야 한다.
- 이 법(국어기본법)은 국어의 사용을 [7]促進하고 국어의 [8]發展과 보전의 [9]基盤을 마련하여 국민의 창조적 [10]思考력 증진을 [11]圖謀한다.
- 이 글의 [12]要旨를 20자 이내로 [13]縮約해서 말해 보시오.
- 뜨거운 햇볕으로부터 [14]皮膚를 [15]保護해 주는 자외선 [16]遮斷제가 개발되었다.
- 이미 정부는 공항과 [17]港灣에도 [18]選別 [19]診療所를 [20]設置하여 운영하고 있다고 한다.

1 [   ]   2 [   ]
3 [   ]   4 [   ]
5 [   ]   6 [   ]
7 [   ]   8 [   ]
9 [   ]   10 [   ]
11 [   ]   12 [   ]
13 [   ]   14 [   ]
15 [   ]   16 [   ]
17 [   ]   18 [   ]
19 [   ]   20 [   ]

02 다음 漢字語의 讀音을 쓰시오. (21~45)

21	修善 [ ]	22	纖細 [ ]
23	專賣 [ ]	24	濃淡 [ ]
25	糖尿 [ ]	26	拉致 [ ]
27	帽子 [ ]	28	紊亂 [ ]
29	哨兵 [ ]	30	蹴球 [ ]
31	洗劑 [ ]	32	贈呈 [ ]
33	養蠶 [ ]	34	晚餐 [ ]
35	表彰 [ ]	36	付託 [ ]
37	誕生 [ ]	38	颱風 [ ]
39	妖怪 [ ]	40	平穩 [ ]
41	預金 [ ]	42	墳墓 [ ]
43	僻村 [ ]	44	蔑視 [ ]
45	跳躍 [ ]		

03 다음 漢字의 訓과 音을 쓰시오. (46~72)

46	亮 [ ]	47	矛 [ ]
48	俳 [ ]	49	悽 [ ]
50	靴 [ ]	51	幻 [ ]
52	姬 [ ]	53	稻 [ ]
54	垈 [ ]	55	坑 [ ]
56	葛 [ ]	57	瓜 [ ]
58	于 [ ]	59	夷 [ ]
60	赫 [ ]	61	台 [ ]
62	抛 [ ]	63	弼 [ ]
64	綜 [ ]	65	駐 [ ]
66	淳 [ ]	67	殖 [ ]
68	升 [ ]	69	倻 [ ]
70	俸 [ ]	71	頻 [ ]
72	魔 [ ]		

04 다음 漢字語 중 첫음절이 長音으로 발음되는 것의 번호를 쓰시오. (73~77)

73	① 家庭 ② 假定 [ ]
74	① 私信 ② 使臣 [ ]
75	① 雁柱 ② 安住 [ ]
76	① 弔花 ② 調和 [ ]
77	① 在囚 ② 財數 [ ]

05 다음 문장에서 밑줄 친 漢字語를 漢字(正字)로 쓰시오. (78~107)

• [78]지조와 정조는 다 같이 절개에 속한다. 지조는 [79]정신적인 것이요 정조는 [80]육체적인 것이라고들 하지만 지조의 [81]변절도 육체생활의 [82]이욕에 [83]매수된 것이요, 정조의 부정도 정신의 쾌락에 대한 [84]방종에서 비롯된다.(중략) 지조를 지키기란 참으로 어려운 일이다. 자기의 신념에 어긋날 때는 최저의 생활, [85]최악의 [86]곤욕을 무릅쓸 [87]각오가 없으면 섣불리 지조를 입에 담아서는 안 된다.(조지훈, '지조론')

• 학교 [88]당국은 정부의 [89]현행 사회적 거리두기 [90]단계에 맞춰 학사[91]운영 [92]계획을 세우고, 비대면 [93]수업 연장 [94]여부를 결정할 예정이라고 한다.

• 우리 [95]민족은 어려운 이웃을 돕는 데 인색하지 않다. 자연 재해로 큰 [96]피해를 당한 사람들이 있으면 국민들은 정성을 모아 그들이 재난을 [97]극복할 수 있도록 도와주었다.

• 사람이 [98]여유를 가지고 살려면 어려서부터 시간을 [99]낭비하지 말고 [100]유효 [101]적절하게 [102]활용하는 [103]습관을 길러야 한다.

• [104]의사들은 물을 가능하면 많이 [105]섭취하는 것이 [106]건강에 좋다고 하면서 하루에 물을 두 컵 이상 섭취하기를 [107]권장한다.

78 [ ]	79 [ ]
80 [ ]	81 [ ]
82 [ ]	83 [ ]
84 [ ]	85 [ ]
86 [ ]	87 [ ]
88 [ ]	89 [ ]
90 [ ]	91 [ ]
92 [ ]	93 [ ]
94 [ ]	95 [ ]
96 [ ]	97 [ ]
98 [ ]	99 [ ]
100 [ ]	101 [ ]
102 [ ]	103 [ ]
104 [ ]	105 [ ]
106 [ ]	107 [ ]

06 다음 漢字와 비슷한 뜻을 가진 漢字(正字)를 ( ) 안에 써서 문장에 적합한 漢字語가 되게 하시오. (108~112)

108 쌀가마니를 ( )庫로 옮겼다.
109 그믐이라 밖은 칠흑의 帳( )처럼 어둡다.
110 원전 사고는 엄청난 災( )을 초래한다.
111 민중은 권력의 ( )隷가 아니다.
112 그의 유일한 ( )樂은 음악 감상이다.

07 다음 漢字와 뜻이 反對 또는 相對되는 漢字(正字)를 ( ) 안에 써서 문장에 적합한 漢字語가 되게 하시오. (113~117)

113 나라를 위하는 일에는 빈부와 貴( )이 따로 없다.
114 학생들이 쓴 글에 대해 ( )削 지도를 하였다.
115 그 문제를 ( )反 투표에 붙였다.
116 앵무새 雌( ) 한 쌍을 사 왔다.
117 優( )을 가리기 어렵다.

08 다음 漢字語의 反對語 또는 相對語를 2음절로 된 漢字(正字)로 쓰시오. (118~122)

118 創造 ↔ ( )
119 榮轉 ↔ ( )
120 眞實 ↔ ( )
121 外柔 ↔ ( )
122 特殊 ↔ ( )

09 다음 漢字語의 同音異義語를 漢字(正字)로 쓰되 제시된 뜻에 맞는 것으로 하시오. (123~127)

123 裁判 – ( ) : 출판한 책을 다시 출판함.
124 虎患 – ( ) : 서로 교환함.

125 動詞 – (　　) : 얼어 죽음.

126 沙器 – (　　) : 나쁜 꾀로 남을 속임.

127 款待 – (　　) : 너그럽고 큼.

⑩ 다음 (　) 안에 알맞은 漢字(正字)를 써서 四字成語를 완성하시오. (128~137)

128 拔本(　)源 : 폐단의 근본 원인을 아주 없앰.

129 綠(　)芳草 : 푸른 버들과 아름다운 풀.

130 (　)合之卒 : 까마귀가 모인 것처럼 규율 없는 병졸.

131 (　)我獨尊 : 자기 혼자만 잘났다고 하는 일.

132 靑出(　)藍 : 제자가 스승보다 나음을 이르는 말.

133 抱腹絶(　) : 배를 안고 넘어질 정도로 우스운 형세.

134 千(　)萬苦 : 온갖 어려운 일 또는 그것을 겪음.

135 支離滅(　) : 서로 갈리고 찢기어서 갈피를 잡을 수 없음.

136 丹(　)皓齒 : 붉은 입술과 흰 이. 아름다운 여자를 이르는 말.

137 街談(　)說 : 길거리에 떠도는 소문. 풍문.

⑪ 다음 漢字의 部首를 쓰시오. (138~142)

138 箱 [　　　　]

139 霸 [　　　　]

140 諮 [　　　　]

141 衍 [　　　　]

142 劉 [　　　　]

⑫ 다음 漢字의 略字를 쓰시오. (143~145)

143 擴 [　　　　]

144 棄 [　　　　]

145 帥 [　　　　]

⑬ 다음 漢字語의 뜻을 쓰시오. (146~150)

146 白鷗 [　　　　　　　　　　　]

147 獵銃 [　　　　　　　　　　　]

148 巨艦 [　　　　　　　　　　　]

149 船舶 [　　　　　　　　　　　]

150 城址 [　　　　　　　　　　　]

제96회
(社) 한국어문회 주관·한국한자능력검정회 시행
2022. 2. 26 시행
한자능력검정시험 2급 기출문제
문 항 수 : 150문항
합격문항 : 105문항
제한시간 : 60분

01 다음 문장에서 밑줄 친 漢字語의 讀音을 쓰시오. (1~20)

- 정부는 북쪽의 [1]疆域을 지키기 위해 병력을 [2]駐屯시켰다.
- 당국은 [3]坑道에 [4]埋沒된 광부들을 구조하였다.
- 그는 자기 뜻을 [5]貫徹하기 위해 신문에 글을 [6]揭載했다.
- [7]企業은 [8]解雇를 [9]抑制하도록 노사는 협약하였다.
- [10]僑胞들은 먼 이국에서 [11]鄕愁에 젖어 살고 있었다.
- 그 상인은 보기 드문 [12]珍品을 [13]購入하여 보관했다.
- 경찰은 [14]盜賊의 [15]巢窟을 찾아냈다.
- 청중 앞에서 [16]耆儒가 [17]孔孟 사상을 논했다.
- [18]濃霧가 자욱한 도로에서는 [19]減速 운전을 해야 한다.
- 청소년을 게임의 [20]耽溺으로부터 보호하자.

1 [   ]   2 [   ]
3 [   ]   4 [   ]
5 [   ]   6 [   ]
7 [   ]   8 [   ]
9 [   ]   10 [   ]
11 [   ]   12 [   ]
13 [   ]   14 [   ]
15 [   ]   16 [   ]
17 [   ]   18 [   ]
19 [   ]   20 [   ]

02 다음 漢字語의 讀音을 쓰시오. (21~45)

21 鍛鍊 [   ]   22 追悼 [   ]
23 整頓 [   ]   24 膽記 [   ]
25 藍色 [   ]   26 奴隸 [   ]

27 鼓膜 [   ]   28 野蠻 [   ]
29 魅了 [   ]   30 船舶 [   ]
31 賠償 [   ]   32 皮膚 [   ]
33 赦免 [   ]   34 胃酸 [   ]
35 纖維 [   ]   36 矛盾 [   ]
37 把握 [   ]   38 塵埃 [   ]
39 熊膽 [   ]   40 沮止 [   ]
41 贈呈 [   ]   42 診察 [   ]
43 刹那 [   ]   44 幻影 [   ]
45 融資 [   ]

03 다음 漢字의 訓과 音을 쓰시오. (46~72)

46 盈 [   ]   47 諺 [   ]
48 旌 [   ]   49 灘 [   ]
50 餐 [   ]   51 坡 [   ]
52 怖 [   ]   53 沃 [   ]
54 虐 [   ]   55 款 [   ]
56 旨 [   ]   57 閨 [   ]
58 遮 [   ]   59 預 [   ]
60 弦 [   ]   61 坐 [   ]
62 諜 [   ]   63 輯 [   ]
64 魔 [   ]   65 軸 [   ]
66 妊 [   ]   67 搬 [   ]
68 瑞 [   ]   69 腎 [   ]
70 惹 [   ]   71 硯 [   ]
72 釣 [   ]

04 다음 漢字語 중 첫음절이 長音으로 발음되는 것의 번호를 쓰시오. (73~77)

73 ① 暑苦   ② 書庫   [   ]
74 ① 詞訟   ② 賜送   [   ]
75 ① 端株   ② 斷酒   [   ]

76 ① 倒植　② 徒食　[　　]

77 ① 傾聽　② 敬請　[　　]

05 다음 문장에서 밑줄 친 漢字語를 漢字(正字)로 쓰시오.
(78~107)

- 세상은 ^[78]자비를 베푸는 자와 ^[79]사기를 일삼는
  자가 섞여 사는 ^[80]혼탁한 사회이다.
- 그 정치인은 ^[81]방자한 행위로 국민의 ^[82]지탄을
  받았다.
- 그날 밤 ^[83]형사는 ^[84]잠복 ^[85]근무하여 범인을 붙
  잡았다.
- ^[86]독재 정권에 ^[87]저항하여 시민들은 ^[88]투쟁했다.
- ^[89]정적이 흐르던 시골 역에 열차는 ^[90]기적 소리
  를 내며 서서히 진입했다.
- 세상의 온갖 ^[91]번뇌를 떨치고 ^[92]좌선에 열중하는
  부처의 모습.
- 오늘 아침 ^[93]복잡한 교통 ^[94]상황으로 회사에 ^[95]지
  각하였다.
- 사냥꾼은 물체를 ^[96]포착한 ^[97]순간 ^[98]엽총을 ^[99]발
  사하였다.
- 그는 자신의 ^[100]과오를 ^[101]참회하며 ^[102]용서를
  빌었다.
- 여름철 ^[103]폭염에 지친 나그네는 ^[104]갈증을 해소
  하기 위해 우물을 찾았다.
- 그는 ^[105]고장 난 차를 ^[106]견인하여 자동차 공장에
  수리를 ^[107]의뢰했다.

78 [　　　] 　　**79** [　　　]

80 [　　　] 　　**81** [　　　]

82 [　　　] 　　**83** [　　　]

84 [　　　] 　　**85** [　　　]

86 [　　　] 　　**87** [　　　]

88 [　　　] 　　**89** [　　　]

90 [　　　] 　　**91** [　　　]

92 [　　　] 　　**93** [　　　]

94 [　　　] 　　**95** [　　　]

96 [　　　] 　　**97** [　　　]

98 [　　　] 　　**99** [　　　]

100 [　　　] 　　**101** [　　　]

102 [　　　] 　　**103** [　　　]

104 [　　　] 　　**105** [　　　]

106 [　　　] 　　**107** [　　　]

06 다음 漢字와 비슷한 뜻을 가진 漢字(正字)를 ( ) 안에
써서 문장에 적합한 漢字語가 되게 하시오. (108~112)

108 건물 ( )壞를 예방하기 위해 기초 공사를 튼튼
히 한다.

109 그들의 관계는 ( )篤 하다.

110 도적들이 혼란을 틈타 물건을 掠( )해 갔다.

111 모든 산맥들이 바다를 戀( )해 휘달릴 때도
(광야, 李陸史)

112 옷을 깨끗이 洗( )하여 입었다.

07 다음 문장에서 漢字와 뜻이 反對 또는 相對되는 漢字
(正字)를 써서 漢字語를 완성하시오. (113~117)

113 사업이 적자에서 ( )益 분기점에 이르렀다.

114 양쪽이 ( )此 어려운 처지에 있다.

115 인간의 ( )歡을 노래한 수많은 가요가 있다.

116 경찰은 사건의 經( )를 밝혔다.

117 이장은 마을 사람들의 慶( ) 일을 꼼꼼하게 챙
겼다.

08 다음 漢字語의 反對語 또는 相對語를 2음절로 된 漢字
(正字)로 쓰시오. (118~122)

118 濕潤 ↔ (　　　)

119 剛健 ↔ (　　　)

120 供給 ↔ (　　　)

121 斬新 ↔ (　　　)

122 普遍 ↔ (　　　)

09 다음 漢字語의 同音異義語를 漢字(正字)로 쓰되, 제시된 뜻에 맞는 것으로 하시오. (123~127)

123 扶養 - (　　) 가라앉은 것이 떠오름.

124 薦度 - (　　) 도읍을 옮김.

125 母艦 - (　　) 꾀를 써서 남을 어려운 처지에 빠지게 함.

126 將棋 - (　　) 내장의 여러 기관.

127 俊秀 - (　　) 규칙, 명령 등을 그대로 지킴.

10 다음 (　) 안에 알맞은 漢字(正字)를 써서 四字成語를 완성하시오. (128~137)

128 內(　)外患 : 나라 안팎의 근심 걱정.

129 (　)卵之勢 : 달걀을 포개어 놓은 것과 같은 위태로운 형세.

130 東(　)西走 : 사방으로 이리저리 바삐 돌아다님.

131 拍(　)大笑 : 손뼉을 치고 크게 웃음.

132 背恩(　)德 : 받은 은혜를 저버리고 은덕을 잊음.

133 左衝右(　) : 이리저리 마구 치고 받고 함.

134 貪官(　)吏 : 탐욕 많고 깨끗하지 못한 벼슬아치.

135 興亡盛(　) : 흥하고 망하고 성하고 쇠하는 일.

136 億兆(　)生 : 수많은 백성.

137 (　)然自失 : 정신을 잃고 어리둥절한 모양.

11 다음 漢字의 部首를 쓰시오. (138~142)

138 甄 [　　　]

139 盧 [　　　]

140 蔑 [　　　]

141 揷 [　　　]

142 靴 [　　　]

12 다음 漢字의 略字를 쓰시오. (143~145)

143 螢 [　　　]

144 慘 [　　　]

145 敍 [　　　]

13 다음 漢字語의 뜻을 쓰시오. (146~150)

146 爐邊 [　　　　　　　　　]

147 緊縮 [　　　　　　　　　]

148 踏步 [　　　　　　　　　]

149 酷評 [　　　　　　　　　]

150 誘惑 [　　　　　　　　　]

한자능력검정시험 2급 기출문제

01 다음 문장에서 밑줄 친 漢字語의 讀音을 쓰시오. (1~20)

- 국내 [1]搬入이 금지된 [2]痲藥을 몰래 들여오려던 범인이 [3]摘發되었다.
- 당국은 부대를 [4]倂合하고 군량미를 [5]備蓄했다.
- 지난날 [6]縫製 산업이 발달했던 우리나라는 많은 옷을 [7]輸出하여 외화를 [8]獲得했다.
- 장군은 [9]師傅를 찾아가 [10]戰勝의 묘수를 [11]聽取했다.
- 강사는 강의 후 [12]該當 문제를 [13]敷衍하여 설명했다.
- 혼란기를 틈타 [14]匪賊들이 이곳저곳에서 [15]暗躍했다.
- 우리 대학에서는 [16]碩座 교수를 [17]招聘했다.
- 죄인은 [18]捕繩에 묶여 [19]監獄에 들어갔다.
- 그는 열심히 일하여 재산을 [20]增殖했다.

1 [   ]   2 [   ]
3 [   ]   4 [   ]
5 [   ]   6 [   ]
7 [   ]   8 [   ]
9 [   ]   10 [   ]
11 [   ]   12 [   ]
13 [   ]   14 [   ]
15 [   ]   16 [   ]
17 [   ]   18 [   ]
19 [   ]   20 [   ]

02 다음 漢字語의 讀音을 쓰시오. (21~45)

21 腎臟 [   ]   22 掌握 [   ]
23 塵埃 [   ]   24 硯滴 [   ]
25 雇傭 [   ]   26 胃酸 [   ]
27 沮止 [   ]   28 趣旨 [   ]
29 遮斷 [   ]   30 歪曲 [   ]
31 刹那 [   ]   32 應札 [   ]
33 峻嶺 [   ]   34 諜報 [   ]
35 自炊 [   ]   36 琢磨 [   ]
37 耽溺 [   ]   38 霸權 [   ]
39 虐待 [   ]   40 酷評 [   ]
41 約款 [   ]   42 宮闕 [   ]
43 關鍵 [   ]   44 抛棄 [   ]
45 締結 [   ]

03 다음 漢字의 訓과 音을 쓰시오. (46~72)

46 槿 [   ]   47 濃 [   ]
48 悼 [   ]   49 棟 [   ]
50 療 [   ]   51 灣 [   ]
52 裸 [   ]   53 岐 [   ]
54 耆 [   ]   55 茂 [   ]
56 紡 [   ]   57 赦 [   ]
58 屍 [   ]   59 礙 [   ]
60 媛 [   ]   61 閥 [   ]
62 巢 [   ]   63 頓 [   ]
64 尉 [   ]   65 諮 [   ]
66 峙 [   ]   67 灘 [   ]
68 艇 [   ]   69 揷 [   ]
70 茅 [   ]   71 枚 [   ]
72 網 [   ]

04 다음 漢字語 중 첫음절이 長音으로 발음되는 것의 번호를 쓰시오. (73~77)

73 ① 浮橋   ② 副校 [   ]
74 ① 瑞典   ② 書傳 [   ]
75 ① 演技   ② 煙氣 [   ]
76 ① 星河   ② 聖下 [   ]
77 ① 訴請   ② 所請 [   ]

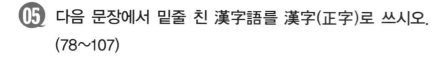
05 다음 문장에서 밑줄 친 漢字語를 漢字(正字)로 쓰시오. (78~107)

- 마라톤 대회에 참가한 [78]건각들이 힘차게 [79]질주
했다.
- 대통령은 [80]각료 회의에서 국가 [81]정책 사업을
[82]토의했다.
- 이 [83]간선 도로를 따라가면 목적지인 [84]청사가
보입니다.
- 사장은 외국 [85]험지에 [86]파견되어 [87]근무하는
직원들을 [88]위로했다.
- 그의 성공 [89]비결은 [90]겸허한 마음의 [91]자세에
있다.
- 농부는 여러 [92]곡물을 [93]경작하여 많은 [94]수확
을 했다.
- 이 고층 빌딩은 [95]내진 설계를 하여 [96]견고하게
지었다.
- 비판 없이 [97]관행을 [98]답습하면 사회 발전이 더
디다.
- 두 [99]진영 간의 [100]충돌은 사회 불안으로 이어질
수 있다.
- [101]증권 시장에서는 [102]주식이 [103]등락을 반복하
고 있다.
- 이웃 국가와 [104]선린 관계를 [105]유지하기 위해서
는 서로 상대에 대한 [106]배려가 필요하다.
- 5월은 [107]화목한 가정의 달.

78 [   ]   79 [   ]
80 [   ]   81 [   ]
82 [   ]   83 [   ]
84 [   ]   85 [   ]
86 [   ]   87 [   ]
88 [   ]   89 [   ]
90 [   ]   91 [   ]
92 [   ]   93 [   ]
94 [   ]   95 [   ]
96 [   ]   97 [   ]
98 [   ]   99 [   ]

100 [   ]   101 [   ]
102 [   ]   103 [   ]
104 [   ]   105 [   ]
106 [   ]   107 [   ]

06 다음 漢字와 비슷한 뜻을 가진 漢字(正字)를 ( ) 안에 써서 문장에 적합한 漢字語가 되게 하시오. (108~112)

108 문화재가 ( )損되지 않도록 주의하자.

109 고장 난 자동차를 ( )引한다.

110 봄철 ( )燥한 날씨에 산불을 조심하자.

111 그는 잘못을 뉘우치고 謹( )하며 지냈다.

112 우리 두 사람은 의리를 지키기로 盟( )하였다.

07 다음 문장에서 漢字와 뜻이 反對 또는 相對되는 漢字(正字)를 써서 漢字語를 완성하시오. (113~117)

113 언어에서 ( )揚은 중요한 의미를 나타낸다.

114 이 옷은 ( )縮의 기능이 있어 입기에 편하다.

115 노사의 화합 여부에 따라 기업의 盛( )가 결정
된다.

116 영화에서 주인공은 愛( )의 감정을 종종 표출
했다.

117 그들은 叔( ) 사이의 친척이다.

08 다음 漢字語의 反對語 또는 相對語를 2음절로 된 漢字(正字)로 쓰시오. (118~122)

118 容易 ↔ (   )
119 靜肅 ↔ (   )
120 記憶 ↔ (   )
121 高雅 ↔ (   )
122 公平 ↔ (   )

09 다음 漢字語의 同音異義語를 漢字(正字)로 쓰되, 제시된 뜻에 맞는 것으로 하시오. (123~127)

123 尿道 – (   ) 허리에 차는 칼.

124 運逢 – (   ) 구름을 이고 있는 산봉우리.

125 優秀 – (   ) 우울과 수심.

126 悲鳴 - (   ) 비석에 새긴 글.

127 花郎 - (   ) 미술품을 진열하여 전시하는 곳.

⑩ 다음 (   ) 안에 알맞은 漢字(正字)를 써서 四字成語를 완성하시오. (128~137)

128 孤軍(   )鬪 : 적은 군사력으로 분발하여 싸움.

129 明(   )觀火 : 밝기가 불을 보는 것 같다.

130 拔本(   )源 : 폐단의 근본 원인을 아주 없앰.

131 雪上加(   ) : 엎친 데 덮친 격.

132 (   )言令色 : 환심을 사려고 교묘한 말과 좋게 꾸민 얼굴빛.

133 三(   )草廬 : 인재를 데려오기 위해 참을성 있게 노력함.

134 縱(   )無盡 : 자유자재로 행동하여 거침이 없음.

135 手不(   )卷 : 손에서 책을 놓지 않음.

136 父爲子(   ) : 부모는 자식의 모범이 되어야 한다.

137 (   )世之才 : 온 세상을 덮을 만큼 뛰어난 재주.

⑪ 다음 漢字의 部首를 쓰시오. (138~142)

138 尼 [   ]

139 坌 [   ]

140 魔 [   ]

141 舶 [   ]

142 奎 [   ]

⑫ 다음 漢字의 略字를 쓰시오. (143~145)

143 擴 [   ]

144 嚴 [   ]

145 縣 [   ]

⑬ 다음 漢字語의 뜻을 쓰시오. (146~150)

146 築城 [   ]

147 暴暑 [   ]

148 窒息 [   ]

149 鎭痛 [   ]

150 悔改 [   ]

제98회
2022. 8. 27 시행
(社) 한국어문회 주관·한국한자능력검정회 시행
한자능력검정시험 2급 기출문제
문 항 수 : 150문항
합격문항 : 105문항
제한시간 : 60분

01 다음 문장에서 밑줄 친 漢字語의 讀音을 쓰시오. (1~20)

- 그 만화가는 한 일간지에 [1]漫評을 [2]揭載하기로 했다.
- [3]歐美로 나간 우리 [4]僑胞들은 각국에서 한국인의 긍지를 드높이고 있다.
- 내일까지 그에게 진 빚을 모두 [5]辨償하기로 했어요.
- 그 댁 [6]閨秀는 재색을 [7]兼備한, 보기 드문 처녀다.
- 공해에서 일본 [8]艦隊에 [9]被拉되었던 우리의 선원들이 무사히 고국으로 돌아왔다.
- 그는 지쳐서, 고통과 [10]憤怒와 [11]恐怖와 [12]抑鬱함에 짓눌려서 눈을 감고 있었다.
- 그는 망망대해에 [13]扁舟를 타고 [14]漂流하였다.
- 청년은 국위를 [15]宣揚한 공로로 나라에서 [16]表彰을 받았다.
- 경찰의 [17]鎭壓으로 시위대의 가두 진출이 [18]沮止되었다.
- 습기가 많은 곳에서는 [19]細菌이 [20]繁殖하기 쉽다.

1 [   ]   2 [   ]
3 [   ]   4 [   ]
5 [   ]   6 [   ]
7 [   ]   8 [   ]
9 [   ]   10 [   ]
11 [   ]   12 [   ]
13 [   ]   14 [   ]
15 [   ]   16 [   ]
17 [   ]   18 [   ]
19 [   ]   20 [   ]

02 다음 漢字語의 讀音을 쓰시오. (21~45)

21 勳閥 [   ]   22 藤架 [   ]
23 茶菓 [   ]   24 耽味 [   ]
25 鵬翼 [   ]   26 混紡 [   ]
27 鴻謨 [   ]   28 瓜葛 [   ]
29 僻巷 [   ]   30 糾繩 [   ]
31 罪囚 [   ]   32 脫帽 [   ]
33 倂罷 [   ]   34 憩泊 [   ]
35 丸劑 [   ]   36 謹呈 [   ]
37 胃癌 [   ]   38 投網 [   ]
39 妖鬼 [   ]   40 欺罔 [   ]
41 遮蔽 [   ]   42 瞻仰 [   ]
43 酸素 [   ]   44 頻尿 [   ]
45 魔術 [   ]

03 다음 漢字의 訓과 音을 쓰시오. (46~72)

46 娩 [   ]   47 悽 [   ]
48 掘 [   ]   49 紹 [   ]
50 惇 [   ]   51 舶 [   ]
52 旬 [   ]   53 蟾 [   ]
54 伽 [   ]   55 雇 [   ]
56 診 [   ]   57 礪 [   ]
58 稙 [   ]   59 喉 [   ]
60 箕 [   ]   61 虐 [   ]
62 孃 [   ]   63 旌 [   ]
64 鴨 [   ]   65 摩 [   ]
66 台 [   ]   67 翰 [   ]
68 偵 [   ]   69 杜 [   ]
70 雌 [   ]   71 鉢 [   ]
72 甫 [   ]

04 다음 漢字語 중 첫음절이 길게 발음되는 것의 번호를 쓰시오. (73~77)

73 ① 代錢   ② 垈田 [   ]
74 ① 俳優   ② 配偶 [   ]
75 ① 赦狀   ② 寫場 [   ]

76 ① 紳士 ② 辛巳 [　　]

77 ① 彫像 ② 弔喪 [　　]

05 다음 문장에서 밑줄 친 漢字語를 漢字(正字)로 쓰시오.
(78~107)

- 농가의 소득 증대를 위해 농민들에게 [78]양봉, 양잠을 [79]권장하고 있다.
- [80]쾌적한 [81]수면을 위해서는 좋은 [82]침구를 사용해야 한다.
- 점점 [83]심각해지는 [84]환경 오염 극복 대책을 모색하기 위한 공개 토론회가 열렸다.
- [85]접영은 수영 선수에게도 [86]요통을 불러일으킬 수 있는 [87]과격한 동작이다.
- 귀빈들은 국립묘지에서 의장대를 [88]사열한 뒤 [89]헌화하고 [90]묵념했다.
- 그녀는 [91]부여된 [92]책무를 [93]완수하지 못한 것에 대해 책임을 지고 [94]사퇴하겠다고 밝혔다.
- 그는 회사가 본인의 의사에 반하여 인사이동을 강행한 것은 [95]직권 남용일 뿐 아니라 [96]헌법의 [97]위배라며 보직 회복을 요청했다.
- 대학 병원에서 장기 [98]이식을 기다리던 한 여성이 자신의 [99]장기를 [100]기증하고 영면했다.
- 국가 경제의 [101]근간도 지식을 [102]기반으로 하는 [103]첨단 지식 산업으로 [104]전환되고 있다.
- 올해 [105]파종한 약초의 [106]발아가 [107]완만히 진행되고 있다.

78 [　　　　]　**79** [　　　　]

80 [　　　　]　**81** [　　　　]

82 [　　　　]　**83** [　　　　]

84 [　　　　]　**85** [　　　　]

86 [　　　　]　**87** [　　　　]

88 [　　　　]　**89** [　　　　]

90 [　　　　]　**91** [　　　　]

92 [　　　　]　**93** [　　　　]

94 [　　　　]　**95** [　　　　]

96 [　　　　]　**97** [　　　　]

98 [　　　　]　**99** [　　　　]

100 [　　　　]　**101** [　　　　]

102 [　　　　]　**103** [　　　　]

104 [　　　　]　**105** [　　　　]

106 [　　　　]　**107** [　　　　]

06 다음 漢字와 비슷한 뜻을 가진 漢字(正字)를 (　) 안에 써서 문장에 적합한 漢字語가 되게 하시오. (108~112)

108 금메달을 목에 건 선수들은 (　)喜에 찬 표정으로 손을 흔들었다.

109 그의 (　)賣 실적은 나날이 향상되고 있다.

110 대폭적인 예산 (　)減으로 사업이 축소되었다.

111 교황의 서거 소식을 듣고 전 세계의 가톨릭 신자들이 (　)悼하였다.

112 그는 이번 학기에 강사로 招(　)되었다.

07 다음 문장에서 漢字와 뜻이 反對 또는 相對되는 漢字(正字)를 써서 문장에 적합한 漢字語가 되게 하시오.
(113~117)

113 학생생활부에 고교 3년간의 학업 성적과 (　)怠 상황을 기록하였다.

114 많은 참고 문헌 중에 이 자료가 取(　)선택되었다.

115 열차가 정거장에 들어올 때에 送(　) 나온 군중은 깃발을 두르며 만세를 부르고….≪이광수, 흙≫

116 지난달에는 생필품의 균형 있는 需(　)이 이루어졌다.

117 부대 병력들이 교전을 하느라 서로 뒤엉켜 (　)我의 구별조차 어려운 상황이었다.

08 다음 漢字語의 反對語 또는 相對語를 2음절로 된 漢字(正字)로 쓰시오. (118~122)

118 寬大 ↔ (　　　)

119 模倣 ↔ (　　　)

120 近接 ↔ (　　)

121 特殊 ↔ (　　)

122 返濟 ↔ (　　)

⑨ 다음 漢字語의 同音異義語를 漢字(正字)로 쓰되, 제시된 뜻에 맞는 것으로 하시오. (123~127)

123 制空 – (　　) 무엇을 내주거나 갖다 바침.

124 靈想 – (　　) 섭씨온도계에서, 눈금이 0℃ 이상의 온도.

125 享壽 – (　　) 고향을 그리워하는 마음이나 시름.

126 球速 – (　　) 행동이나 의사의 자유를 제한하거나 속박함.

127 注射 – (　　) 술 마신 뒤에 버릇으로 하는 못된 언행.

⑩ 다음 (　) 안에 알맞은 漢字(正字)를 써서 四字成語를 완성하시오. (128~137)

128 朝令(　)改 : 아침에 명령을 내렸다가 저녁에 다시 고침. 법령을 자꾸 고쳐서 갈피를 잡기가 어려움.

129 畫蛇(　)足 : 쓸데없는 군짓을 하여 도리어 잘못되게 함

130 (　)勝長驅 : 싸움에 이긴 형세를 타고 계속 몰아침.

131 肝膽相(　) : 서로 속마음을 털어놓고 친하게 사귐.

132 榮(　)盛衰 : 인생이나 사물의 번성함과 쇠락함이 서로 바뀜.

133 (　)友有信 : 벗과 벗 사이의 도리는 믿음에 있음.

134 南柯之(　) : 꿈과 같이 헛된 한때의 부귀영화를 이르는 말.

135 (　)興差使 : 심부름을 가서 오지 아니하거나 늦게 온 사람을 이르는 말.

136 (　)脣皓齒 : 붉은 입술과 하얀 치아라는 뜻으로, 아름다운 여자를 이름.

137 綠(　)芳草 : 푸른 버드나무와 향기로운 풀.

⑪ 다음 漢字의 部首를 쓰시오. (138~142)

138 庫 [　　　]

139 豆 [　　　]

140 裁 [　　　]

141 戊 [　　　]

142 垂 [　　　]

⑫ 다음 漢字의 略字를 쓰시오. (143~145)

143 爐 [　　　]

144 澤 [　　　]

145 徑 [　　　]

⑬ 다음 漢字語의 뜻을 쓰시오. (146~150)

146 但只 [　　　　　　　]

147 碑銘 [　　　　　　　]

148 療飢 [　　　　　　　]

149 薄俸 [　　　　　　　]

150 保佑 [　　　　　　　]

제99회
2022. 11. 26 시행
(社) 한국어문회 주관·한국한자능력검정회 시행
한자능력검정시험 2급 기출문제

문 항 수 : 150문항
합격문항 : 105문항
제한시간 : 60분

01 다음 문장에서 밑줄 친 漢字語의 讀音을 쓰시오. (1~20)

- 그는 살인을 [1]敎唆한 [2]嫌疑로 징역의 [3]處罰을 받았다.
- 민영은 굽적거리며 철수에게 [4]懇切히 [5]付託했다.
- 렌즈에 세균이 [6]增殖하면 [7]角膜炎이 발병할 수 있다.
- 그녀는 [8]妖精처럼 아름답고 [9]魅惑적이었다.
- 사단장은 오늘 예편한 [10]准尉를 [11]晩餐에 초대하였다.
- 이 [12]荒涼한 땅이 푸른 초목으로 [13]鬱蒼할 날을 기대합니다.
- [14]洗濯을 너무 자주 하여 [15]纖維가 많이 상했다.
- 적국의 [16]要塞인 이곳만 점령하면 전 국토를 [17]掌握하는 것은 시간문제입니다.
- 그는 실종된 아내를 찾기 위해 [18]探偵을 [19]雇傭하여 수사를 [20]依賴했다.

1 [   ]   2 [   ]
3 [   ]   4 [   ]
5 [   ]   6 [   ]
7 [   ]   8 [   ]
9 [   ]   10 [   ]
11 [   ]   12 [   ]
13 [   ]   14 [   ]
15 [   ]   16 [   ]
17 [   ]   18 [   ]
19 [   ]   20 [   ]

02 다음 漢字語의 讀音을 쓰시오. (21~45)

21 釋迦 [   ]   22 峽谷 [   ]
23 溶媒 [   ]   24 胎夢 [   ]
25 欄杆 [   ]   26 匈奴 [   ]
27 膠着 [   ]   28 艦尾 [   ]
29 沒溺 [   ]   30 微塵 [   ]
31 鑑札 [   ]   32 陶磁 [   ]
33 紹介 [   ]   34 棟樑 [   ]
35 遼隔 [   ]   36 焦眉 [   ]
37 俳優 [   ]   38 酷吏 [   ]
39 冠帽 [   ]   40 華僑 [   ]
41 崩御 [   ]   42 巡哨 [   ]
43 鹽酸 [   ]   44 凝固 [   ]
45 撤收 [   ]

03 다음 漢字의 訓과 音을 쓰시오. (46~72)

46 抛 [   ]   47 趨 [   ]
48 擁 [   ]   49 宰 [   ]
50 幻 [   ]   51 艾 [   ]
52 硯 [   ]   53 閨 [   ]
54 枚 [   ]   55 隻 [   ]
56 琢 [   ]   57 碩 [   ]
58 屍 [   ]   59 諜 [   ]
60 疇 [   ]   61 弦 [   ]
62 療 [   ]   63 紳 [   ]
64 尤 [   ]   65 賁 [   ]
66 輛 [   ]   67 輯 [   ]
68 衷 [   ]   69 刃 [   ]
70 虐 [   ]   71 潭 [   ]
72 縫 [   ]

04 다음 漢字語 중 첫음절이 길게 발음되는 것의 번호를 쓰시오. (73~77)

73 ① 祚命   ② 照明 [   ]
74 ① 但只   ② 團地 [   ]
75 ① 乾綱   ② 健康 [   ]

76 ① 笑話　② 消火　[　　]

77 ① 提議　② 祭儀　[　　]

05 다음 문장에서 밑줄 친 漢字語를 漢字(正字)로 쓰시오.
(78~107)

- 비행기를 [78]폭파하겠다는 [79]협박 전화 때문에 비행기들의 [80]이륙이 [81]지연되었다.
- 김 부장은 [82]직무 [83]태만으로 회사로부터 [84]경고를 받았다.
- 회계감사는 지출 회계 [85]장부를 꼼꼼히 [86]열람했다.
- 그 소문이 인터넷상에서 [87]파다하게 [88]전파되어 나갔다.
- 감시의 [89]소홀한 틈을 타 도주했던 범인들이 3일 만에 다시 [90]체포되었다.
- 그들은 우리의 증오와 [91]배척의 대상이 아니라 [92]용서와 [93]연민의 대상입니다.
- 그 식당은 영업장 [94]폐쇄 조치를 받아 [95]면허를 반납했다.
- [96]계약을 일방적으로 파기할 경우 계약금의 배를 [97]변상해야 한다.
- 심판의 [98]오심에 대해 선수들의 격분을 [99]우려한 [100]감독이 제지에 나섰다.
- 그는 감각 중에서 [101]촉각에 매우 [102]예민하게 반응한다.
- 그는 [103]투철한 애국심으로 단단히 [104]무장하다.
- 그동안 [105]위헌 소지가 있었던 [106]조항들이 이번에 헌법에서 [107]삭제되었다.

78 [　　]　**79** [　　]

80 [　　]　**81** [　　]

82 [　　]　**83** [　　]

84 [　　]　**85** [　　]

86 [　　]　**87** [　　]

88 [　　]　**89** [　　]

90 [　　]　**91** [　　]

92 [　　]　**93** [　　]

94 [　　]　**95** [　　]

96 [　　]　**97** [　　]

98 [　　]　**99** [　　]

100 [　　]　**101** [　　]

102 [　　]　**103** [　　]

104 [　　]　**105** [　　]

106 [　　]　**107** [　　]

06 다음 漢字와 비슷한 뜻을 가진 漢字(正字)를 (　) 안에 써서 문장에 적합한 漢字語가 되게 하시오. (108~112)

108 그는 戀(　)의 감정을 주체하지 못하고 상사병에 걸렸다.

109 고소 (　)怖증이 있는 그녀는 절대로 비행기를 타지 않았다.

110 땡볕에 오래 있었더니 (　)膚가 검게 타 버렸다.

111 그녀는 영문으로 된 원서를 飜(　)하고 있다.

112 성공을 위해서는 앞으로도 많은 노력과 忍(　)가 필요하다.

07 다음 문장에서 漢字와 뜻이 反對 또는 相對되는 漢字(正字)를 써서 漢字語를 완성하시오. (113~117)

113 바둑판은 (　)橫으로 각각 19줄이다.

114 김장철에 농협 購(　)場에서 배추와 무 등을 싸게 팔고 있다.

115 이 책에는 현장을 발로 뛰는 취재 기자의 哀(　)이 담겨 있다.

116 (　)此에 손해를 보지 않는 선에서 이 일을 마무리합시다.

117 이 바지는 伸(　)性이 좋아 활동하기 편하다.

08 다음 漢字語의 反對語 또는 相對語를 2음절로 된 漢字(正字)로 쓰시오. (118~122)

118 紛失 ↔ (　　)　**119** 濃厚 ↔ (　　)

120 受禪 ↔ (　　)　**121** 存續 ↔ (　　)

122 喜悅 ↔ (　　)

09 다음 漢字語의 同音異義語를 漢字(正字)로 쓰되, 제시된 뜻에 맞는 것으로 하시오. (123~127)

123 婚需 – (　　) : 정신없이 잠이 듦.

124 孤寂 – (　　) : 북과 피리.

125 沙器 – (　　) : 나쁜 꾀로 남을 속임.

126 干支 – (　　) : 식물의 줄기와 가지.

127 筆耕 – (　　) : 끝장에 가서는.

10 다음 (　) 안에 알맞은 漢字(正字)를 써서 四字成語를 완성하시오. (128~137)

128 烏飛(　)落 : 아무 관계도 없이 한 일이 공교롭게도 때가 같아 억울하게 의심을 받거나 난처한 위치에 서게 됨.

129 勸善(　)惡 : 착한 일을 권장하고 악한 일을 징계함.

130 日(　)月深 : 세월이 흐를수록 더함.

131 (　)入佳境 : 시간이 지날수록 하는 짓이나 몰골이 더욱 꼴불견임.

132 東(　)西走 : 사방으로 이리저리 몹시 바쁘게 돌아다님.

133 千(　)一遇 : 좀처럼 만나기 어려운 좋은 기회.

134 (　)和雷同 : 줏대 없이 남의 의견에 따라 움직임.

135 (　)田鬪狗 : 자기의 이익을 위하여 비열하게 다툼.

136 (　)卵之勢 : 몹시 위태로운 형세.

137 (　)上君子 : 도둑.

11 다음 漢字의 部首를 쓰시오. (138~142)

138 摩 [　　　]

139 戴 [　　　]

140 鼎 [　　　]

141 夋 [　　　]

142 欽 [　　　]

12 다음 漢字의 略字를 쓰시오. (143~145)

143 竊 [　　　]

144 勵 [　　　]

145 拂 [　　　]

13 다음 漢字語의 뜻을 쓰시오. (146~150)

146 燒却 [　　　　　　　]

147 牽引 [　　　　　　　]

148 斬殺 [　　　　　　　]

149 返送 [　　　　　　　]

150 厭症 [　　　　　　　]

01 다음 문장에서 밑줄 친 漢字語의 讀音을 쓰시오. (1~20)

1 잘 쉬었더니 皮膚가 좋아졌다. [   ]

2 그는 곧 災殃이 닥칠 것이라고 예언했다.

[   ]

3 링컨은 奴隷를 해방했다. [   ]

4 의사가 利尿劑를 처방했다. [   ]

5 雇用지수가 하락하는 추세. [   ]

6 3시에 休憩室에서 만나. [   ]

7 고양이에게 飼料를 주었다. [   ]

8 너의 주장은 矛盾으로 가득하다. [   ]

9 대문호 蘇軾은 황주에 거주했다. [   ]

10 절망의 深淵에 빠지지 않게 조심해야. [   ]

11 모로코 鐵甕城 5분만에 깬 프랑스. [   ]

12 교수는 지신의 주장을 敷衍하여 설명했다.

[   ]

13 寺刹을 방문하면 마음이 편해진다. [   ]

14 自炊는 생각보다 비용이 많이 든다. [   ]

15 군왕을 올바르게 輔弼하여. [   ]

16 강태공은 渭水에서 낚시했다. [   ]

17 신부는 명문대 출신의 才媛이다. [   ]

18 원주민들은 화산에 대한 畏敬의 마음을 품고

있었다. [   ]

19 요새는 妊婦服도 디자인이 아름답다. [   ]

20 드라큘라 伯爵. [   ]

02 다음 漢字語의 讀音을 쓰시오. (21~45)

21 魔笛 [   ]   22 奏請 [   ]

23 論旨 [   ]   24 診療 [   ]

25 斬新 [   ]   26 締結 [   ]

27 減縮 [   ]   28 妍醜 [   ]

29 妥協 [   ]   30 彫琢 [   ]

31 弁韓 [   ]   32 修繕 [   ]

33 攝政 [   ]   34 柴炭 [   ]

35 穩睡 [   ]   36 棋院 [   ]

37 鷹犬 [   ]   38 沮害 [   ]

39 偵探 [   ]   40 九鼎 [   ]

41 綜合 [   ]   42 窒酸 [   ]

43 付託 [   ]   44 耽溺 [   ]

45 該當 [   ]

03 다음 漢字의 訓과 音을 쓰시오. (46~72)

46 尢 [   ]   47 胤 [   ]

48 融 [   ]   49 詠 [   ]

50 崩 [   ]   51 僻 [   ]

52 筏 [   ]   53 暮 [   ]

54 敏 [   ]   55 俳 [   ]

56 娩 [   ]   57 賠 [   ]

58 鉢 [   ]   59 鳳 [   ]

60 箱 [   ]   61 貰 [   ]

62 洙 [   ]   63 鴨 [   ]

64 愈 [   ]   65 燃 [   ]

66 闞 [   ]   67 匪 [   ]

68 秉 [   ]   69 纖 [   ]

70 孰 [   ]   71 額 [   ]

72 鉛 [   ]

04 다음 漢字語 중 첫 음절이 길게 발음되는 것의 번호를 쓰시오. (73~77)

73 ① 將帥   ② 長壽 [   ]

74 ① 右便   ② 郵便 [   ]

75 ① 零上   ② 影像 [   ]

76 ① 詩人   ② 是認 [   ]

77 ① 駐日   ② 週日 [   ]

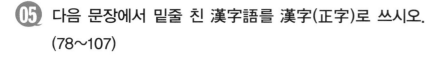
05 다음 문장에서 밑줄 친 漢字語를 漢字(正字)로 쓰시오. (78~107)

- [78]출하 [79]장려금 [80]지급을 [81]확대하여 [82]성수기 수급 안정은 물론 [83]소비자 [84]신뢰[85]제고에도 보탬이 될 전망이다.
- 종교 지도자들은 [86]증오 [87]분노를 넘어서는 [88]인내와 [89]용서 [90]화해를 [91]강조했다.
- 기축 [92]통화의 [93]조건으로는 가치안정성을 [94]필수 요건으로 꼽는다.
- [95]비약적인 [96]발전을 위해 [97]변호사님을 대표로 [98]추천했다.
- [99]박람회에 인파가 [100]밀집하다 보니 안전사고의 [101]우려가 있다.
- [102]한파가 밀려오기 전에 동파를 [103]방지하기 위해 자동차에 미리 [104]부동액을 채워 넣었다.
- 최악의 폭설사태에 [105]약탈과 [106]범죄가 [107]기승을 부렸다.

78 [   ]   79 [   ]
80 [   ]   81 [   ]
82 [   ]   83 [   ]
84 [   ]   85 [   ]
86 [   ]   87 [   ]
88 [   ]   89 [   ]
90 [   ]   91 [   ]
92 [   ]   93 [   ]
94 [   ]   95 [   ]
96 [   ]   97 [   ]
98 [   ]   99 [   ]
100 [   ]   101 [   ]
102 [   ]   103 [   ]
104 [   ]   105 [   ]
106 [   ]   107 [   ]

06 다음 漢字와 비슷한 뜻을 가진 漢字(正字)를 ( ) 안에 써서 문맥에 어울리는 漢字語가 되게 하시오. (108~112)

108 담당자의 錯( )로 문제가 발생했다.

109 우리 팀의 攻( )이 끝났다.

110 사장님은 사업을 하시면서 많은 ( )曲을 겪으셨다.

111 ( )盜 혐의로 용의자를 체포했다.

112 유치하고 ( )劣한 행위는 이제 그만두어야.

07 다음 문장에서 漢字와 뜻이 反對 또는 相對되는 漢字(正字)를 ( ) 안에 써서 漢字語를 완성하시오. (113~117)

113 세상사 모든 일에는 흥망과 ( )沈이 있게 마련이다.

114 손흥민의 縱( )무진 활약이 팀을 승리로 이끌었다.

115 表( )부동한 사람과는 함께 일할 수 없다.

116 수묵화는 먹의 濃( )을 활용한다.

117 교수님이 학생의 글을 添( )해주셨다.

08 다음 漢字語의 反對語 또는 相對語를 漢字(正字)로 쓰시오. (118~122)

118 嚴格 ↔ (   )

119 緩慢 ↔ (   )

120 獨創 ↔ (   )

121 外延 ↔ (   )

122 愼重 ↔ (   )

09 다음 漢字語의 同音異義語를 제시된 뜻에 맞는 漢字(正字)로 쓰시오. (123~127)

123 稅布 – (   ) 생물체를 이루는 기본 단위.

124 柔道 — (   ) 사람이나 물건을 목적한 장소나 방향으로 이끎.

125 報告 — (   ) 귀중한 물건을 간수해 두는 창고.

126 未盡 — (   ) 진도 1의 약한 지진.

127 戰果 — (   ) 학과 따위를 옮김.

⑩ 다음 ( ) 안에 알맞은 漢字(正字)를 써서 四字成語를 완성하시오. (128~137)

128 經世( )民 : 세상을 다스리고 백성을 구함.

129 吉凶( )福 : 길흉과 화복.

130 群雄( )據 : 여러 영웅이 각기 한 지방씩 차지하고 위세를 부림.

131 男( )女戴 : 남자는 등에 지고 여자는 머리에 짐을 인다.

132 拔本( )源 : 폐단의 근본 원인을 아주 없앰.

133 束手無( ) : 손을 묶어놓아 방책이 없음.

134 切齒( )心 : 몹시 분하여 이를 갈며 속을 썩임.

135 ( )卵之勢 : 층층이 쌓아 놓은 알처럼, 몹시 위태로운 형세.

136 太平( )月 : 근심이나 걱정이 없는 편안한 세월.

137 危( )一髮 : 여유가 조금도 없이 몹시 절박한 순간.

⑪ 다음 漢字의 部首를 쓰시오. (138~142)

138 暴 [   ]

139 尺 [   ]

140 衆 [   ]

141 壯 [   ]

142 疑 [   ]

⑫ 다음 漢字의 略字를 쓰시오. (143~145)

143 靈 [   ]

144 麥 [   ]

145 驛 [   ]

⑬ 다음 漢字語의 뜻을 쓰시오. (146~150)

146 浸潤   [   ]

147 舊址   [   ]

148 贈與   [   ]

149 駿馬   [   ]

150 搖動   [   ]

한자능력검정시험 2급 기출문제 정답

【제93회】 기출문제(167p~169p)

1 아부	2 경계	3 축구	4 패권
5 탐욕	6 무애	7 고부	8 갈등
9 변호	10 의뢰	11 통렬	12 공격
13 은폐	14 비난	15 부패	16 타락
17 관중	18 매료	19 절도	20 부인
21 탁마	22 범주	23 활강	24 계몽
25 돌파	26 계기	27 공헌	28 감읍
29 유예	30 변상	31 첨단	32 치졸
33 부여	34 양보	35 엄숙	36 인척
37 회의	38 유혹	39 촉매	40 보필
41 구축	42 획책	43 접몽	44 채소
45 의원	46 붓 필	47 밝을 철	48 밥 반
49 삼 삼	50 빛날 희	51 깨달을 각	52 깨끗할 결
53 어찌 기	54 일할 로	55 지낼 력	56 얽을 구
57 절 찰	58 복 우	59 시골 향	60 밝을 석
61 모일 취	62 벼루 연	63 낮 주	64 모양 형
65 가마 부	66 말이을 이	67 방패 순	68 기쁠 환
69 나타날 저	70 녹을 융	71 그리워할/그릴 련	
72 알 식	73 ①	74 ②	75 ①
76 ①	77 ②	78 最大	79 半導體
80 博士	81 關係	82 研究	83 志操
84 精神	85 信念	86 鬪爭	87 記者
88 傳達	89 基礎	90 挑戰	91 危險
92 帝王	93 忠誠	94 登用	95 敎授
96 名望	97 稱頌	98 將軍	99 賞罰
100 明確	101 通商	102 交易	103 急增
104 石塔	105 歲月	106 風霜	107 原稿
108 値	109 話	110 命	111 術
112 較	113 亡	114 進	115 買
116 公	117 裏	118 生産	119 理想
120 拘束	121 恩惠	122 差別	123 朝鮮
124 優秀	125 狀況	126 聖地	127 調和
128 家	129 經	130 在	131 來
132 福	133 辭	134 新	135 强
136 雪	137 喜	138 水	139 月(肉)
140 頁	141 口	142 工	143 旧
144 党	145 応	146 밭과 논	147 뒤를 이어 받음.
148 뛰어 넘음.	149 부부(짝)	150 짐승	

【제94회】 기출문제(170p~172p)

1 조찬	2 요기	3 섬세	4 건반
5 요강	6 게재	7 약관	8 환불
9 곡류	10 당뇨	11 위염	12 진단
13 주둔	14 시위	15 연탄	16 질식
17 사료	18 농후	19 포탄	20 고막
21 양산	22 면려	23 척기	24 영지
25 창망	26 기원	27 매료	28 노비
29 오동	30 농성	31 만용	32 능학
33 기린	34 흠모	35 마취	36 기몽
37 운반	38 번식	39 산미	40 상담
41 준위	42 피임	43 울적	44 세제

제95회 우측

45 절충	46 비칠 조	47 목구멍 후	48 쉴 게
49 막을 두	50 용서할 사	51 창 과	52 망볼 초
53 미혹할 미	54 볼 첨	55 여승 니	56 편안할 온
57 못 담	58 칼날 인	59 무궁화 근	60 삼 삼
61 상자 상	62 아우를 병	63 별 태	64 갈대 로
65 순박할 순	66 꾀 모	67 품팔 고	68 오랑캐 흉
69 찰 축	70 향기 분	71 갈림길 기	72 배 박
73 ①	74 ②	75 ②	76 ①
77 ①	78 豫審	79 愼重	80 環境
81 汚染	82 災殃	83 皆勤	84 賞狀
85 授與	86 候補	87 辭退	88 支持
89 棄權	90 緊迫	91 沈着	92 壓倒
93 栽培	94 激減	95 價格	96 暴騰
97 警察	98 疏通	99 露店	100 團束
101 蝶泳	102 腰痛	103 尖端	104 促進
105 農藥	106 菜蔬	107 選好	108 販
109 哀	110 恐	111 絡	112 引
113 緩	114 伸	115 橫	116 捨
117 吸	118 高雅	119 剛健/健剛	120 偏頗/偏私
121 敏速	122 慘敗	123 乾燥	124 銅錢
125 湖水	126 裝飾	127 歡迎	128 爲
129 拔	130 飽	131 殺	132 張
133 窮	134 丹	135 顧	136 恩
137 衝	138 矛	139 比	140 羽
141 木	142 月	143 窃	144 県
145 恋	146 배/군사용 배	147 모자 따위를 벗음	
148 실을 뽑아서 천을 짬.		149 여러 곳을 돌아다님	
150 상관/윗사람을 도와 일을 처리함			

【제95회】 기출문제(173p~175p)

1 질병	2 실직	3 경제	4 허다
5 해결	6 협조	7 촉진	8 발전
9 기반	10 사고	11 도모	12 요지
13 축약	14 피부	15 보호	16 차단
17 항만	18 선별	19 진료소	20 설치
21 수선	22 섬세	23 전세	24 농담
25 당뇨	26 납치	27 모자	28 문란
29 초병	30 축구	31 세제	32 증정
33 양잠	34 만찬	35 표창	36 부탁
37 탄생	38 태풍	39 요괴	40 평온
41 예금	42 분묘	43 벽촌	44 멸시
45 도약	46 밝을 량	47 창 모	48 배우 배
49 슬퍼할 처	50 신 화	51 헛보일 환	52 계집 희
53 벼 도	54 집터 대	55 구덩이 갱	56 칡 갈
57 외 과	58 어조사 우	59 오랑캐 이	60 빛날 혁
61 별 태	62 던질 포	63 도울 필	64 모을 종
65 머무를 주	66 순박할 순	67 불릴 식	68 되 승
69 가야 야	70 녹 봉	71 자주 빈	72 마귀 마
73 ②	74 ②	75 ①	76 ①
77 ①	78 志操	79 精神	80 肉體
81 變節	82 利慾	83 買收	84 放縱
85 最惡	86 困辱	87 覺悟	88 當局
89 現行	90 段階	91 運營	92 計劃

93 授業　　94 與否　　95 民族　　96 被害
97 克服　　98 餘裕　　99 浪費　　100 有效
101 適切　　102 活用　　103 習慣　　104 醫師
105 攝取　　106 健康　　107 勸奬　　108 倉
109 幕　　110 殃　　111 奴　　112 娛
113 賤　　114 添　　115 贊　　116 雄
117 劣　　118 模倣　　119 左遷　　120 虛僞
121 內剛　　122 普遍　　123 再版　　124 互換
125 凍死　　126 詐欺　　127 寬大　　128 塞
129 楊　　130 烏　　131 唯　　132 於
133 倒　　134 辛　　135 裂　　136 屑
137 巷　　138 竹　　139 雨　　140 言
141 行　　142 刀　　143 拡　　144 弃
145 帥　　146 기러기　　147 사냥총　　148 큰 군함
149 배　　150 성터

【제96회】 기출문제(176p~178p)

1 강역　　2 주둔　　3 갱도　　4 매몰
5 관철　　6 게재　　7 기업　　8 해고
9 억제　　10 교포　　11 향수　　12 진품
13 구입　　14 도적　　15 소굴　　16 기유
17 공맹　　18 농무　　19 감속　　20 탐닉
21 단련　　22 추도　　23 정돈　　24 등기
25 남색　　26 노예　　27 고막　　28 야만
29 매료　　30 선박　　31 배상　　32 피부
33 사면　　34 위산　　35 섬유　　36 모순
37 파악　　38 진애　　39 응답　　40 저지
41 증정　　42 진찰　　43 찰나　　44 환영
45 용자　　46 찰 영　　47 물을 자　　48 기 정
49 여울 탄　　50 밥 찬　　51 언덕 파　　52 두려워할 포
53 기름질 옥　　54 모질 학　　55 항목 관　　56 뜻 지
57 안방 규　　58 가릴 차　　59 맡길/미리 예　　60 시위 현
61 집터 대　　62 염탐할 첩　　63 모을 집　　64 마귀 마
65 굴대 축　　66 아이밸 임　　67 옮길 반　　68 상서 서
69 콩팥 신　　70 이끌 야　　71 벼루 연　　72 낚을/낚시 조
73 ①　　74 ②　　75 ②　　76 ①
77 ②　　78 慈悲　　79 詐欺　　80 混濁
81 放恣　　82 指彈　　83 刑事　　84 潛伏
85 勤務　　86 獨裁　　87 抵抗　　88 鬪爭
89 靜寂　　90 汽笛　　91 煩惱　　92 坐禪
93 複雜　　94 狀況　　95 遲刻　　96 捕捉
97 瞬間　　98 獵銃　　99 發射　　100 過誤
101 懺悔　　102 容恕　　103 暴炎　　104 渴症
105 故障　　106 牽引　　107 依賴　　108 崩
109 敦　　110 奪　　111 慕　　112 濯
113 損　　114 彼　　115 哀　　116 緯
117 弔　　118 乾燥　　119 柔弱　　120 需要
121 陳腐　　122 特殊　　123 浮揚　　124 遷都
125 謀陷　　126 臟器　　127 遵守　　128 憂
129 累　　130 奔　　131 掌　　132 忘
133 突　　134 汚　　135 衰　　136 蒼
137 茫　　138 瓦　　139 广　　140 艸(艹)
141 手(扌)　　142 革　　143 蛍　　144 慘
145 敍　　146 난롯가. 화롯가　　147 바짝 줄임
148 제자리걸음　　149 가혹하게 비평함　　150 꾀어서 미혹하게 함

【제97회】 기출문제(179p~181p)

1 반입　　2 마약　　3 적발　　4 병합
5 비축　　6 봉제　　7 수출　　8 획득
9 사부　　10 전승　　11 청취　　12 해당
13 부연　　14 비적　　15 암약　　16 석좌
17 초빙　　18 포승　　19 감옥　　20 증식
21 신장　　22 장악　　23 진애　　24 연적
25 고용　　26 위산　　27 저지　　28 취지
29 차단　　30 왜곡　　31 찰나　　32 응찰
33 준령　　34 첩보　　35 자취　　36 탁마
37 탐닉　　38 패권　　39 학대　　40 혹평
41 약관　　42 궁궐　　43 관건　　44 포기
45 체결　　46 무궁화 근　　47 짙을 농　　48 슬퍼할 도
49 마룻대 동　　50 병고칠 료　　51 물굽이 만　　52 벗을 라
53 갈림길 기　　54 늙을 기　　55 업신여길 멸　　56 길쌈 방
57 용서할 사　　58 주검 시　　59 거리낄 애　　60 계집 원
61 문벌 벌　　62 새집 소　　63 조아릴 돈　　64 벼슬 위
65 물을 자　　66 언덕 치　　67 여울 탄　　68 배 정
69 꽂을 삽　　70 띠 모　　71 날 매　　72 그물 망
73 ②　　74 ①　　75 ①　　76 ②
77 ②　　78 健脚　　79 疾走　　80 閣僚
81 政策　　82 討議　　83 幹線　　84 廳舍
85 險地　　86 派遣　　87 勤務　　88 慰勞
89 祕訣　　90 謙虛　　91 姿勢　　92 穀物
93 耕作　　94 收穫　　95 耐震　　96 堅固
97 慣行　　98 踏襲　　99 陣營　　100 衝突
101 證券　　102 株式　　103 騰落　　104 善隣
105 維持　　106 配慮　　107 和睦　　108 毀
109 牽　　110 乾　　111 愼　　112 誓
113 抑　　114 伸　　115 衰　　116 憎, 惡
117 姪　　118 難解　　119 騷亂　　120 忘却
121 卑俗　　122 偏頗　　123 腰刀　　124 雲峯
125 憂愁　　126 碑銘　　127 畫廊　　128 奮
129 若　　130 塞　　131 霜　　132 巧
133 顧　　134 橫　　135 釋　　136 綱
137 蓋　　138 尸　　139 土　　140 鬼
141 舟　　142 大　　143 拡　　144 岩
145 縣　　146 성을 쌓음　　147 무더위　　148 숨이 막힘
149 아픔을 진정시킴　　150 뉘우치고 고침

【제98회】 기출문제(182p~184p)

1 만평　　2 게재　　3 구미　　4 교포
5 변상　　6 규수　　7 겸비　　8 함대
9 피랍　　10 분노　　11 공포　　12 억울
13 편주　　14 표류　　15 선양　　16 표창
17 진압　　18 저지　　19 세균　　20 번식
21 훈벌　　22 등가　　23 다과　　24 탐미
25 봉익　　26 혼방　　27 홍모　　28 과갈
29 벽항　　30 규승　　31 죄수　　32 탈모
33 병파　　34 계박　　35 환제　　36 근정
37 위암　　38 투망　　39 요귀　　40 기망
41 차폐　　42 첨앙　　43 산소　　44 빈뇨
45 마술　　46 낳을 만　　47 슬퍼할 처　　48 필 굴
49 이을 소　　50 도타울 돈　　51 배 박　　52 경기 전

---

53 두꺼비 섬 54 절 가 55 품팔 고 56 진찰할 진
57 숫돌 려 58 올벼 직 59 목구멍 후 60 키 기
61 모질 학 62 아가씨 양 63 기 정 64 오리 압
65 문지를 마 66 별 태 67 편지 한 68 염탐할 정
69 막을 두 70 암컷 자 71 바리때 발 72 클 보
73 ① 74 ② 75 ① 76 ①
77 ② 78 養蜂 79 勸奬 80 快適
81 睡眠 82 寢具 83 深刻 84 環境
85 蝶泳 86 腰痛 87 過激 88 査閱
89 獻花 90 默念 91 附與 92 責務
93 完遂 94 辭退 95 職權 96 憲法
97 違背 98 移植 99 臟器 100 寄贈
101 根幹 102 基盤 103 尖端 104 轉換
105 播種 106 發芽 107 緩慢 108 歡
109 販 110 削 111 哀 112 聘
113 勤 114 捨 115 迎 116 給
117 彼 118 嚴格 119 獨創/創造 120 遠隔
121 普遍 122 借用 123 提供 124 零上
125 鄕愁 126 拘束 127 酒邪 128 暮
129 添 130 乘 131 照 132 枯
133 朋 134 夢 135 咸 136 丹/朱
137 楊 138 广 139 豆 140 衣
141 戈 142 土 143 炉 144 沢
145 徑 146 다른 것이 아니라 오로지./다만.
147 비석에 새긴 글자. 148 시장기를 겨우 면할 정도로 조금 먹음.
149 적은 봉급 150 보호하고 도와줌.

【제99회】 기출문제(185p~187p)

1 교사 2 혐의 3 처벌 4 간절
5 부탁 6 증식 7 각막염 8 요정
9 매혹 10 준위 11 만찬 12 황량
13 울창 14 세탁 15 섬유 16 요새
17 장악 18 탐정 19 고용 20 의뢰
21 석가 22 협곡 23 용매 24 태몽
25 난간 26 흥노 27 교착 28 함미
29 몰닉 30 미진 31 감찰 32 도자
33 소개 34 동량 35 요격 36 초미
37 배우 38 혹리 39 관모 40 화교
41 붕어 42 순초 43 염산 44 응고
45 철수 46 던질 포 47 달아날 추 48 낄 옹
49 재상 재 50 헛보일 환 51 쑥 애 52 벼루 연
53 안방 규 54 날 매 55 외짝 척 56 다듬을 탁
57 클 석 58 주검 시 59 염탐할 첩 60 이랑 주
61 시위 현 62 병고칠 료 63 띠 신 64 더욱 우
65 세놓을 세 66 수레 량 67 모을 집 68 속마음 충
69 칼날 인 70 모질 학 71 못 담 72 꿰맬 봉
73 ② 74 ① 75 ② 76 ①
77 ② 78 爆破 79 脅迫 80 離陸
81 遲延 82 職務 83 怠慢 84 警告
85 帳簿(賑簿) 86 閱覽 87 頗多 88 傳播
89 疏忽 90 逮捕 91 排斥 92 容恕
93 憐憫 94 閉鎖 95 免許 96 契約
97 辨償 98 誤審 99 憂慮 100 監督
101 觸覺 102 銳敏 103 透徹 104 武裝
105 違憲 106 條項 107 削除 108 慕
109 恐 110 皮 111 譯 112 耐

113 縱 114 販 115 歡 116 彼
117 縮 118 拾得 119 稀薄 120 讓位
121 廢止 122 憤怒 123 昏睡 124 鼓笛
125 詐欺 126 幹枝 127 畢竟 128 梨
129 懲 130 久 131 漸 132 奔
133 載 134 附 135 泥 136 累
137 梁 138 手 139 戈 140 鼎
141 乙 142 欠 143 窃 144 劢
145 払 146 불에 태워 없애 버림. 147 끌어서 당김.
148 칼로 목을 베어 죽임. 149 도로 돌려보냄.
150 싫은 생각이나 느낌. 또는 그런 반응.

【제100회】 기출문제(188p~190p)

1 피부 2 재앙 3 노예 4 이뇨제
5 고용 6 휴게실 7 사료 8 모순
9 소식 10 심연 11 철옹성 12 부연
13 사찰 14 자취 15 보필 16 위수
17 재원 18 외경 19 임부복 20 백작
21 마적 22 주청 23 논지 24 진료
25 참신 26 체결 27 감축 28 연추
29 타협 30 조탁 31 변한 32 수선
33 섭정 34 시탄 35 온수 36 기원
37 응견 38 저해 39 정탐 40 구정
41 종합 42 질산 43 부탁 44 탐닉
45 해당 46 높을 항 47 자손 윤 48 녹을 용
49 읊을 영 50 무너질 붕 51 궁벽할 벽 52 떼 벌
53 저물 모 54 민첩할 민 55 배우 배 56 낳을 만
57 물어줄 배 58 바리때 발 59 새 봉 60 상자 상
61 세놓을 세 62 물가 수 63 오리 압 64 나을 유
65 탈 연 66 막을 알 67 비적 비 68 잡을 병
69 가늘 섬 70 누구 숙 71 이마 액 72 납 연
73 1 74 1 75 2 76 2
77 1 78 出荷 79 奬勵金 80 支給
81 擴大 82 盛需期 83 消費者 84 信賴
85 提高 86 憎惡 87 憤(忿)怒 88 忍耐
89 容恕 90 和解 91 強調 92 通貨
93 條件 94 必須 95 飛躍 96 發展
97 辯護士 98 推薦 99 博覽會 100 密集
101 憂慮 102 寒波 103 防止 104 不凍液
105 掠奪 106 犯罪 107 氣勝 108 誤
109 擊 110 屈 111 竊 112 拙
113 浮 114 橫 115 裏 116 淡
117 削 118 仁慈 119 急激 120 模倣
121 內包 122 輕率 123 細胞 124 誘導
125 寶庫 126 微震 127 轉科 128 濟
129 禍 130 割 131 負 132 塞
133 策 134 腐 135 累 136 煙
137 機 138 日 139 尸 140 血
141 士 142 疋 143 靈 144 麥
145 駅 146 스며들어 젖음. 147 옛터
148 물건 따위를 줌 149 잘 달리는 말 150 흔들림